Festival Studies

节日研究

第二十二辑

主编　王加华

主办　山东大学

山东画报出版社

济南

图书在版编目（CIP）数据

节日研究. 第二十二辑/王加华主编.—济南: 山东画报出版社，2024.1

ISBN 978-7-5474-4473-3

Ⅰ.①节… Ⅱ.①王… Ⅲ.①节日－研究－世界 Ⅳ.①K891.1

中国国家版本馆CIP数据核字（2024）第070189号

JIERI YANJIU DI-ERSHI' ER JI

节日研究　第二十二辑

王加华　主编

责任编辑　郭珊珊
装帧设计　康　雪

主管单位　山东出版传媒股份有限公司
出版发行　山东画报出版社
　　　　社　　址　济南市市中区舜耕路517号　邮编 250003
　　　　电　　话　总编室（0531）82098472
　　　　　　　　　市场部（0531）82098479
　　　　网　　址　http://www.hbcbs.com.cn
　　　　电子信箱　hbcb@sdpress.com.cn
印　　刷　山东星海彩印有限公司
规　　格　180毫米×255毫米　16开
　　　　　　　15.25印张　270千字
版　　次　2024年1月第1版
印　　次　2024年1月第1次印刷
书　　号　ISBN 978-7-5474-4473-3
定　　价　86.00元

《节日研究》编委会

目　录

1

二十四节气

节日探赜

唐代寒食节研究综述[*]

马荣良^{**}

摘 要

寒食节是中国古代最具影响力的节日之一，唐代则是寒食节发展史上极为重要的时期。自20世纪90年代以来，学界围绕唐代寒食节的发展演变、地位及其成因、风俗活动及其文化内涵、域外传播及影响、时人的过节心态等方面进行探讨，产生了诸多成果，但在研究资料、研究内容、研究视野与方法等方面尚有待于进一步拓展、深化。

关键词

唐代 寒食节 研究综述

寒食节是中国古代最具影响力的岁时节日之一，唐代则是寒食节发展史上一个极为重要的时期，清人王先谦曾言"寒食节莫尚于唐"[①]。有唐一代，寒食节迎来了其发展史上的高峰，成为一个"融合了多种主题、凝聚了朝野心愿、沟通着阴阳两界、打破了悲喜阻隔、实现着天人合一，兼顾身心、哀

---

* 本文系山东青年政治学院高层次人才科研启动基金项目"唐代寒食节研究"（709128）的阶段性成果。

** 马荣良，山东青年政治学院马克思主义学院副教授。

① 〔清〕王先谦撰：《后汉书集解》（下），中华书局1984年版，第706页。

乐合鸣、和谐合奏的重要节日"①，对唐代乃至后世都产生了深远影响。自20世纪90年代以来，学界对唐代寒食节日渐重视，陆续推出了一大批研究成果。这些研究主要围绕唐代寒食节的发展演变、地位及其成因、风俗活动及其文化内涵、域外传播及影响、时人的过节心态等方面展开，提供了诸多有价值的观点和启示，为下一步的研究奠定了良好基础。但以往研究也存在一些不足，如对唐代寒食节发展演变脉络的梳理不够系统，对唐代寒食节文献资料的搜集、整理和使用不够全面，对唐代寒食节风俗活动文化内涵的挖掘不够深入，以及对唐代不同地域的寒食节关注不够、着墨不多，研究方法不够丰富等，亟须在今后加以拓展和深化，以推动唐代寒食节研究走向深入。

一、唐代寒食节研究概述

近三十多年来，学术界关于唐代寒食节的研究主要集中在以下几个方面。

（一）关于唐代寒食节的发展演变、地位及其成因的研究

关于唐代寒食节的地位及成因，刘晓峰等学者进行了探讨。刘晓峰指出，较之前代，唐代寒食节的地位有了非常显著的提高，主要体现在两个方面：一是寒食节从民间走向宫廷，成了最重要的几个节日之一；二是寒食节发展成为全国性的具有普遍意义的节日。②究其原因，刘晓峰认为与两个因素有关：其一，受初唐政治的影响；其二，与扫墓习俗的形成和盛行也有很大关系。③景圣琪等人指出，初唐官方视《周礼》为寒食节最初起源的"改火说"，消除了此前由"介子推说"所造成的寒食节与儒家礼的对抗，由此奠定了寒食节在唐代发展的合法基础。④王剑则认

---

① 陈士良等：《清明节之慎终追远与民族内聚力——对清明文化的再认识》，《联合时报》2013年3月22日。

② 刘晓峰：《寒食与山西》，《民族艺术》2007年第2期。

③ 刘晓峰：《寒食不入日本考》，《清华大学学报（哲学社会科学版）》1995年第3期。

④ 景圣琪：《"改火说"与唐代寒食诗的兴盛——中国古代民俗与文学关系的个案研究》，《扬州大学学报（人文社会科学版）》2009年第5期。另参见罗恒宇：《从儒家思想的影响看寒食节从汉到唐宋的兴衰》，《宜宾学院学报》2014年第8期。

为，唐宋时期寒食节之所以获得极大发展，最根本的原因是随着时代的发展，被包装成型的介子推传说中体现出的忠、孝、义的精神符合统治者的意志，因而得到了政府的推广。① 在上述研究的基础上，马荣良初步勾勒了初唐及盛唐时期寒食节的发展演变脉络，并探讨了其间寒食节发展兴盛的原因。②

（二）关于唐代寒食节风俗活动及其文化内涵的研究

唐代寒食节的风俗活动异常丰富多彩，大都蕴含着丰厚的文化内涵，也引起了学者们的浓厚兴趣和关注。

1. 关于唐代寒食节风俗活动的研究

其一，关于唐代寒食节风俗活动的整体性研究。20 世纪 90 年代，王赛时、董乃斌、张泽咸等学者初步勾勒了唐代寒食节风俗的整体轮廓。③进入 21 世纪之后，唐川子、何海华、丛振、张宝强等人先后撰文，对唐代寒食节的风俗活动也做了一些总括性描述。④ 此外，在《中国风俗通史·隋唐五代卷》《汉族风俗史·第三卷（隋唐·五代宋元汉族风俗）》《中国民俗史·隋唐卷》等风俗史或民俗史论著中，大都设有"岁时节日风俗"章节，对唐代寒食节风俗活动也进行了整体性概括。⑤

其二，关于唐代寒食节某一项风俗活动的研究。禁火是寒食节的核心

节日探赜

---

① 王剑：《寒食节的兴衰——民众审美心理与国家意志的博弈》，《山西师大学报（社会科学版）》2010 年第 3 期。

② 马荣良：《初唐寒食节的发展演变及成因——兼论统治阶级在节日发展中的作用》，《青岛农业大学学报（社会科学版）》2021 年第 2 期；马荣良：《"秋贵重阳冬贵腊，不如寒食在春前"——盛唐寒食节的兴盛及其成因》，《唐都学刊》2022 年第 1 期。

③ 王赛时：《唐代的寒食风俗》，《民俗研究》1990 年第 3 期；董乃斌：《唐代的节俗与文学》，载中国唐代文学学会等主编《唐代文学研究》第三辑，广西师范大学出版社 1992 年版，第 105～123 页；张泽咸：《唐代的节日》，载中华书局编辑部编《文史》第三十七辑，中华书局 1993 年版，第 77～79 页。

④ 唐川子：《试论唐代诗人笔下的寒食节民俗》，《广西民族学院学报（哲学社会科学版）》2003 年第 S2 期；何海华：《从寒食清明诗看唐代风俗》，《菏泽师范专科学校学报》2004 年第 1 期；丛振：《唐代寒食、清明节中的游艺活动——以敦煌文献为中心》，《敦煌学辑刊》2011 年第 4 期；张宝强：《唐代诗人笔下的寒食体育活动》，《体育科学》2012 年第 5 期。

⑤ 吴玉贵：《中国风俗通史·隋唐五代卷》，上海文艺出版社 2001 年版，第 647～651 页；万建中等：《汉族风俗史·第三卷（隋唐·五代宋元汉族风俗）》，学林出版社 2004 年版，第 183～186 页；韩养民等：《中国民俗史·隋唐卷》，人民出版社 2008 年版，第 216～225 页。

节俗之一，自两汉以降，迄于南北朝，禁火习俗以太原地区为源地，逐渐向外扩散。其间虽屡遭官方禁断，但却禁而不绝，甚至愈演愈烈。南北朝时，此俗已遍及黄河中下游地区并蔓延至长江中游的荆楚一带，至唐代更是臻于兴盛。马荣良撰文探讨了唐代寒食节禁火习俗的盛行及其原因。① 改火、赐新火也是唐代寒食节期间的重要风俗，张传曾、张勃、马荣良、黄水云等人先后撰文予以探讨。② 上墓（扫墓）堪称唐代寒食节的一大风俗，经历了一个由民间到官方、由"自发"到"法定"的演化过程，受到学界的持续关注。近三十多年来，张庆捷、罗时进、姚大勇、曹海东、斯闵、朱红、丁超、赵玉平等人对唐代寒食节上墓习俗的发展演变展开了热烈讨论，吴丽娱还深入探讨了唐代寒食节公卿巡陵、陵寝上食礼仪及其与民间寒食上墓习俗之间的关系。③ 此外，贾鸿源等人还探究了唐代寒食节流行的馈赠鸡卵之风④，钱仓水则对白居易诗句及注里的"余杭风俗"——寒食夜（实为清明夜）家家持烛寻蟹予以探寻⑤。

---

① 马荣良：《唐代寒食节的禁火习俗》，《滨州学院学报》2020 年第 3 期。

② 参见张传曾：《寒食节的社会风情画》，《济南大学学报（社会科学版）》2003 年第 2 期；张勃：《唐代的改火》，《文史知识》2006 年第 8 期；张勃：《清明作为独立节日在唐代的兴起》，《民俗研究》2007 年第 1 期；张勃：《火燧从新节变——唐代清明的改火习俗》，《中国文化报》2014 年 4 月 7 日；马荣良：《唐代的清明改火、赐新火习俗及其文化、政治意蕴》，《唐都学刊》2023 年第 5 期；黄水云：《唐赋寒食清明节俗书写——以"禁火、改火、赐新火"为主的考察》，载东吴中文学报编辑委员会编《东吴中文学报》第 28 期，台湾东吴大学出版 2014 年版，第 55～78 页。

③ 参见张庆捷：《杜牧〈清明〉诗与扫墓风俗无关》，《文学遗产》1993 年第 1 期；臧嵘等：《中国隋唐五代习俗史》，人民出版社 1994 年版，第 20～22 页；罗时进：《亦悲亦欢的寒食歌吟——对一种唐诗题材的阐论》，载中国唐代文学学会等主编《唐代文学研究》第六辑，广西师范大学出版社 1996 年版，第 88～99 页；罗时进：《孤寂与熙悦——唐代寒食题材诗歌二重意趣阐释》，《文学遗产》1996 年第 2 期；姚大勇：《唐宋寒食、清明拜扫风习》，《中文自学指导》1998 年第 1 期；曹海东：《唐代清明节与扫墓风俗问题辨证》，《文学遗产》2001 年第 1 期；朱红：《唐代节日民俗与文学研究》，复旦大学 2003 年博士学位论文；斯闵、嘉逸：《从唐诗看清明扫墓的起源》，《中文自学指导》2001 年第 4 期；丁超：《唐宋时期寒食、清明地位之演替——以扫墓习俗为核心》，载李松、张士闪主编《节日研究》第二辑，山东大学出版社 2010 年版，第 112～124 页；赵玉平：《敦煌写本〈寒食篇〉新论——论唐代的八节、寒食节上墓、芳菲节和寒食节假日》，载中国文化遗产研究院编《出土文献研究》第十九辑，中西书局 2020 年版，第 445～453 页；吴丽娱：《唐宋之际的礼仪新秩序——以唐代的公卿巡陵和陵庙荐食为中心》，载荣新江主编《唐研究》第十一卷，北京大学出版社 2005 年版，第 233～268 页。

④ 贾鸿源等：《唐代寒食禁断鸡卵之风探源》，《寻根》2015 年第 2 期。

⑤ 钱仓水：《寒食夜家家持烛寻蟹——白居易诗句及注里的"余杭风俗"》，《文史知识》2019 年第 5 期。

2. 关于唐代寒食节风俗活动的文化内涵研究

唐代寒食节的风俗活动大都蕴含着丰富的文化内涵，学者们对此也有所关注和探讨。罗时进以韩翃的《寒食即事》为例，对唐代寒食节流行的冷食与赐火、禁火与改火、祭扫与游春等风俗及其文化意义进行解读。[①]马新、朱红、张文昌等人则探讨了唐代寒食节扫墓习俗发展演变过程中蕴含的礼与俗的交互影响。[②]廖美玉深入解读了唐代寒食节祭墓与改火、踏青与游戏、雅集宴聚等风俗所展演的以人法天的生命伦理。[③]此外，贾鸿源等人从"行时令"与佛教劝诫两个维度，对唐代统治者禁断鸡卵之举进行了探究，揭示了唐代风俗传统与政治、宗教之间的深刻互动关系[④]。马荣良则阐释了唐代清明的改火、赐新火习俗的文化、政治意蕴[⑤]。

（三）关于唐代不同地域的寒食节的研究

目前来看，学界关于唐代不同地域寒食节的研究成果较少，主要集中于敦煌等极少数地区。谭蝉雪、李并成等人钩稽敦煌文书中的相关记载，对寒食节敦煌地区特别是寺院中举行的设乐踏歌、上坟祭拜等佛俗作了初步探讨[⑥]，刘全波等人进一步对唐代敦煌佛教寺院中流行的发放节料、祭拜往生大德、修整园墓、造"寒食"、宴饮、郊游、社乐踏歌等寒食节风俗活动予以系统梳理和探讨，并从礼法相合、圣俗交融等角度剖析了这些节俗活动开展的原因[⑦]。相较而言，对唐代其他区域寒食节的研究更是寥

---

① 罗时进：《〈寒食即事〉诗寓意辨误——兼论唐代寒食清明风俗及其文化意义》，《中州学刊》1991 年第 6 期。

② 马新：《唐代出现的寒食扫墓之俗——兼及民俗与礼教的关系》，《民俗研究》1988 年第 1 期；朱红：《唐代节日民俗与文学研究》，复旦大学 2003 年博士学位论文；张文昌：《论唐宋礼典中的佛教与民俗因素及其影响》，载杜文玉主编《唐史论丛》第十辑，三秦出版社 2008 年版，第 17～39 页。

③ 廖美玉：《祭墓与踏青：唐代"清明"所展演的生命伦理》，《西北大学学报（哲学社会科学版）》2014 年第 5 期。

④ 贾鸿源等：《唐代寒食禁断鸡卵之风探源》，《寻根》2015 年第 2 期。

⑤ 马荣良：《唐代的清明改火、赐新火习俗及其文化、政治意蕴》，《唐都学刊》2023 年第 5 期。

⑥ 谭蝉雪：《唐宋敦煌岁时佛俗——二月至七月》，《敦煌研究》2001 年第 1 期；李并成：《敦煌遗书中所见的寒食、清明节习俗》，《中国社会科学报》2013 年 4 月 3 日。

⑦ 刘全波等：《四海同寒食：唐宋时期敦煌佛教寺院中的寒食节》，《中州学刊》2022 年第 7 期。

寥无几，仅有个别学者有所提及。如武复兴、高天成等人粗略勾勒了长安寒食（清明）节的概貌[①]，郭可悫简要论及了洛阳的寒食（清明）节[②]。此外，刘礼堂等人对长江中上游地区的寒食（清明）节也有所措意。[③]

（四）关于唐人寒食节过节心态的研究

有唐一代，诗人们创作了数量丰富的寒食（清明）诗。据初步统计，唐代寒食（清明）诗大约有 400 首。[④] 透过这些诗歌，不仅能了解唐代寒食节期间的一般民俗生活相，而且还能触摸到过节期间蕴隐于诗人们心灵深处的民俗心态。[⑤] 早在 20 世纪 90 年代，罗时进就透过唐代寒食诗，揭示出诗人们失落孤寂、悲怆凄凉及熙悦等情愫。[⑥] 进入 21 世纪，唐川子、戴怡等人也借由唐代寒食节诗歌，进一步探寻了诗人们的过节心态，主要包括享乐和狂欢、思亲和怀乡、感怀和叹世、怀念祖先、热爱自然以及隐逸情怀等方面。[⑦] 方莉玫等人亦指出，唐代寒食诗中蕴含着 5 种不同的情感意蕴，即别思怀人、哀往悼死、隐情逸志、时世感慨及含媚嘉悦。[⑧]

（五）关于唐代寒食节与清明之间关系的研究

关于唐代寒食节与清明之间的关系，学界也多有关注，观点各异、说法不一。概而言之，大致有三种不同的观点：一是认为清明节早在唐代之

[①] 武复兴：《唐代诗人笔下的长安节日风俗（上）——读唐诗札记》，《人文杂志》1982 年第 6 期；高天成：《从唐长安节序民俗文化看大唐精神》，《黄冈师范学院学报》2009 年第 1 期。

[②] 郭可悫：《隋唐时期洛阳的几个重要节日》，《河南科技大学学报（社会科学版）》2007 年第 1 期。

[③] 刘礼堂等：《唐代长江上中游地区的岁时节令》，《武汉大学学报（人文科学版）》2008 年第 6 期。

[④] 何海华：《从寒食清明诗看唐代风俗》，《菏泽师范专科学校学报》2004 年第 1 期；黄水云：《唐赋寒食清明节俗书写——以"禁火、改火、赐新火"为主的考察》，载东吴中文学报编辑委员会编《东吴中文学报》第 28 期，台湾东吴大学出版 2014 年版，第 55～78 页。

[⑤] 唐川子：《试论唐代诗人笔下的寒食节民俗》，《广西民族学院学报（哲学社会科学版）》2003 年第 S2 期。

[⑥] 罗时进：《亦悲亦欢的寒食歌吟——对一种唐诗题材的阐论》，中国唐代文学学会等主编《唐代文学研究》第六辑，广西师范大学出版社 1996 年版，第 88～99 页；罗时进：《孤寂与熙悦——唐代寒食题材诗歌二重意趣阐释》，《文学遗产》1996 年第 2 期。

[⑦] 唐川子：《试论唐代诗人笔下的寒食节民俗》，《广西民族学院学报（哲学社会科学版）》2003 年第 S2 期；戴怡：《唐诗寒食考述》，《广西师范学院学报（哲学社会科学版）》2003 年第 3 期。

[⑧] 方莉玫等：《关于唐诗中"寒食"的探析》，《哈尔滨学院学报》2005 年第 8 期。

前就已存在，唐代的清明节包含寒食节。"清明节始于周代。……大致到了唐代，寒食节与清明节合而为一，变成清明节的一部分。"① 二是认为唐代之前不存在清明节，唐代虽有以清明为节的意识，但清明并非独立的节日，只是寒食节的组成部分。② 三是认为以清明为节萌芽于唐代，在中唐时已成为独立节日。③

（六）关于唐代寒食节的域外播布及影响的研究

唐代是中国节日文化传播至朝鲜半岛等周边地区的重要时期，很多中国节日都对这些地区产生过影响，对此学界也有所关注，笔者也曾简略论及唐代寒食节假制度对朝鲜半岛的影响。④ 值得注意的是，在唐代颇为流行的寒食节虽然已为遣唐的日本人所知，但却有意识未导入日本。刘晓峰运用跨文化比较研究方法对此问题作了深入探讨，认为其原因在于寒食与日本的本土文化不相容，在于日本人关于秽的观念。⑤

综上所述，三十多年来学术界关于唐代寒食节的研究取得了长足进展，研究资料的范围不断扩大，研究视野不断拓展，研究方法日益丰富，为下一步的研究奠定了良好基础。但同时也要看到，以往研究仍存在一些不足之处，主要表现为：其一，对唐代寒食节发展演变的梳理和研究仍不够系统与全面，对唐代寒食节的地位及成因的探讨也不够深入。其二，对唐代寒食节风俗活动的研究大多停留在描述性层面，对其文化内涵缺乏深入挖掘和阐释。其三，对寒食节期间唐人过节心态的研究虽不乏整体性勾勒，但缺少对俗民个体的关注和深描。其四，对唐代寒食节文献资料的使用仍显不足，对相关文献资料缺乏系统的搜集、整理、归纳。其五，对唐代不同地域的寒食节风貌虽有所论及，但多停留于浮光掠影式的描绘，缺乏深入的专门研究。其六，对唐代寒食节涌现出的一些新变，如寒食节上墓（包括上墓时送纸钱）习俗勃兴、清明改火与赐火之俗盛行等虽有所关注，

---

① 《中华传统文化大观》编纂委员会编：《中华传统文化大观》，中国大百科全书出版社1996年版，第713页。

② 杨琳：《中国传统节日文化》，宗教文化出版社2000年版，第216～217、222页。

③ 张勃：《清明作为独立节日在唐代的兴起》，《民俗研究》2007年第1期。

④ 马荣良：《唐代寒食节假制度及其影响》，《山东行政学院学报》2019年第5期。

⑤ 刘晓峰：《寒食不入日本考》，《清华大学学报（哲学社会科学版）》1995年第3期。

但对这些新变的由来、发展和演变，及其对寒食节的影响等问题缺乏深入探讨。

二、唐代寒食节研究的未来构想

针对以往唐代寒食节研究中存在的问题和不足，笔者认为，下一步研究工作应该从以下几个方面展开。

（一）系统勾勒唐代寒食节的发展演变脉络，揭示其发展兴盛的成因以及在节日发展史上的地位和影响

李唐王朝持续近三百年之久，其间社会政治、经济、文化等方面均发生了巨大变化，这就要求我们在研究唐代寒食节时必须考虑其发展的阶段性。在综合考量节日的盛衰状况、节俗活动内容、时人过节的心态以及统治者的态度等因素的基础上，可以将唐代寒食节划分为初唐（618—712）、盛唐（713—755）、中唐（756—820）、晚唐（821—907）四个时期，对每个时期的发展情况予以梳理和概括，进而勾勒出唐代寒食节发展演变的整体脉络。

关于唐代寒食节发展兴盛的成因，可以从政治、经济、文化等方面予以综合分析，要特别注意李唐王朝与寒食节之间的特殊关系。众所周知，寒食节起源于并州太原等地，与古代山西的参星信仰有着密切关系。[①] 李唐王朝发迹于并州，很可能也把古代晋地的参星视为自己的守护神。李唐王朝对于与参星信仰有关的寒食节分外重视，当有其内在逻辑性。[②] 关于唐代寒食节在寒食节发展史上的地位和影响，可以从以下几个方面予以讨论：其一，寒食节首次被纳入国家法定节假日体系；其二，寒食禁火习俗一改前代屡遭禁断的命运，第一次得到官方的明文认可，取得合法地位；其三，寒食上墓习俗从民间走向庙堂，首次被纳入国家礼典，获得合法性、合礼性；其四，其他节俗活动如斗鸡、荡秋千、蹴鞠、打马球、踏青、馈

---

① 马荣良：《介子推焚死传说中介子推之原型考——兼论寒食节的起源》，载项楚主编《中国俗文化研究》第二十一辑，四川大学出版社 2022 年版，第 91～105 页。

② 刘晓峰：《寒食与山西》，《民族艺术》2007 年第 2 期。

赠等也盛极一时。这些方面在寒食节的发展史上写下了浓墨重彩的一笔，并对后世产生了深远影响。

（二）深入挖掘和阐释唐代寒食节风俗活动的文化内涵

对唐代寒食节风俗活动的研究，不能仅停留在描述性层面，更要注意挖掘和阐释其蕴含的文化内涵。比如，唐代寒食节举行的荡秋千、拔河、绳伎（走索）、放风筝等绳类游艺，既增添了寒食节的欢快气氛和诱人情趣，也体现了唐人豪迈乐观的性格和热爱生命、充实自我、享受生活的人生追求和态度。尤其值得注意的是，它们大都带有祈求丰收、驱病祛疫的巫术色彩，还寄寓着唐人对五谷丰登、平安健康的期盼和向往。再如，唐人将清明改火、取新火习俗进一步发扬光大，并衍生出赐新火习俗与仪式，风靡一时，蔚为大观。这些节俗和仪式既增添了热烈、喜庆的节日氛围，也显示了唐人重视节气迁移、遵循自然时序，并通过岁时礼俗活动调节人与自然之间关系的心理积淀，还蕴含着他们辞旧迎新、憧憬美好生活与治世图景的企冀，呈现出一种君臣同乐、君恩臣报、上下一体的融洽场景，客观上有利于维系和巩固统治秩序。[①] 凡此种种，都需要我们深入挖掘和探研。

（三）重视研究唐代寒食节的新变，深入探讨其由来、发展演变及影响

变迁可谓节日生命史上的常态，在寒食节的发展史上，除了禁火寒食（冷食）等核心节俗沿袭不改，还陆续涌现出了诸多新变。这些新变不仅形塑着寒食节的面貌，还影响甚至决定着寒食节的发展走向。[②] 在研究唐代寒食节时，也要特别注意其间涌现出的上墓（包括上墓时送纸钱）、清明赐新火等新变，并深入探讨其由来、发展演变及影响。以寒食节上墓习俗为例，此俗虽然并非始于唐代，但却在唐代得以发扬光大，并由民间走向庙堂，发展成为寒食节的又一核心节俗，极大推动了寒食节的发展兴盛。尤其值得注意的是，唐人寒食节上墓时还流行送纸钱，但由于禁火的缘故，

① 马荣良：《唐代的清明改火、赐新火习俗及其文化、政治意蕴》，《唐都学刊》2023 年第 5 期。

② 马荣良：《寒食节的起源及早期发展史研究》，山东大学 2022 年博士学位论文。

11

纸钱是不能焚烧的，只能将其抛撒或挂于墓树之上。[①] 但在唐人的观念中，这种处理纸钱的方式存在不小的缺陷，"三日无火烧纸钱，纸钱那得到黄泉"[②]。究其原因，是因为此举与唐代流行的烧纸钱祭祀鬼神的俗信相悖。[③] 鉴于清明与寒食节在时间上前后相连，而清明日可以取新火、用火，人们自然就倾向于选择此日上坟祭扫、焚烧纸钱，从而为寒食与清明之间统领性地位的演替埋下了伏笔。久而久之，寒食节逐渐丧失了扫墓祭奠先人这一重要文化内涵的支撑，地位日渐衰落，最终为清明节兼并融合。不仅如此，唐代寒食节涌现出的其他新变，诸如清明改火特别是赐新火习俗的盛行、寒食节假日的设置尤其是假期的一再延长等[④]，也使得清明在寒食节中的地位日益突出，为日后兼并寒食节埋下了草蛇灰线。对于上述新变，也需要我们予以关注和探讨。

（四）重视对唐代不同地域寒食节的研究

"十里不同风，百里不同俗。"唐代疆域辽阔，由于气候、地理环境及文化等因素的影响，各地的节日风俗也不尽相同。研究唐代寒食节既要着眼于整体性、普遍性，也要注意特殊性、地域性。兹以长安为例予以说明，"京邑翼翼，四方是则"[⑤]，我国古代政治文化的特点决定了国都在文化格局的形成中扮演着极为重要的角色。早在西汉时期，长安就成为流行文化的中心，并通过文化传播，强烈地影响着周边地区的文化特质。[⑥] 与西汉时一样，唐代的长安既是全国政治、经济中心，也是文化、交通中心。唐长安城人口众多，百业俱兴，商贾云集，交通发达，文化昌盛，节日繁

① 此俗至宋代犹存，庄绰《鸡肋编》云："寒食日上冢，亦不设香火，纸钱挂于茔树。其去乡里者，皆登山望祭，裂冥帛于空中，谓之'擘钱'。"参见〔宋〕庄绰撰，萧鲁阳点校：《鸡肋编》（卷上），中华书局 1983 年版，第 23 页。

② 王建：《寒食行》，载中华书局编辑部点校《全唐诗（增订本）》卷二九八，中华书局 1999 年版，第 3367 页。

③ 杜尚侠等：《清明节》，中国社会出版社 2011 年版，第 45～47 页。

④ 马荣良：《唐代寒食节假制度及其影响》，《山东行政学院学报》2019 年第 5 期；马荣良：《唐代的清明改火、赐新火习俗及其文化、政治意蕴》，《唐都学刊》2023 年第 5 期；张勃：《清明作为独立节日在唐代的兴起》，《民俗研究》2007 年第 1 期。

⑤ 〔宋〕范晔：《后汉书》卷三十二引《诗经》，中华书局 2000 年版，第 756 页。

⑥ 张晓虹：《唐代长安流行文化的传播地域及方式》，载李孝聪主编《唐代地域结构与运作空间》，上海辞书出版社 2003 年版，第 433 页。

多。其文化现象除强烈地影响着周边地区外，还凭借政治中心的优势，传播到全国大部分地区。^①"时世妆，时世妆，出自城中传四方"^②，白居易的诗句就生动反映了长安流行文化对周边地区的吸引力。就节日而言，长安流行的节日时尚大都为各地竞相模仿，最终成为全国流行的岁时习俗，显示出长安节日文化巨大的辐射力。值得注意的是，由于唐代事实上的两都制，凡在长安流行的时尚几乎同时在洛阳出现。因此，我们有必要对长安、洛阳的寒食节予以专门研究，并深入探讨其节日文化的传播方式、路径及其影响。

（五）深入剖析、描摹唐人寒食节期间的过节心态

"在民俗学史上每当把民俗作为客观对象研究时，往往忽略民俗的主体——'人'，而去过多地关注了笼统的'民众'或相当抽象的'人民'；或者索性就抛开了'民'而去只热心关注民俗现象。"^③对于唐代寒食节包括唐人过节心态的研究，显然也有必要引入关注个体的维度。具体而言，就是要将整体研究和个体研究相结合，在对俗民群体予以整体观照和把握之外，还应选择俗民群体中的个别研究对象，开展个案研究。比如可以白居易作为研究对象。白居易一生创作了数量丰富的节日诗歌（约有 120 多首），其中寒食清明诗 30 多首，创作时间从其 20 多岁直到 70 岁，跨度近50 年，创作地点也随作者的流动不拘一处，这些诗文真实反映了白居易在寒食节的种种感受和心情。此外，白居易还是一个具有多重身份的人：他出生于唐代宗大历七年（772），卒于唐武宗会昌六年（846），其生命历程伴随着安史之乱后的凋敝走向中唐时代的中兴，继而又进入晚唐的衰落，这一时期也是寒食节发生重要变化的时期；他是一位多产佳作的诗人，并因此受到时人的推崇；他还是一位担任公职的官员，经"苦节读书"而"三

---

① 张晓虹：《唐代长安流行文化的传播地域及方式》，载李孝聪主编《唐代地域结构与运作空间》，上海辞书出版社 2003 年版，第 362 页。

② 〔唐〕白居易：《时世妆》，载中华书局编辑部点校《全唐诗（增订本）》卷四百二十七，中华书局 1999 年版，第 4716 页。

③ 乌丙安：《民俗学原理》，长春出版社 2014 年版，第 55 页。

登科第"（《与元九书》）①，历任地方及中央官职，宦海多舛，几度沉浮，最终在兼济天下和独善其身中选择了后者。②因为节俗、风尚、情境和个体的生命、经历、身份与选择等诸多因素的影响，寒食节诗词中表现的白居易有着丰富的情感活动，或慨叹时光飞逝、人生易老，因而伤怀惆怅；或思乡怀亲、送别友人，不免悲伤凄楚；或宴饮奏乐、踏青赏花，大享耳目之乐……这些情感活动既是白居易个人过节心态的呈现，也是唐人过节心态的折射和映照。

（六）进一步厘清唐代寒食节与清明之间的关系

清明原本为二十四节气之一，早在汉代之前即已有之。但作为节气的清明与作为节日的清明又有所不同，节气是我国物候变化、时令顺序的标志，而节日则包含着一定的风俗活动和某种纪念意义。③那么，作为节气的清明是何时成为节日的呢？在唐代它就成为独立的节日了吗？自唐代中期开始，清明的重要性日益凸显，但我们不能因此就遽然断定清明已成为独立的节日，对此张勃也不讳言："所谓清明独立成节，并不意味着在所有中唐人心目中清明节已从寒食节中独立出来。事实上，我们同样可以找出其他例子证明，在当时一些人那里，清明仍作为寒食的组成部分而存在。"④笔者赞成这一观点，即在唐代清明并非独立的节日，而只是寒食节的附庸。实际上，即便在北宋时期，清明在很大程度上仍然从属于寒食节。南宋陈元靓《岁时广记》引北宋吕原明《岁时杂记》云："清明节在寒食第三日，故节物乐事皆为寒食所包。"⑤这恰是北宋时寒食节与清明关系的真实写照。因此在研究唐代寒食节时，应将清明纳入其中，作为一个整体予以考察和探究。

---

① 〔唐〕白居易著，朱金城笺校：《白居易集笺校》（五），上海古籍出版社1988年版，第2792～2793页。

② 张勃：《唐代节日研究》，中国社会科学出版社2013年版，第276～277页。

③ 韩养民等：《中国古代节日风俗》，陕西人民出版社1987年版，第145页；杨琳：《中国传统节日文化》，宗教文化出版社2000年版，第211页。

④ 张勃：《清明作为独立节日在唐代的兴起》，《民俗研究》2007年第1期。

⑤ 〔宋〕陈元靓撰，许逸民点校：《岁时广记》，中华书局2020年版，第327页。此外，南宋金盈之亦有类似说法："清明节在寒食前后，故节物、乐事皆为寒食所包。"〔宋〕金盈之：《醉翁谈录》卷三，清嘉庆宛委别藏本。

此外,在研究资料的使用上,也应进一步拓展范围。开展节日史研究,除重视对正史、政书等传统史志材料的爬梳剔抉外,还要注意对诗歌、韵文、散文、笔记、小说等文学作品的合理运用。以唐代寒食清明诗为例,这些数量众多的诗歌不仅使我们能从中了解唐代寒食节期间的一般民俗生活相,而且还能让我们触摸到唐代诗人在过节期间蕴隐于心灵深处的民俗心态,这是唐代的其他民俗史料所无法给予我们的。通过唐代诗歌来研究唐代的节日民俗文化,也有着其他研究路径所不具有的独特意义。[①] 此外,除了传世文献,也要重视运用敦煌文书等资料。正如有论者所指出的,目前关于寒食节研究的成果颇多,但主要集中于传世文献的研究,敦煌写本中相关记载的研究价值未得到应有重视。[②]

在研究方法上,要注意综合运用多学科理论和方法。就目前研究来看,多学科的交流融合在节日研究中渐成趋势。[③] 因此,对唐代寒食节的研究不能仅仅局限于民俗学范畴,而应当形成跨学科的对话,开展跨学科研究。具体来说,就是以民俗学为基本学科本位,以历史学、社会学、政治学等相关理论方法为基本指导,紧密结合上述学科的理论、方法及相关知识,对唐代寒食节予以多方位、多层次、多视角的深入解读,力求清晰、详尽、真实地呈现其历史全貌。

---

① 唐川子:《试论唐代诗人笔下的寒食节民俗》,《广西民族学院学报(哲学社会科学版)》2003年第S2期。

② 赵玉平:《敦煌写本〈寒食篇〉新论——论唐代的八节、寒食节上墓、芳菲节和寒食节假日》,载中国文化遗产研究院编《出土文献研究》第十九辑,中西书局2020年版,第447页。

③ 韩晓莉:《革命与节日:华北根据地节日文化生活(1937～1949)》,社会科学文献出版社2019年版。

节日中的麦香：两宋时期节日面食研究[*]

何洛冰　丁逸宁[**]

摘 要

宋代是我国饮食文化的转型时期，食品的作用由满足温饱转向精神享受。宋代之前，面食主要流行于北方地区，由于两宋政治中心的变化，面食于临安一带亦较兴盛。宋人将他们对面食的喜爱与节日生活相融合，涌现出了种类繁多且颇具特色的节日面食，可分为主食类、点心类、非食用类等。面食的用途除饱腹外又增加了驱邪纳吉、占卜、献祭等用途。随着节日面食种类与制作工艺的增多，京城中多出现专卖节日面食的商铺，促进了宋代商品经济的发展，其中多种面食流传至今，成为今日节日食俗的来源。

关键词

宋代　节日　麦粉　面食

面食在我国有着悠久的历史，早在距今 4000 年左右的齐家文化中，

———————

　　* 本文系 2023 年重庆师范大学研究生科研创新项目"节日中的人情味：宋代城市节庆社交活动研究"（YKC23003）、2023 年重庆市研究生科研创新项目"先秦蜀地城市形态演进研究"（CYS23380）的阶段性成果。

　　** 何洛冰，重庆师范大学历史与社会学院硕士研究生；丁逸宁，重庆师范大学历史与社会学院硕士研究生。

便已经发现了用粟制成的面条，而以麦制成的面食出现在战国时期。在此后的两千多年中，面食也随着小麦种植的推广和普及，成为北方先民餐桌上不可或缺的食物之一。宋代作为中国封建社会经济发展的高峰，在麦产量提高、烹饪技术进步的背景下，宋人对面食进行了改良创新，为今日的面食形制奠定了基础。宋人将节日生活与面食制作合而为一，创造出种类繁多、用途广泛的节日面食。本文拟综合前人研究，结合各种文献资料，对宋代节日面食的分类和特点做一些阐述。

一、宋代面食研究述评

目前，学界对于宋代面食已有了初步的研究，大体可以分为以下三个方面：

一是对宋代面食本身的研究，侧重于阐述面食本身的形态、口味以及烹饪方法。如王赛时研究了宋代及以后的包馅面食，指出这种包馅面食是宋代人的重要饮食风格之一，并且深刻地影响了之后几个朝代的饮食风格，其影响一直绵延至今。[1] 胡艳红从宋人笔记入手，研究了宋代的粮食、饼食、馄饨等主食。[2] 纪钦从宋代笔记入手，主要研究了宋代甜味面食的兴起和繁盛。[3] 刘梦娜从考古的角度探讨了宋人的食物、饮食器具和饮食习俗，详细列举了宋代所拥有的多种包子、馒头、面条、饼、饺子、馄饨等面食。[4] 袁灿兴基于各种史书、传奇，研究了宋代的胡饼、馒头、馄饨、毕罗、髓饼、兜子等多种多样的面食。[5] 庞飞扬从《梦粱录》中的记载入手，指出宋代杭州地区面食种类丰富，有猪羊盦生面、蝴蝶面、乳蕈淘等面食，并有多家面食店售卖，风靡一时。[6]

二是分析了面食中所蕴含的饮食文化。如刘朴兵分析了宋代南北方饮食文化产生的差异，指出北宋时期南方的面食品种增多，这是中原地区的

---

① 王赛时：《宋代以后的包馅面食》，《四川烹饪高等专科学校学报》1999 年第 3 期。
② 胡艳红：《百种宋人笔记所见饮食文化史料辑考》，华东师范大学 2006 年硕士学位论文。
③ 纪钦：《宋代笔记中的甜点探析》，《大观（论坛）》2018 年第 4 期。
④ 刘梦娜：《宋代饮食文化的考古学考察》，郑州大学 2018 年硕士学位论文。
⑤ 袁灿兴：《宋朝的缤纷面食》，《同舟共进》2020 年第 9 期。
⑥ 庞飞扬：《〈梦粱录〉饮食词汇研究》，上海师范大学 2021 年硕士学位论文。

饮食文化对南方地区所施加的影响。① 孙刘伟探讨了宋代东京城中的饮食文化，指出麦面是宋代东京城居民们的主食之一，其原料丰富，小麦产量的提高为麦面食品在东京的畅销打下基础；种类繁多，有包子、馒头、胡饼、汤饼等；烹饪方式多样，有蒸、煮、烤、烙、煎、炸等多种。② 彭嘉祺指出，唐宋时期的面食在种类上更加丰富多样，在制作上更为精致，在营养上更为全面均衡，并且出现了一批专门应用于节日、礼仪的特色面食，如立春的"春盘"，元宵节的"油䭔"，端午节的"白团""五色水团"，七夕节的"乞巧果子"，重阳节的"重阳糕"，冬至的"百味馄饨"，腊日的"萱草面"等。③

三是侧重对不同面食的比较，包括不同朝代的面食比较、同一朝代中不同地域的面食比较等。如刘朴兵对唐宋两代中原地区面食烹饪的差异进行了比较，指出唐代的面食烹饪带有胡族风格，比较豪放，而宋代的面食烹饪崇尚花样繁复和精致。④ 王迪将唐宋两代面食的制作方法进行了对比研究，分析了唐宋两代在蒸制面食、煮制面食、烤制面食和煎炸类面食上的区别，指出唐代面食上承魏晋南北朝，注重拓展品类，兼收并蓄，胡化色彩浓厚；而宋代面食更加注重精巧，融合了胡汉两种面食风格。⑤

除上述论文之外，还有部分著作对宋代的面食有一些研究。如陈伟明《唐宋饮食文化发展史》，阐述了唐宋时期的饮食结构和主食的变化。⑥ 任崇岳在《中国社会通史·宋元卷》一书中提到了宋代时期的一些面食，但未涉及节日。⑦ 赵荣光的《中国古代庶民饮食生活》，描绘了中国古代庶民在各种节令中的饮食习俗⑧，但其研究未分朝代，研究视角较为宏大。徐吉军等人在《中国风俗通史·宋代卷》中罗列了部分宋代节日习俗，其中

① 刘朴兵：《略论宋代中原地区与南方的饮食文化交流》，《历史教学（高校版）》2009 年第 4 期。

② 孙刘伟：《北宋东京饮食文化研究》，郑州大学 2019 年博士学位论文。

③ 彭嘉祺：《唐宋时期面点研究》，云南师范大学 2021 年硕士学位论文。

④ 刘朴兵：《略论唐宋面食烹饪的差异——以中原地区为考察中心》，《扬州大学烹饪学报》2009 年第 2 期。

⑤ 王迪：《唐宋时代面食制作方法对比研究》，郑州大学 2020 年硕士学位论文。

⑥ 陈伟明：《唐宋饮食文化发展史》，（台北）台湾学生书局 1995 年版，第 1～10 页。

⑦ 任崇岳主编：《中国社会通史·宋元卷》，山西教育出版社 1996 年版，第 327～328 页。

⑧ 赵荣光：《中国古代庶民饮食生活》，商务印书馆国际有限公司 1997 年版，第 120～127 页。

提到了饮食部分，但没有对其进行分类。①此外，安德森《中国食物》②等著作对宋代面食皆有所涉及，限于篇幅不展开陈述。

　　总的来说，目前学界关于宋代面食的研究较为详尽具体，学者们不仅着眼于面食的种类和烹饪方法，还探讨了面食背后的成因和文化内涵，更从历时的角度，对唐宋之间不同时代、不同地域的面食做了一些比较研究。这对于我们探讨宋代的饮食文化，乃至于整个宋代社会生活史，都具有较为重要的意义。但笔者认为，目前学界对于宋代节日面食的相关研究，还存在一些尚待解决的问题。首先，多数研究仅从面食本身入手，研究宋代面食的制作工艺与种类等，并未结合当时的社会背景，缺乏节日生活与面食结合的视角。其次，在一部分学者的研究中，缺少对于"面食"的准确定义，如有些学者将麦粉、米粉制品统称为"面食"，"面食"的概念较为模糊。最后，多数研究只是罗列了各个节日中的特色面食，并没有从面食种类的角度入手，对这些节日面食进行分类等。因此，对宋代节日面食有关的研究，还有继续深入的空间。在民俗节日制作、烹饪一些具有节日特色的传统面食或糕点，是不少地区古已有之的传统习惯。在这些为节日而特制的面食、糕点中，往往蕴含着独特的民间饮食文化，值得我们深入探讨和挖掘。

二、宋代节日面食分类

　　宋代处于节日民俗发展的高峰期，节日食俗亦推陈出新。以面食为例，北宋时期北方食面或面制品较多，南方以米或米制品为主。由于政治中心的变化，南宋初年大量北方人南迁，将饮食习惯带至南方地区，"水土既惯，饮食混淆，无南北之分矣"③，因此南宋都城临安之人亦喜食面食，两宋时期的节日生活中不乏面食的身影。

　　① 徐吉军等：《中国风俗通史·宋代卷》，上海文艺出版社2001年版，第613～696页。

　　② 〔美〕尤金·N.安德森：《中国食物》，马孆、刘东译，江苏人民出版社2003年版，第65页。

　　③ 〔宋〕吴自牧：《梦粱录》卷十六，浙江人民出版社1981年版，第145～146页。

（一）主食类面食

主食，即用于主餐的传统型食物。宋代节日主食类面食主要有元日馎饦、元宵科头细粉、冬至馄饨、腊日萱草面等。

元旦是宋代三大节日之一。在新年伊始，宋人的节日习俗为吃"馎饦"，馎饦又称"索饼""汤饼"。其制作方法可于《齐民要术》中得以一窥："挼如大指许，二寸一断，著水盆中浸。宜以手向盆旁挼使极薄，皆急火逐沸熟煮。非直光白可爱，亦自滑美殊常。"①可见"馎饦"是一种片状或条状面食，类似今日的汤面片或汤面条。而"饼"的称呼是由前朝继承而来，宋代以降，"饼""面"的称呼逐渐分离，与今日无异。陆游在诗中多次提及宋人新年食"馎饦"的场景，例如《岁首书事》一诗中写到"中夕祭余分馎饦"，并自注"乡俗以夜分毕祭享，长幼共饭其余"；《新岁》一诗中写到"老庖供馎饦"；等等。因其为长条状面食，宋人又为"馎饦"赋予了长寿的内涵，"必食汤饼者，则世所谓长命面者也"②。宋人于新年伊始食"馎饦"表达对新年的美好祈愿，亦成为今日"长寿面"的前身。

上元节是宋代最热闹的节日之一。自冬至后，开封府便开始搭建彩棚，为上元灯会做准备，至上元时便会出现"灯山上彩，金碧相射，锦绣交辉"③的景象。上元节的节日面食主要有"鹌鹑馉饳儿"与"科头细粉"，这两种食物名称的来源均与其形制有关。"鹌鹑馉饳儿"是一种带馅面食，将面擀成面片后包馅，对角捏紧即可，因其形似鹌鹑又形似花骨朵故名，与今日的馄饨相似，其烹饪方法又可分为煮和炸；"科头细粉"在南宋时期又称"科斗粉"④，"科头""科斗"即"蝌蚪"的变音，此类面食由面粉搅成糊状后用甑挤压成型，煮熟后加入卤汁即可食用，因其形似蝌蚪故称"科头细粉"。这一面食流传至今，成为河南地区的特色面食之一。

---

① 〔北魏〕贾思勰著，石声汉译注：《齐民要术》（下册），中华书局2015年版，第1098～1099页。

② 〔宋〕马永卿撰：《懒真子》卷之三，商务印书馆1935年版，第31页。

③ 〔宋〕孟元老撰，邓之诚注：《东京梦华录注》卷之六，中华书局1982年版，第165页。

④ 〔宋〕周密著，李小龙、赵锐评注：《武林旧事插图本》卷二，中华书局2007年版，第55页。

"自冬至后戌日，数至第三戌，便是腊日，谓之君王腊。"①宋代的腊日与今日的腊八时间有异。宋人腊日的节食为萱草面。②"萱草"又称"忘忧草"，其花蕾可食，花根可入药，又称黄花菜。③萱草面的制作方法并无文献记载，根据名称推测应是加入黄花菜的汤面。《清异录》载有一食肆，人称"张手美家"，所卖之食随需而供，每个节日都有专属的节食售卖，例如"玩月羹（中秋）、盂兰饼餤（中元）、米锦（重九糕）、宜盘（冬至）、萱草面（腊日）、法王料斗（腊八）"④。可见萱草面是宋代腊日主要的节日面食，并且此类节食已经形成了专卖市场。

（二）点心类面食

点心，即用于主餐之前或之后的小食。宋代节日点心类面食主要为饼类、包类，这类食物在《梦粱录》中与点心并称，可见在两宋时期饼类、糕类、包类皆属点心。

南宋词人魏了翁在《醉落魄·人日南山约应提刑懋之》一词中写道："祈麦祈蚕，来趁元正七……会得为人，日日是人日。"可见人日为正月初七，是为纪念女娲造人而设。宋人在"人日"这一天喜食面茧、煎饼等。面茧又称"酸馅""探春茧""探官茧"，以面制成厚皮，其中包裹肉馅、素馅、酸馅等各种馅料，与今天的包子类似，唯独形状不同。"面茧"的外形呈两头尖而中间宽的纺锤形，与蚕茧的形状类似，故有此名。此外，这种食物也根据食用时间或是食用目的的不同，亦会被称为"探春茧"或"探官茧"。

立春之时，宋人喜食春饼、春盘。据《武林旧事》载，春饼的制作方法是将面糊摊开置于锅上蒸制而成。⑤若将春饼卷入生菜而食，可称之

---

① 〔宋〕吴自牧：《梦粱录》卷六，浙江人民出版社1981年版，第49页。

② 〔宋〕郑望撰，唐艮注释：《膳夫录》，中国商业出版社1987年版，第58页。

③ 汉语大字典编纂委员会编纂：《汉语大字典》（第二版），四川辞书出版社、崇文书局2010年版，第3472页。

④ 〔宋〕陶毂、吴淑撰，孔一校点：《清异录·江淮异人录》，上海古籍出版社2012年版，第109～110页。

⑤ 〔宋〕周密著，李小龙、赵锐评注：《武林旧事插图本》卷六，中华书局2007年版，第171页。

为"春盘"。苏轼曾在《浣溪沙·细雨斜风作晓寒》一词中言"蓼茸蒿笋试春盘";陆游在《感皇恩·伯礼立春日生日》一词中提到"正好春盘细生菜",蓼茸、蒿笋、生菜均为立春时的应季蔬菜,配以春饼而食,取迎春之意。

寒食节与清明节在时间上相差三日左右。在宋代,这两个节日的节日内涵由祭祀为主开始转向游乐,正如邵雍在《春游五首》中言"人间佳节唯寒食";柳永于《木兰花慢》中言"拆桐花烂漫,乍疏雨、洗清明……斗草踏青"。两宋时期寒食节的节食为"馓子",实为继承前朝"寒具"[①]而来,仅是更名而已。其制作方法为将面捏成圆圈或烤或炸,亦可称为"环饼"。据《东京梦华录》载,宋代清明节多食枣䭅、炊饼、乳饼之类。[②]"枣䭅"类似今日的枣糕,即在蒸饼中放入红枣;炊饼即普通饼类,用白面制成,无馅;乳饼即以羊乳、牛乳和面而制成的面食。这些面点除了作为扫墓祭祀的祭品,宋人在清明出城郊游时也常携带。[③]

七夕节亦是热闹非凡。两宋时期的七夕,众人常食"果食"与煎饼。"果食"即以面、油和糖等材料捏制而成的类似笑脸的面点,造型各异。商家为了招揽顾客还会采取营销手段,"若买一斤,数内有一对被介胄者如门神之像,盖自来风流,不知其从,谓之果食将军"[④]。到南宋时期,七夕时的"果食"又可分为糖蜜果食、果实将军、肉果实等,品类渐丰。[⑤]此外,宋代七夕亦食煎饼,据《岁时广记》可知当时的京城地区多有人做煎饼用于供奉牛郎织女,亦会自食。[⑥]

中秋节节俗于唐宋时期进一步发展。在宋代此节食俗多为饮酒食瓜果,有关节日面食在史料中无明确记载。但现今中秋节所食"月饼"二字确为南宋时期首次出现,例如《梦粱录》中将月饼归为点心类,并指明"四时皆有"[⑦],可见此时月饼并非中秋节专有节食。"月饼"二字亦出现在南

---

① 〔宋〕庄绰撰,萧鲁阳点校:《鸡肋编》(卷上),中华书局 1983 年版,第 7 页。

② 〔宋〕孟元老著,邓之诚注:《东京梦华录注》卷之七,中华书局 1982 年版,第 178 页。

③ 邱庞同:《中国面点史》,青岛出版社 2010 年版,第 67 页。

④ 〔宋〕孟元老撰,邓之诚注:《东京梦华录注》卷之八,中华书局 1982 年版,第 208 页。

⑤ 〔宋〕吴自牧:《梦粱录》卷十六,浙江人民出版社 1981 年版,第 148 页。

⑥ 〔宋〕陈元靓撰,许逸民点校:《岁时广记》卷二十六,商务印书馆 1939 年版,第 304 页。

⑦ 〔宋〕吴自牧:《梦粱录》卷十六,浙江人民出版社 1981 年版,第 147 页。

宋笔记《武林旧事》"蒸作从食"①一节，可见当时月饼的制作方法与今日有异，应为蒸制而成。

（三）非食用类面食

由于生产力发展，粮食产量增加，两宋时期的食品在满足人们温饱的基础上，又增加了满足人们精神需求的祈福祭祀功能，再结合不同节日原有的驱邪纳吉内涵，衍生出各种各样的非食用类面食。

元旦之时，京城中人有一特殊习俗，即"以面为蛇形，又以炒熟黑豆、煮熟鸡子三物，于元日四鼓时，用三姓人掘地，逐件以铁钉各钉三下，咒曰：蛇行则病行，黑豆生则病行，鸡子生则病行。咒毕，遂掩埋之"②。以面蛇、熟豆、熟鸡蛋制成的祭物配合咒语所言，可知咒语中的情况均不会发生，以此表达了京城中人对新年无疫无灾的企盼。

正月初六送穷日。古人视污物为"穷鬼"，宋人会于污物之上覆七张煎饼，趁未有行人之时弃于康衢，祈求来年志得意满。石延年在《送穷诗》中写道："世人贪利意非均，交送穷愁与底人？穷鬼无归于我去，我心忧道不忧贫。"③体现了宋人送穷的习俗。

正月二十日左右是天穿节，此节为纪念女娲补天而设，主要由妇女主持祭祀。此节主要的祭祀之物便是煎饼。正如李觏所言："娲皇没后几多年，夏伏冬愆任自然。只有人间闲妇女，一枚煎饼补天穿。"④宋人会在此日将煎饼置于屋顶，有祭女娲补天之意。

寒食节时，宋人会将面捏成飞燕之状，辅以红枣，称之"枣锢飞燕"，又因是为纪念介子推而制，亦可称"子推燕"，将其"以松枝插枣糕置门楣……留之经岁，云可以治口疮"⑤。可见"枣锢飞燕"除了有祭祀功用，亦可药用。

---

① 〔宋〕周密著，李小龙、赵锐评注：《武林旧事插图本》卷六，中华书局 2007 年版，第 171 页。

② 〔宋〕陈元靓撰，许逸民点校：《岁时广记》卷五，商务印书馆 1939 年版，第 60 页。

③ 〔宋〕金盈之撰：《新编醉翁谈录》卷之三，古典文学出版社 1958 年版，第 13 页。

④ 赵杏根选编：《历代风俗诗选》，岳麓书社 1990 年版，第 47 页。

⑤ 〔宋〕庄绰撰，萧鲁阳点校：《鸡肋编》（卷上），中华书局 1983 年版，第 23 页。

三、宋代节日面食用途的泛化

有关宋代面食的特点，目前已有部分学者进行了研究。彭嘉祺将其总结为种类增多、精致度提高、重视营养搭配、普及程度更广四点。[①] 大部分学者也持类似的观点，对此笔者不再赘述。但当面食与节日相结合，形成节日特色面食时，笔者认为，宋代的节日面食除了这四个特点之外，还表现出了一些与民俗文化、节日文化有关的特点。宋代节日面食衍生出了占卜、祈福、辟邪、献祭等除"吃"以外的功用，并且在文化意蕴上，更加注重与节日氛围的契合，从节日特色食物的方面营造出浓厚的节日气氛。

在两宋时期，随着商品经济的繁荣与发展，粮食产量和人民生活水平的逐步提高，人们不再为了填饱肚子而发愁。在粮食有富余的情况下，节日面食从"吃"这一个单纯的功用中脱离了出来，出现了一部分新兴的用于非食用功能的节日面食。其中大致可以分为驱邪纳吉、占卜、献祭三种功能。

首先是用作驱邪纳吉的节日面食，其中典型的有钉面蛇、送穷日煎饼等。他们的具体样式与使用方法前文已经作过介绍，此处暂不赘述。这些节日面食的共同点，都是取一物作为吉祥或不祥的象征物，然后将其丢弃或拿取，以此来达到驱邪纳吉的目的。如正月初一宋人常做的"钉面蛇"，就是以生面作蛇，以此来作为疫病的象征物，"蛇行则病行"。但由生面制成的"蛇"显然是不会动起来的。再如送穷日中，将粪便等污秽之物视作"贫穷"的象征物，而将其丢出家门外；面饼可能代表了"富裕"，因为富裕的家庭往往粮食富足，将面饼覆于污物之上，也体现出了"富裕取代贫穷"的意味。

其次是用作占卜的节日面食，其中比较典型的有"探官茧"。"探官茧"实际上就是我们之前提到过的"面茧"，在将其用作占卜以求取前途时，被称为"探官茧"。当时人们会在面茧内放置纸条或者木条，"以卜异

[①] 彭嘉祺：《简谈宋代面点特色——以两宋京城为中心》，《湘南学院学报》2020 年第 4 期。

时官之高下"①，用来占卜前途。时人也有诗云"来时壁茧正探官"②，道明了面茧用作占卜的用途。现如今我们有些地方，有在除夕夜吃的饺子中包裹硬币的习俗，若是谁在饺子中吃到了硬币，则代表来年会财源广进。这与"探官茧"比较类似，都以节日面食作为载体，在食用过程中兼有占卜前途的作用。

此外，还有一部分用于祭祀鬼神、先祖的节日特色面食。如前文中提到过的"天穿节面饼"，即是为了祭祀女娲而设。在民间一直有着"女娲采七色石补天"的神话传说，天穿节覆煎饼于屋顶，是对女娲"补天"的一种模仿与回顾，以祈求新岁风调雨顺。寒食节是为了纪念介子推而设，相传介子推不愿入仕而隐于深山之中，晋文公为求其出山相助，放火烧山，结果介子推宁可"抱柳而死"也不愿出仕。后来晋文公凭吊介子推时，发现被烧毁的柳树又长出了新芽，因此后世也以"柳"来喻指介子推。后人设立"寒食节"，在该日不生火做饭，只吃冷食，以纪念介子推的清高气节。以生面做"子推燕"符合寒食节的节日食俗；将柳条悬挂在户间，也是对介子推与柳树有关的传说故事的回顾。

总的来说，宋代的节日面食在具体用途上呈现出了多样化的特点。除了食用功能以外，节日面食还演化出了驱邪纳吉、占卜、祭祀等多种非食用功能。在具体的制法或用途上，也多与节日传说、节日民俗故事等背景相呼应，营造出浓厚的节日氛围。

四、宋代节日面食的传播与影响

宋代节日面食的更新与变革是全方面的，不仅体现在节日面食的制作工艺上，也体现在节日面食的文化意蕴上。宋代节日面食的创新与发展，对社会的方方面面都起到了一定的影响，其中既有对宋代当时的影响，也有对后世的影响。

---

① 〔宋〕金盈之撰：《新编醉翁谈录》卷之三，古典文学出版社 1958 年版，第 13 页。
② 〔宋〕金盈之撰：《新编醉翁谈录》卷之三，古典文学出版社 1958 年版，第 12 页。

（一）促进了宋代商品经济的繁荣与发展

宋代是我国封建社会中商品经济最为发达的时代，在市场交易中，原本的坊市界限逐渐被打破，商品交易走进了普通民众的日常生活中。商品经济的发达和人民生活水平的提高，极大程度地促进了饮食的精细化和多样化，从而衍生出制作精细、种类繁多、功能各异的节日面食。这些富有特色的食品也反过来促进了商品经济的繁荣与发展。节日面食的创新与变革对商品经济的发展，主要体现在节日面食专卖市场的形成方面。

据载，两宋时期已经形成了相当成熟、档次分明的食品交易市场。高档的如汴京的仁和店、新门里的会仙楼、杭州的武林园和熙春楼等饭店，店内各类精美食品一应俱全；中低档的饭店中多有供应灌浆馒头、薄皮春茧包子、虾肉包子等面食类食品①，涵盖了日常生活中的各档次消费。《梦粱录》提到，"最是大街一两处面食店及市西坊西食面店，通宵买卖，交晓不绝"，其所售卖的多是"馓子、小蒸糕……烧饼、炙焦馒头、炊饼、辣菜饼、春饼、点心之属"。②这体现出在当时的食品市场上，面食类店铺营业时间通宵达旦，生意非常红火，人们更加偏爱能做出各种新花样的面食类食物。

每当节日来临之际，有一部分原先售卖多种面食的面食店则会"每节则专卖一物"③，只售卖和当前节日有关的特色面食。例如元宵节时"都下卖鹌鹑馉饳儿、圆子、馄饨、白肠、水晶鲙、科头细粉……诸般市合，团团密摆"④；寒食清明"坊市卖稠饧、麦糕、乳酪、乳饼之类"⑤；七夕节"潘楼街东宋门外瓦子、州西梁门外瓦子、北门外、南朱雀门外街及马行街内"⑥，有售卖"笑厣儿果食"摊子等。节日面食专卖市场的形成，对于封建时代商品经济的发展具有促进作用。

---

① 张岂之主编：《中国历史·隋唐辽宋金卷》，高等教育出版社2001年版，第345页。
② 〔宋〕吴自牧：《梦粱录》卷十六，浙江人民出版社1981年版，第122页。
③ 〔宋〕陶榖、吴淑撰：孔一校点：《清异录·江淮异人录》，上海古籍出版社2012年版，第109～110页。
④ 〔宋〕孟元老撰，邓之诚注：《东京梦华录注》卷之六，中华书局1982年版，第173页。
⑤ 〔宋〕孟元老撰，邓之诚注：《东京梦华录注》卷之七，中华书局1982年版，第178页。
⑥ 〔宋〕孟元老撰，邓之诚注：《东京梦华录注》卷之八，中华书局1982年版，第208页。

（二）影响了后世节日面食的发展轨迹

一部分宋人所独创的特色节日面食，因其独特的外形、口感与丰富的文化内涵而脍炙人口，并没有遗失在时间的洪流中，而是在后代历经变革与发展，成为今天某些面食的前身；一部分与节日面食有关的习俗也保留了下来，成为如今节日民俗的一部分，深刻影响了宋代以来的民间饮食文化与节日文化。我们今天在除夕夜常吃的饺子、在元宵节常吃的汤圆、中秋节常吃的月饼，以及北方地区的"面鱼"等食品，皆能在宋代的节日面食中找到雏形。

冬至日是两宋时期最重要的节日，甚至超过元旦。《东京梦华录》载："虽至贫者，一年之间，积累假借，至此日更易新衣，备办饮食，享祀先祖。官放关扑，庆贺往来，一如年节。"[①]在这一天，宋代的节日面食主要为"馄饨"，有"冬馄饨，年馎饦"[②]之谚。"馄饨"的制作方法为："白面一斤、盐三钱和，如落索面，更频入水搜，和为饼剂。少顷，操百遍，摘为小块……四边要薄，入馅，其皮坚。"[③]可见宋时的"馄饨"应与今日的饺子相似，宋人冬至吃"馄饨"，成为今日国人冬至吃饺子这一传统习俗的滥觞。《醉翁谈录》载京城民谚："新节已过，皮鞋底破。大担馄饨，一口一个。"[④]意为冬至后祭扫拜访的忙碌已让鞋子磨破，但是还剩余众多"馄饨"未送出，只能自己大快朵颐。可见宋代的节日面食不仅可以用于自食，亦具有社交功能。到了明代以后，吃饺子的习俗逐渐从冬至日转移到了除夕[⑤]，并成为我们今天在除夕夜吃饺子的渊源。

在今天的中秋节，阖家团圆，吃月饼以及赏月已经成为节日传统。中秋节的节日名称和中秋节所吃的月饼，也是大体起源于宋代。据方跃平等人的考证，晚唐时期逐渐兴起了赏月之风，并带有团圆的象征，但还未形

---

① 〔宋〕孟元老撰，邓之诚注：《东京梦华录注》卷之十，中华书局1982年版，第234页。

② 〔宋〕周密著，李小龙、赵锐评注：《武林旧事插图本》卷三，中华书局2007年版，第92页。

③ 〔宋〕浦江吴氏撰，孙世增、唐艮注释：《吴氏中馈录》，中国商业出版社1987年版，第31页。

④ 〔宋〕陈元靓撰，许逸民点校：《岁时广记》卷三十八，商务印书馆1939年版，第418页。

⑤ 程艳：《释"饺子"》，《理论界》2013年第12期。

成特定的节日；北宋时期，"中秋节"的说法才开始流行开来。[1]两宋时期已出现有关月饼的记述，但此时的月饼并非专属中秋节的节俗食品。从明代开始，月饼才逐渐成为中秋节的特色食品，并已有中秋节相互馈赠月饼之风俗。清代后期出现了制作更加精美的"品牌月饼"。[2]到了近代，月饼主要分为苏式月饼和广式月饼两个派系，此外还有多个小派系，其馅料也发展为豆沙、蛋黄莲蓉、五仁、果味等多种口味。可以说，现代月饼以及中秋节的相关习俗，正是从宋代流传下来的。

此外，还有一部分我们现在常见的面食制品，也来源于宋代的节日面食，并呈现出了完整的源流关系，如立春所吃的春卷，来源于宋代立春之时所吃的"春盘"；河南地区常见的面食"蝌蚪面"，与宋代的节日面食"科头粉"关系深厚等。宋人所创造出的节日面食，很大程度上影响了后世面食的制作方法、形态与口味的走向，很多也经过了后世的不断加工改良而传承至今，成为今天我们餐桌上各种面食的雏形。

五、结语

宋代既有种类繁多、口味各异的面食，也有丰富的传统节日。这些精巧美味的面食与传统节日的相遇，带给我们丰富的节日面食传统。大体看来，宋代节日面食在功用上主要可分为主食、点心和祈福类面食三类。在制作特点上，宋代的节日面食制作精美，种类与用途都相当丰富，在制作技艺上与前代相比得到了极大提高；一部分面食具有祈福、消灾避邪等象征性意义，能够更好地烘托节日氛围，寄托人们的生活理想。

此外，宋代的节日面食也给当时与后世的日常生活带来了深远的影响。节日面食专卖市场的形成促进了商品经济的繁荣与发展；宋代节日面食的创新被后世的节日面食所继承和发展，有些特色节日面食一直延续至今；宋代节日面食在功能上的多样化，也从节日食俗的方面丰富了中华传统节日文化的表现与内涵。

---

① 方跃平、曹洪洋：《中秋节吃月饼习俗的起源考》，《中国矿业大学学报（社会科学版）》2023年第3期。

② 萧放：《中秋节的历史流传、变化及当代意义》，《民间文化论坛》2004年第5期。

饮食文化是中华优秀传统文化的重要组成部分，随着社会生产力不断发展，"食"从满足温饱的功能逐渐向文化功能转变。而绚丽多彩、底蕴深厚、内涵深刻的节日文化，亦是我国宝贵的精神文化遗产之一。面食作为我国北方地区人民的主食之一，在漫长的历史中与节日文化、民俗文化相互影响、交融，形成了以宋代节日面食为代表的节日食品及节日民俗文化。深入研究这类节日食品与节日食俗，能够为我们理解中国古代社会生活等多方面提供有益的参考和启发。

"剃头"何以"死舅"

——关于"正月不剃头"与"五月不剃头"的考察

刘天佐　刘德增[*]

摘　要

民间有正月不剃头与五月不剃头的禁忌。在民间传说中,正月与五月不剃头都是为了"思舅",而剃头则会"死舅"。五月不剃头与正月不剃头可能存在一种替代关系:五月不剃头被正月不剃头取代。正月不剃头与五月不剃头当与清初的"剃发令"有关。

关键词

正月　五月　不剃头　剃发令

一、正月何以不剃头:民间与学界的诠释

"正月不剃头,剃头死舅舅",是一个广泛流行于我国民间的俗信。此禁忌或作"正月不剃头,剃头死己舅"。过去有舅舅的男子都要赶在春节之前就把头发剃短,进了正月就不再理发,直到二月二"龙抬头"以后,

---

　　*　刘天佐,山东青年政治学院文化传播学院助教;刘德增,齐鲁师范学院中国乡村调查研究中心教授。

才能随时随意地理发。现在的人大都不信此说，但在某些地区，这一俗信还在老人的监督下传承着。

为什么会有这样一种俗信？ 1915 年刊印的《昔阳县志》卷一《舆地志》"风俗"条云：

> 每年阴历正月，辄戒人不敢薙发，曰"妨舅舅"。意谓九九将近，春风尚寒，恐人薙发之后，易于感冒，须防九九，故误曰"妨舅舅"。①

在该志编纂者看来，九九将近，天气尚寒，不剃头是为了预防感冒，本是提防九九天气，误为"妨舅舅"。但是，寒冬腊月都不惧感冒而剃发，为何到了正月却担心感冒不剃发？此解说难以自圆其说。吴绍釚认为："在民间的隐喻文化中，人们认为，发里藏着人的'财气'，故发寓发财、发达之意。在新年正月里将寓有财气之意的头发剃掉，则意味着在这一年中将财运不佳，万事不如意。"② 如果按照此说，"发"寓有发财、发达之意，正月忌剃发，以防财运不佳，其他月份剃发，就不影响财运吗？传说过去天津的剃头匠大都来自宝坻县，宝坻的剃头匠回家过年，人们正月里剃头找不到剃头师傅，于是天津形成了正月不剃头的习俗。③ 如果天津如是，难道其他地区正月不剃头是否也是理发师多为外地人，回家过年，因找不到理发师而不剃头，日久天长，形成了正月不剃头的习俗？马生旺主编的《石勒——武乡千古一帝》则说："正月不剃头，剃头死舅舅。男丁二月初二才可以理发，那是自古高祖石勒留下的亲近姥姥家人和娘舅的习俗。"④ 但是，作者没有提供此俗为石勒遗留之证据或传说。

我们曾就"正月不剃头，剃头死舅舅"问题在多地做过田野调查，民众都说这是老辈传下来的规矩，至于正月剃头为何会死舅，他们并没有给出解释。1989 年，刘德增在《礼与中国文化的再探讨》一文中，依据 1935 年刊印的《四续掖县志》的记载来诠释之，编纂者在"正月不剃头，剃头

---

① 民国《昔阳县志》卷一《舆地志》"风俗"条，民国四年石印本。

② 吴绍釚：《文化观念的标识：发俗之透视》，《延边大学学报（哲学社会科学版）》1991 年第 3 期。

③ 甘肃省古籍文献整理编译中心编：《中国民俗知识·天津民俗》，甘肃人民出版社 2008 年版，第 40 页；陈克：《东鳞西爪天津卫》，天津大学出版社 2015 年版，第 25 页。

④ 石旭昊：《我为什么要写这本书》，载马生旺主编《石勒——武乡千古一帝》，中国社会出版社 2009 年版，第 243～260 页。

死己舅"条下写道：

> 闻诸乡老谈前清下剃发之诏于顺治四年正月实行，明朝体制一变，
> 民间以剃发之故思及旧君，故曰"思旧"。相沿既久，遂误作"死舅"。
> 披人称"舅"者，恒加以"己"字，所谓自己之舅云。①

根据这条材料，"正月不剃头"本是为了"思旧"。日久天长，由谐音
讹传为"死舅"。②我们需要再强调一点：此说不是《四续掖县志》编纂者
的考释，而是"闻诸乡老"，是在民间流传的一种说法。在 1997 年发表的
《剃发令·蓄发令·剪辫令》一文中③，刘德增又进一步论述了这个观点：清
兵入关，颁布"剃发令"，在"留头不留发，留发不留头"的淫威下，民
众不得不剃发。但是，他们正月不剃头以"思旧"，缅怀汉族传统的发式。
随着时间的推移，逐渐形成了满汉共天下的局面，满族与汉族的民族矛盾
减弱，汉人奉清朝为正统，剃发也成了习惯，"思旧"失去了存在的社会
基础，以谐音讹误为"死舅"。自此以后，凡是谈及"正月不剃头"者，
大都作如是观。④山曼也认同此说，又道："我想还有另一种可能：当年倡
导其事的人，害怕'思旧'一语过于露骨，故意将'思旧'传为'死舅'，
这样既可躲避官家追究，又便于在民间推广。"⑤

---

① 《四续掖县志》卷二《风俗·歌谣俚俗》，民国二十四年铅印本。

② 刘德增：《礼与中国文化的再探讨》，《齐鲁学刊》1989 年第 3 期。

③ 刘德增：《剃发令·蓄发令·剪辫令》，载《老照片》第三辑，山东画报出版社 1987 年版，
第 1～8 页。

④ 如刁统菊：《山东民俗和方言》，《枣庄师专学报》2001 年第 4 期；犀泽：《正月剃头妨
舅舅》，《书屋》2005 年第 8 期；任骋：《中国民俗通志·禁忌志》，山东教育出版社 2005 年版，
第 357 页；王佩：《正版语文》，中国电影出版社 2005 年版，第 108 页；常适：《闲话"正月不剃
头"》，《紫禁城》2008 年第 3 期；石赟编著：《国学常识一本通》，延边大学出版社 2011 年版，
第 185～186 页；温端政主编：《中国谚语大辞典》，上海辞书出版社 2011 年版，第 1205 页；秦
姜编著：《随便问吧：关于中国文化的 108 个趣味问题》，民主与建设出版社 2011 年版，第 119 页；
周二军编著：《中华传统节日·春节》，东北师范大学出版社 2011 年版，第 47～49 页；张勃等编著：
《中国人最应该知道的 77 个礼俗》，中国书籍出版社 2012 年版，第 137～138 页；呼志强编著：《中
国人应该知道的风俗礼仪》，广西人民出版社 2014 年版，第 40 页；王祖远：《正月不剃头民俗溯
源》，《云南档案》2014 年第 4 期；谭汝为主编：《天津方言词典》，天津人民出版社 2014 年版，
第 343 页；戴永夏：《凡俗雅韵》，山东画报出版社 2015 年版，第 259～260 页；张廷兴、董佳兰：《民
间俗信》，山东教育出版社 2017 年版，第 57～60 页；白虹编著：《二十四节气知识》，百花文艺
出版社 2019 年版，第 54 页；杨信、杨惠泽仪：《年味儿》，商务印书馆 2019 年版，第 25～28 页；
郝文华、白云霞编著：《谐音词里的民俗》，语文出版社 2019 年版，第 108 页；盛文强：《故国之
妖》，四川文艺出版社 2021 年版，第 131 页。

⑤ 山曼：《齐鲁乡语谭》，山东教育出版社 2007 年版，第 165 页。

有一事值得一提。常松木、王巧玲主编的《嵩山故事二百篇》有一篇《正月不剃头》，文末介绍："讲述人：常云，男，78岁，君召乡常寨村二组人，上过私塾。"① 常云讲述的这个"民间故事"说：

> 原本高喊"头可断发不可剃"的读书人，一方面不得不面对严酷的现实，一方面思索反抗的办法。后来，一个读书人坚持每年正月新春不剃头，以此来表达对明王朝的思念，后来大家也都群起而效仿，不过为了瞒过清政府，大家把"思旧"讹传为"思舅舅"，这就是"正月不剃头，剃头死舅舅"说法的由来。②

根据收集整理者常松木介绍，这个故事采录的时间为1993年寒假，流传地区为"中原一带"。刘德增1989年发表的《礼与中国文化的再探讨》，仅将"正月不剃头"作为礼在凝聚民心、构筑"文化长城"的一个事例，远在河南省登封市君召乡常寨村常云不太可能读到那篇文章。也就是说，常云讲述的这个故事，应是在当地流传的民间故事。果若如是，则为《四续掖县志》卷二《风俗》的记载提供了一个有力的佐证。但是，《正月不剃头》这篇民间故事不像一个仅仅上过私塾的老人所讲述。考虑到刘德增那篇流传较广的《剃发令·蓄发令·剪辫令》发表于1997年，而《嵩山故事二百篇》出版于2012年，我们怀疑那个诠释是收集整理者的"加工"。且如"为了瞒过清政府，大家把'思旧'讹传为'思舅舅'"一句，一般应说为了瞒过清政府，大家把"思旧"说成"思舅舅"，不应用"讹传"一词。我们在此不厌其烦地"考证"，是出于这样一个原因：随着信息传播与获取便捷，很多本是学界的诠释，却进入了"民间故事""民间传说"之中。

二、正月不剃头：从"思舅"到"死舅"

江苏邳州一带民间传说小孩正月不剃头的习俗始于秦王嬴政：嬴政小

---

① 常云讲述：《正月不剃头》，载常松木、王巧玲主编《嵩山故事二百篇》，大众文艺出版社2012年版，第307页。

② 常云讲述：《正月不剃头》，载常松木、王巧玲主编《嵩山故事二百篇》，大众文艺出版社2012年版，第307页。

名叫"小政"，是在娘的肚子里"拖油瓶"带来的，不是秦王子楚的种。所以，小政从小不受宠，长到十岁了，头上的胎毛还没剃去，又脏又长，跟个毛猴子似的。这年正月十五，舅舅进宫，见外甥这样邋遢，心里十分难受，就给他剃了头。小政很高兴，拿着剃刀比画起来，也要给别人剃头，谁知一不小心，将舅舅的手指划破了，舅舅回家不久就得了破伤风死了。小政很伤心，从此不在正月里剃头。后来，秦统一了中国，小政做了皇帝，有一年正月十五，他看到正宫娘娘抱着太子去剃头，触景生情，对娘娘说："小孩正月剃头会死舅，等出了正月再给太子剃吧！"这事从皇宫里传出来，天下做娘的也都不敢在正月里给自己的孩子剃头了。①

徐州一带流行的《小孩正月不剃头》的传说与此略同：

此地有个风俗，说正月里小孩剃头会死舅舅。传说这个风俗是从秦始皇兴下来的。

战国末期，各国混战不止，秦昭襄王自恃国大力强，常常攻打别国。当时各国混战有个规矩，战败国得把太子送到战胜国作人质抵押，以表不再侵犯对方。

这一年，赵国大将廉颇打败了秦昭襄王入侵的军队，秦昭襄王便将太子子楚押送到赵国。子楚被赵国大商人吕不韦发现看上了，交为至友，并把刚刚怀孕的爱妾美人儿送给子楚。婚后不足八月，便生下了嬴政。政与小舅同岁，常在一起玩，非常要好，三天不见非找上门不可。

嬴政十岁那年正月初五，他的小舅又来找嬴政玩耍。子楚正抱着儿子在剃头，他的小舅在跟前玩，他掀开剃头的小木盒子，摆弄着耳挖子什么的。当剃头师傅将嬴政的头剃完，把刀向小盒子里一扔，正好扔在嬴政小舅的手上，中指被划了个口子。当时没当回事，可他回家才两天，竟生破皮风死了。

后来，秦始皇统一天下，做了皇帝。这一年也是正月初五，皇娘抱太子去剃头，秦始皇猛地想起他那十岁就夭折的小舅，连连摇头又

---

① 李士元讲述，柏枝记录：《小孩正月不剃头》，载罗杨总主编《中国民间故事丛书·江苏徐州·邳州卷》，知识产权出版社 2016 年版，第 101～102 页。

摆手,不准给皇儿剃。

皇娘不解地问:"为什么?"

秦始皇说:"小孩正月里剃头会死舅舅。"并把往事说了一遍,皇娘听了,真的不敢给皇儿剃头了。为什么?她怕死自己的兄弟呀。

这事从后宫传出来,打那以后,大人,特别是做妈妈的,都不准自己孩子在正月里剃头。[①]

在这两个民间传说中,正月不剃头是为了思念舅舅。

在永定河流经的北京大兴一带,正月不剃头也是为了思念舅舅。传说很早以前,这里有个剃头的小伙子,名叫桑明,父母早逝,靠父亲传给他剃头的手艺,一个人生活。姐姐出嫁到离他不远的村庄,生有一子,属虎,取名虎娃,长得特别像桑明,桑明也非常喜欢这个小外甥。不管多忙,每年正月,桑明都去看望姐姐,顺便给小外甥剃一个漂亮的发型。一年夏天,桑明来到姐姐家,说要去河西的庙会上剃头,虎娃让舅舅给他买个"喇喇蛄哨",舅舅高兴地答应了。谁知,桑明忙活了一整天,晚上回来过河,肩上担着剃头挑子,脖子上挂着"喇喇蛄哨",一个浪头把他淹没了。过了几天,尸体打捞上来,桑明脖子上还挂着那个"喇喇蛄哨"。第二年的正月又到了,虎娃再也不能让舅舅剃头了。每当这时,虎娃就非常想念舅舅。后来,也不知怎么传的,正月剃头变成了"死舅舅",闹得这一带的人不敢正月里剃头。[②]在这个民间传说中,被思念的舅舅之姓名"桑明"可能含有深意。

在河北宁晋一带,正月不剃头也是为了思念舅舅,后来误传为"死舅":相传,在很早的时候,宁晋县城住着一个剃头匠,手艺很高,人们都愿意来这儿剃头。这剃头匠无儿无女,便把姐姐的一个孩子要来,剃头匠待外甥赛过亲生,外甥也跟着他学了一手好手艺。谁知,当年正月初二,剃头匠死了。外甥埋葬了舅舅,在店门挂了一块木牌,写着:正月不剃头,剃头思舅舅。谁知传来传去,把思舅舅传成死舅舅了。[③]

① 殷召义主编:《徐州民间文化集·故事传说》,中国文联出版社 2004 年版,第 245 页。

② 寇殿荣:《正月不剃头的传说》,载《梨乡传说》,九州出版社 2012 年版,第 138~140 页。

③ 牛长明讲述,刘振民、张胜开搜集整理:《正月里剃头死舅舅》,载刘月斗主编《宁晋县故事卷》,中国民间文艺出版社 1989 年版,第 343 页。

在江苏邳州、北京大兴、河北宁晋等地的传说中，正月不剃头最初都是为了"思舅"，后来嬗变为"死舅"，解决了从"思"到"死"重要一环。这一步极为关键，正月不剃头最初的原因是出于一种思念之情。而"旧"与"舅"读音相同，当剃发成为习惯，"思旧"失去了存在的社会基础，从而演变为"死舅"。江苏邳州流传的民间故事，正月不剃头源于秦始皇，是否蕴含着不剃头与皇帝的诏令有关？北京大兴一带正月不剃头以思念"桑明"舅舅，是否就是思念灭亡的明朝旧俗？

三、五月不剃头：从"妨舅"到"妨旧"

民间还有五月不剃头、剃头死舅舅的禁忌。孔尚任仿《荆楚岁时记》作《节序同风录》十二卷，详述一年十二个月之节序习俗。在"五月"条下记曰："不剃头，恐妨舅。"[①] 关于孔尚任《节序同风录》一书，马斯定在《点校说明》中写道："《阙里文献考》称孔氏'采曲阜民俗撰《节序同风录》十二卷'，所纪大抵以北地风俗为主，或采旧籍陈说，亦及吴楚南中之俗。"[②]《四库全书总目提要》卷六十七《史部》之《时令类存目》云：

> 是书仿《荆楚岁时记》为之，以十二月为纲，而以佳辰令节，分列为目，各载其风俗事宜于下，颇为详备。然人事今古不同，方隅各异，尚任不分其时其地，比而同之，又不著其所出，未免失之淆杂，不足以为典据也。[③]

五月"不剃头，恐妨舅"的禁忌，源于何时，流行于何地；是见闻，还是采录其他著述，孔尚任都没有交代。

《节序同风录》编纂的时间，今已难以断言。孔尚任死于康熙五十七年（1718），享年71岁，《节序同风录》定是康熙年间的作品。孔尚任死后四十年，乾隆二十三年（1758），北京大兴县人潘荣阶编纂的《帝京岁时纪胜》刊印，该书"五月"条、"宜忌"目写道："五月多不剃头，恐妨

---

① 〔清〕孔尚任撰，马斯定点校：《节序同风录》"五月"条，浙江人民美术出版社2016年版，第72页。
② 〔清〕孔尚任撰，马斯定点校：《节序同风录》，浙江人民美术出版社2016年版，第1页。
③ 王云五总编纂：《四库全书总目提要》（十四），商务印书馆1933年版，第29页。

舅氏。"①《帝京岁时纪胜》一书所记，皆为作者潘荣阶耳闻目睹，资料翔实可信。

为何不五月剃头？剃头何以"妨舅"？《节序同风录》与《帝京岁时纪胜》都没有交代，南京东郊的其林、汤山、栖霞一带流传一个传说：元末明初的时候，一阵狂风暴雨过后，其林东边的宝塔山黄泥洞里，出现了一条蟒蛇精，经常变成人样，出洞伤人，糟蹋妇女，闹得方圆几十里的人都不得安身。一天黄昏，蟒蛇精出洞，又抢了一个叫慧娟的姑娘，让她做它的第九个老婆。慧娟姑娘又聪明又漂亮，一心要除掉这害人精，就不露声色，故作甜言蜜语，装作与蟒蛇精恩爱的样子。一天夜里，慧娟趁蟒蛇高兴，就问："夫君，你是个神仙，我是个凡女，我要像你一样永远活在世上，该多么幸福啊！"蟒蛇精一听，高兴得忘乎所以，大笑说："我虽是个神仙，但也有短处，如果拔下我外甥的一根头发，勒住我的脖子，我就会死的。"慧娟听了暗暗记住。这年农历五月初五，蟒蛇精的外甥从栖霞山下十里长沟来到黄泥洞过端午节。晚上，慧娟把它们灌醉了，轻轻从蟒蛇精外甥头上拔下一根头发，往蟒蛇精脖子上一勒，蟒蛇精顿时气绝身亡。第二天，四乡十八村的老百姓听说蟒蛇精死了，高兴得不得了，为了解恨，点起大火，把蟒蛇精的头扔到火里烧成了灰。哪晓得就在这年五月里，凡是小孩剃头的，三天过后，舅舅就得急病死了。有人说是蟒蛇精外甥作祟，蟒蛇精化成了灰，五月就变成了毒月。从此以后，小孩"五月不剃头，剃头死舅舅"就在民间传开来，直到如今还流传着。②

在这个传说中，蟒蛇精的头被烧成灰，五月成为"毒月"，不宜剃头。五月为"毒月"的说法可以追溯到春秋战国时代。但是，五月"不剃头，恐妨舅"的禁忌，仅能追溯至康熙年间。在正月不剃头的民间传说中，舅舅都是有恩于外甥的好人，导致五月不剃头的蟒蛇精，是一个为非作歹的恶棍，为民众所仇恨。蟒蛇精的外甥也很奇特，只有它的头发才能杀死蟒蛇精。

清军于顺治元年（1644）五月初二进占北京，次年五月十五日攻占弘光政权的临时都城金陵（今江苏南京）。"剃发令"事件的标志性时间都

① 〔清〕潘荣阶：《帝京岁时纪胜》，北京出版社1961年版，第21页。
② 陈家邦采录：《南京小孩五月不剃头的来历》，载雪犁主编《中华民俗源流集成（禁忌·生产·商贸卷）》，甘肃人民出版社1994年版，第18～19页。

节日探赜

在农历五月。在五月这个时间节点上，"剃发令"与"五月不剃头"是否
有关联？

南京东郊一带流传的五月不剃头传说，特意强调了头与发：唯一能
勒死蟒蛇精的是它外甥的头发，蟒蛇精的头被烧成灰。这是否暗合"剃发
令"？另一方面，蟒蛇精欺男霸女，横行乡里，此是否暗指清廷？

四、从五月到正月：不剃头月份的演变

明人谢肇淛《五杂组》卷二《天部二》云：

> 古人岁时之事，行于今者独端午为多，竞渡也，作粽也，系五色
> 丝也，饮菖蒲也，悬艾也，作艾虎也，佩符也，浴兰汤也，斗草也，
> 采药也，书仪方也，而又以雄黄入酒饮之，并喷屋壁、床帐，婴儿涂
> 其耳鼻，云以辟蛇、虫诸毒，兰汤不可得，则以午时取五色草沸而浴
> 之。至于竞渡，楚、蜀为甚，吾闽亦喜为之，云以驱疫，有司禁之不
> 能也。[1]

学界研究证明：端午节的时间基础是夏至，端午节俗囊括了夏月的习
俗。[2] 端午节俗包括五大节日要素：全生避害（避瘟保健）、人神祭祀、饮
食、娱乐、家庭人伦。[3]

就端午节禁忌来看，多与不误农时有关。例如，端午节最早的一个禁
忌是"不举五月子"，或将时间具体确定为五月五日出生的孩子。最早的
个案见于《史记·孟尝君列传》：

> 初，田婴有子四十余人，其贱妾有子名文，文以五月五日生。婴
> 告其母曰："勿举也。"其母窃举生之。及长，其母因兄弟而见其子
> 文于田婴。田婴怒其母曰："吾令若去此子，而敢生之，何也？"文
> 顿首，因曰："君所以不举五月子者，何故？"婴曰："五月子者，长
> 与户齐，将不利其父母。"[4]

---

① 〔明〕谢肇淛撰：《五杂组》，上海书店出版社 2009 年版，第 24 页。
② 刘德谦：《"端午"始源又一说》，《文史知识》1983 年第 5 期。
③ 萧放：《端午节俗的传统要素与当代意义》，《民俗研究》2009 年第 4 期。
④ 〔汉〕司马迁：《史记》卷七十五《孟尝君列传》，中华书局 1982 年版，第 2352 页。

自东汉以后，人们列举了很多事例证明五月五日出生的孩子不会妨害父母，其本人长命富贵者也很多。"不举五月子"的本意应是为了不误农时。应劭《风俗通义》在"五月盖屋，令人头秃"条下考证说：

> 五月盖屋，令人头秃。《易》《月令》，五月纯阳，《姤卦》用事，齐麦始死。夫政趣民收获，如寇盗之至，与时竞也。除黍稷，三豆当下，农功最务，间不容息，何得晏然除覆盖室宇乎？①

五月是农忙季节，白居易《观刈麦》云："田家少闲月，五月人倍忙。"②与五月不盖屋相同，"不举五月子"是为了告诫人们生育子女要避开农忙季节。

五月不剃头的禁忌最早可以追溯至康熙年间，正月不剃头的禁忌流传地域范围广，但肇兴的时间不及五月不剃头早。五月不剃头与正月不剃头可能存在一种替代关系：五月不剃头被正月不剃头取代。

以北京为例。根据潘荣陛《帝京岁时纪胜》记载，乾隆年间北京流行五月不剃头的禁忌。有人说：

> 北京的风俗，有善正月、恶五月之说。五月有不搬家、不糊窗、不剃头的讲究。而北京的各店铺只讲究五月不剃头。昔日北京，都是理发师来店铺给掌柜、伙计、学徒剃头，一般每月剃头一次。五月不剃头，到六月时各店铺人员的头发就蓄得很长了，人们互相嬉语"长发僧"。③

说"北京的各店铺只讲究五月不剃头"，不知作者所说的这个规矩是什么时代的。实际上，"五月不剃头"在有些地方逐渐弱化，甚或消失了，代之而起的是正月不剃头。根据我们掌握的材料，民国初年北京已经流行正月不剃头的禁忌，1920年商务印书馆出版的徐珂编写的《实用北京指南》，在第二编《礼俗》中提到："正月忌薙头，谚有之曰：'正月不薙头，薙头死舅舅。'帽不重戴，亦恐舅死也。"④1923年商务印书馆出版此书

---

① 〔汉〕应劭撰，王利器校注：《风俗通义校注》（下册），中华书局2010年版，第564～565页。

② 〔唐〕白居易著，喻岳衡点校：《白居易集》卷一，岳麓书社1992年版，第4页。

③ 王永斌：《商贾北京》，旅游教育出版社2005年版，第22页。

④ 徐珂编纂：《实用北京指南》，商务印书馆1920年版，第15页。

的增订版，仍然有这一条。[1]但是，两版《实用北京指南》都没有"五月不剃头"的记载。

五、剃发令：从暴力反抗到非暴力反抗

各个民族有不同的发式，"发式、衣装作为制度是上层建筑的成分，头发、衣着式样的选择与按制度执行，就成为生活习惯上的事情，是俗尚问题；又由于各个民族有不同的生活方式，因而有各异的服装、发型，它又是民族生活习俗问题"[2]。关于满族人的发式，郑天挺有如下表述：

> 满洲习俗，男子将顶发四周边缘剃去寸余，而中间保留长发，分三绺编成长辫一条垂在脑后，名为辫子，或称发辫。这是满洲人的特别表征，与汉人全部束发不同，与蒙古人分作左右两辫也不同。四周剃去的头发，除了父母之丧同国丧以外全不准养长，应时时剃除，名为剃发，或称剃头。这是与清朝相终始从未改变的一种满洲习俗。[3]

据张阅考证："在早期满文原创档案文献（如《满文老档》《清太祖武皇帝实录》）中，没有出现'funiyehe fusifi'（剃发），一直是写作'uju fusifi'（剃头）。大概是因为'剃头'不大好听，所以将'uju fusifi'翻译为'剃发'。"[4]

顺治元年四月二十二日，绾兵驻防"天下第一关"山海关的大明帝国宁远总兵吴三桂，开关揖入清兵。五月初二，多尔衮率清兵进入北京。翌日，大清兵部发布"剃发令"。陈文亮指出："剃发令"不仅包括剃发、易服，还涉及其他多方面细节："从身体的角度来说，至少还包括了剃须。而从衣冠服饰的角度来看，至少还包括了易鞋。"[5]

---

① 徐珂编纂：《实用北京指南》，商务印书馆1923年版，第18页。

② 冯尔康：《清初的剃发与易衣冠——兼论民族关系史研究内容》，《史学集刊》1985年第2期。

③ 郑天挺：《满洲入关前后几种礼俗之变迁》，载孙卫国编《郑天挺文集》，南开大学出版社2019年版，第182页。

④ 张阅：《清代剃发政策再论——兼与鱼宏亮先生商榷》，《清华大学学报（哲学社会科学版）》2021年第3期。

⑤ 陈文亮：《论清初剃发令的内涵及实质》，《井冈山大学学报（社会科学版）》2021年第4期。

"剃发令"遭到汉族人的强烈反抗，五月二十四日，多尔衮下令："天下臣民，照旧束发，悉从其便。"① 次年五月十五日，清兵攻占南京，多尔衮关于剃发的态度又开始强硬，六月初五日，给在江南前线的总指挥豫亲王多铎下达指令："各处文武军民，尽令剃发，若有不从，以军法从事。"② 六月十五日，又指示礼部向全国发布"剃发令"："京城内外限旬日，直隶各省地方自部文到日亦限旬日，尽令剃发。遵依者为我国之民，迟疑者同逆命之寇，必置重罪。"③

汉族男儿蓄发，未成丁的孩童，头发覆颈披肩；成年后，总发为髻。他们视发型为民族标志之一，孔子就说过："微管仲，吾其被发左衽矣。"④ 在中国历史上，王朝或兴或废，汉族人可以接受一个少数民族的皇帝，但是要他们放弃民族文化传统、接受他民族的文化是非常难的。对此，明朝遗民吕留良说过："华夷之分，大于君臣之伦。"⑤ 清廷把剃发作为归顺的标志之一，留头不留发，留发不留头。汉族为了传统发型而奋起反抗，出现了惊天地、泣鬼神的"江阴十日""嘉定三屠"。

在清军的屠刀之下，人们采取了各种形式的非暴力反抗，冯尔康总结道："有的是以死全发；有的人索性把头发全部剃掉，出家做和尚；有的人不依剃发的式样，只是把头发剪短以应付；有的逃亡山林。"⑥ 不论暴力反抗与非暴力反抗，都是对明朝、也是对汉家传统的缅怀。正月不剃头与五月不剃头可能都与清初的"剃发令"有关，这是民间的非暴力反抗形式。五月不剃头逐渐消弭，民间只保留正月不剃头，究其原因，应是正月为一年之始，更为重要，人们在这个月不剃头，以缅怀传统。

六、余论

美国学者库尔特·斯坦恩在《头发：一部趣味人类史》中指出："在传

① 《清实录·三·世祖实录》卷五，中华书局 1985 年版，第 60 页。
② 《清实录·三·世祖实录》卷十七，中华书局 1985 年版，第 150 页。
③ 《清实录·三·世祖实录》卷十七，中华书局 1985 年版，第 151 页。
④ 杨伯峻译注：《论语译注》，中华书局 2015 年版，第 174 页。
⑤ 〔清〕雍正皇帝：《大义觉迷录》，北方妇女儿童出版社 2001 年版，第 114 页。
⑥ 冯尔康：《清初的剃发与易衣冠——兼论民族关系史研究内容》，《史学集刊》1985 年第 2 期。

说、艺术和历史中，人们一次又一次地用头发来区分人类和动物、文明的公民和未开化的野人、本地人和外来者、朋友和敌人。"① 在中华传统文化中，发式曾是民族分野的重要标识，从辽金元明清以来，围绕发式发生了一系列的文化的、政治的事件，并衍生出其他一些民俗。近些年来，关于"日常统治史""被统治史"的研究成为时尚，香港中文大学科大卫为宋怡明《被统治的艺术》作序指出："研究普通人在'制度'下怎样生活是更有意义的研究。"② 研究民众在"剃发令"下何去何从，也是更有意义的研究。实际上，冯尔康早在 1985 年就曾对"剃发令"的颁行、汉族人的反抗、剃发易冠与民族关系等问题进行了深入的探讨。他指出：发式与服饰的形成同人们的生产、生活方式及政治意识紧密联系，它有着民族的特点，具有很强的稳定性。清朝的"剃发令"遭到汉族人强烈反抗，仍然强制推行，一个主要原因是，在清朝统治者看来，剃发易衣冠不仅是归顺清朝的标志，还是为了统一发式服装，让全体臣民养成共同的生活习惯、共同的心理，这是关系到清朝在全国建立和巩固统治的大事。但是，由于汉人固有的风俗习惯，清朝的"剃发令"始终没有完全被汉人所接受。有些汉人始终保持着民族的情感，怀念明朝的衣冠制度。这种情绪是潜在的，一有机会，它就会表现出来。③ "五月不剃头"与"正月不剃头"正是这种长期潜在的情感的表现方式之一。

关于清朝的"剃发令"，学界从政治史、民俗史、身体史展开多视角考察。④ 但是，对于"剃发令"衍生出的一些民俗事象的研究，尚有待于进一步加强。

---

① ［美］库尔特·斯坦恩：《头发：一部趣味人类史》，刘新译，广西师范大学出版社 2017 年版，第 61 页。

② ［加］宋怡明：《被统治的艺术》，［新加坡］钟逸明译，中国华侨出版社 2019 年版，第 6 页。

③ 冯尔康：《清初的剃发与易衣冠——兼论民族关系史研究内容》，《史学集刊》1985 年第 2 期。

④ 代表性成果有吴琦：《清初的剃发与反剃发——兼论民俗心理与民族意识》，《中南民族学院学报（哲学社会科学版）》1989 年第 5 期；侯杰、胡伟：《剃发·蓄发·剪发——清代辫发的身体政治史研究》，《学术月刊》2005 年第 10 期；孔定芳：《清廷剃发易服与明遗民的抗争》，《江苏社会科学》2013 年第 5 期；鱼宏亮：《发式的政治史——清代剃发易服政策新考》，《清华大学学报（哲学社会科学版）》2020 年第 1 期；张闶：《清代剃发政策再论——兼与鱼宏亮先生商榷》，《清华大学学报（哲学社会科学版）》2021 年第 3 期。

傩戏学视野中岷江上游羌族民间"撵傲门儿"探究

李祥林 [*]

摘　要

从艺术发生学的观点来看，仪式与文学、歌舞、戏剧等关系密切。就原始信仰考察与巫傩相关的仪式活动，时时可见乐、舞乃至戏等艺术元素，以致前人有戏曲肇自古之乡傩等说法。在岷江上游羌族聚居区，"撵傲门儿"是一种仪式化的民间演艺。考究民俗，"傲门"即"拗门"，应指"拗芒"。至于"拗芒"，乃是中华农耕习俗迎春仪式中的主要角色"芒神"。羌地迎春仪式中的"撵傲门儿"，正呈现为"芒神逃窜，众人追捉"。其中，芒神由人装扮，释比跳鼓是为了除祟驱邪、祈吉求福，在场众人既是表演者又是观看者。从傩戏学视角研究羌族民间"撵傲门儿"，考察这种地方化习俗，可以发现种种有价值的演艺信息。

关键词

拗芒　撵傲门儿　仪式戏剧　羌族民间演艺

　　从艺术发生学的观点来看，仪式与文学、歌舞、戏剧等关系密切。就原始信仰考察与巫傩相关的仪式活动，时时可见乐、舞乃至戏等艺术性元

＊　李祥林，四川大学中国俗文化研究所教授。

素，以致前人有戏曲肇自古之乡傩等说法。对此，古文字学家陈梦家释曰：
"巫之所事乃舞号以降神求雨，名其舞者曰巫，名其动作曰舞，名其求雨
之祭祀行为曰雩。"[1] 日本学者白川静释"舞"，亦言其与"無"通，后者
形似舞蹈者，而"'無'本指所谓'無雩'的求雨仪式"，甲骨文中对此
类仪式多有记载；后来，"無"用于专指有无的"無"之后，才加上"表
示双脚的'舛'（双脚张开之形）构成了'舞'，用来表示跳舞、舞蹈"。[2]
在川西北岷江上游羌族聚居区，仪式化的民间演艺活动多种多样，从傩戏
学角度看，其中有"撵旱魃"，也有"撵傲门儿"。关于前者，笔者有文论
述[3]，在此结合羌族民俗和中华语境说说后者。

一、羌地"撵傲门儿"

"尔玛"是聚居在川西北的羌族自称。着眼尔玛人的生活，从傩戏学
视角研究戏剧化的羌族民间演艺，不应忽视诸如"撵傲门儿"之类活动。
《四川傩戏志》在演出习俗部分收录"春祭"，云："春祭是古时相传的'迎
土牛''送寒气''鞭春牛'等傩仪形式，在农村中，已形成较为浓厚的不
误季节、勤于农事的农耕观念。清时，官府为保征官粮，也很重视春耕，
于是兴起'劝农'仪式，即曰'春祭'……实际上是假春祭之仪，行勉农
劝农之实。"[4] 昔日岷江上游羌地的"撵傲门儿"，正与春祭有关。数年前，
笔者撰文论述羌族释比戏时已提及这点，"从民俗艺术角度将尔玛人的释
比戏纳入傩文化研究视野，盖在其原本属于仪式戏剧范畴。释比是羌族民
间社会中沟通人、神、鬼关系的民间宗教人士，但其并不脱离日常生产生
活，他们也如常人般娶妻生子、下地劳动，主持仪式时是神圣的法师，平
常生活中是世俗的乡民，其身份在'圣''俗'转换之间。释比主持的仪
式多有较强的傩戏色彩，如旧时汶川绵虒正月间'迎春'，县衙要请释比

---

①陈梦家：《殷墟卜辞综述》，科学出版社 1956 年版，第 600 页。
② ［日］白川静：《常用字解》，苏冰译，九州出版社 2010 年版，第 384～385 页。
③ 李祥林：《傩戏学视野中的羌区"斗旱魃"》，《贵州大学学报（艺术版）》2018 年第 2 期。
④ 严福昌主编：《四川傩戏志》，四川文艺出版社 2004 年版，第 362 页。

44

来大堂、二堂、三堂跳皮鼓,撵'傲门儿'······"①

以"羌年礼花"为名的《羌族历史文化文集》,由羌地学人自筹经费编纂,从1989年到1994年内部印刷了五集。1990年,《羌族历史文化文集》第二集中有《漫谈羌族端公》(蓝寿清撰文,端公在此是羌族释比的汉语俗称),文中有两段文字涉及民国时期县府请释比的故事。前一段写道:"过去,不仅一般羌民请端公作法打太平保护,县官也要请羌端公打太平保护。如汶川土官卓世德请各寨著名羌端公到县衙打太平保护、击鼓唱跳。法事毕,县官除赏酒外,还赏给每个羌端公一个银牌,牌上刻有卓世德的名字。赏酒时端公独得一斤,其余人共饮。"后一段写道:"解放前,汶川县衙门地址在绵虒,年年到了正月间,这里要举办'迎春'活动,即请端公作法事。端公在县衙内大堂、二堂、三堂上跳鼓鼓,撵'傲门儿'(用木雕成鬼身,穿上衣衫),从大堂撵到一里之外的三官庙,然后撕去'傲门儿'的衣衫,表示捉住了鬼,再将衣衫拿回县衙交给县官。县官便请端公喝酒、领赏。'迎春'表示驱逐了鬼怪,来年丰收在望之意。"②绵虒是汶川老县城,该地有清乾隆时重建的三官庙,迄今犹存。端公在此指羌族释比,"跳鼓鼓"指跳羊皮舞,那是释比的仪式性舞蹈。

该文作者是汶川龙溪人,羌族,小学教师,退休多年。③20世纪80年代,他曾参与中国民间文学三套集成的搜集和整理工作。该作者又在四川省民协内刊上撰文介绍释比的作用时谈及"撵傲门儿",云:"解放前,汶川县县衙地址在绵虒。年年到了正月间要'迎春',即是请端公作法事,端公在县衙大堂内、二堂、三堂上跳鼓鼓,撵'傲门儿'(用木雕成鬼头和上衣衫)从大堂撵到绵虒红光大队三官庙,撕去'傲门儿'的衣衫,表示捉住了鬼。将衣衫拿回县衙交给县官伍桂秋,伍大老爷要请端公喝酒、领赏。'迎春'表示驱逐了鬼怪,来年生产丰收在望。其巫术性质是十分明显的。撵'傲门儿'有捉鬼看戏之意。'迎春'是为着一定的宗

① 李祥林:《川西北尔玛人祭神驱邪的民间仪式戏剧》,《民族艺术研究》2012年第5期。

② 蓝寿清:《漫谈羌族端公》,载《羌族历史文化文集》编辑委员会编辑《羌族历史文化文集》第二集,内部资料,1990年,第64~65页。

③ 羌族民间故事中有《毛野人吃娃娃》,1986年采录于汶川县布南村,附有采录人信息:"蓝寿清,男,羌族,五十一岁,初中,汶川龙溪布南村人。"(四川阿坝州文化局主编:《羌族民间故事集》,内部资料,1989年,第109页)

教目的服务的。也就是说为了驱鬼除疫、祈求太平的目的。对于民间说来，真正的鬼神和模拟的鬼神之间并无区别，或者说虽有区别，但二者之间存在着神秘的联系，只要作用于模拟的一方，其效力同样也能产生于被模拟的一方。正是从这个观念出发，民间才会对扮演'傲门儿'鬼灵的演员进行驱赶追打。因为按照巫术原理，这种对鬼神模拟者的行动，都会在真正的鬼神身上发生作用。这些驱鬼形式反映了宗教观念和文化习俗，保留了原始社会中人类对鬼神的态度以及影响鬼神而采取的措施。"[1] 在此，具体写出了（某次活动）县官的名字，将"木雕鬼身"修正为"木雕鬼头"，进而指出"撵傲门儿"仪式活动意在"捉鬼看戏"，并且特别点出了"扮演""演员"等（在此段前面，还特别指出"羌端公是羌族民间文艺家和舞蹈演员"）。

由羌族释比主持的"撵傲门儿"仪式活动，具有较强的戏剧化色彩：首先，有特定的演出时间——"迎春"；其次，有仪式的表演主体——"释比"；第三，有独特的伴奏乐器——"羊皮鼓"；第四，有专门的表演道具——"木雕鬼头"；第五，有规定的表演空间——从县衙到庙观；第六，有动态的表演流程——"追撵傲门儿"。着眼民间演艺，这种有装扮、有表演的"公众驱邪"（弗雷泽语）的仪式性活动，如学界所言，亦可谓是一种"行"的戏剧。这种"从行进礼仪逐渐演化而出"的仪式化戏剧或戏剧化仪式，"受到古已有之的'行进礼仪'的深刻影响"，并且"表现在它成长的全部过程当中"[2]，多见于行傩活动中。"撵"有撵逐、驱赶之义，民俗生活中以"撵"为特征的行傩活动，有"撵旱魃""撵虚耗"等。后者如古有"魊"字，《说文》释云"耗鬼也"，《文选·东京赋》有"残夔魊与罔像"。[3] 证诸田野，在太行山区，河北井陉南王庄有"撵虚耗"之傩俗，"'虚耗'是传说中的穷鬼名字。'虚耗'即'耗鬼'。……百姓撵虚耗就是要驱赶使民之财物虚耗的鬼。撵虚耗傩俗由来已久。据载，南宋时，

---

① 蓝寿清：《羌端公在宗教舞蹈中的地位与作用》，《巴蜀风》2006年1～4期合刊。关于"打太平保护"，文末有注："解放前羌人凡被什么吓着，或认为外边遇邪，或梦兆不好，精神恍惚，家中不顺遂，则认为房子不清净，须请端公作法念经，打太平保护即打扫房子。"

② 麻国钧：《中国古典戏剧流变与形态论》，文化艺术出版社2010年版，第1页。

③ 〔清〕翟灏撰：《通俗编》卷十九《神鬼》，清乾隆十六年翟氏无不宜斋刻本。

除夕'明灯床下'，谓之'照虚耗'。井陉南芦庄的虚耗由该村的河北梆子和丝弦两个戏曲班子轮流承办，所用服装道具也由他们自备。四个角色中关羽、周仓、关平的人物形象与戏曲舞台上的相近，虚耗则是鬼相"①。至于行傩过程，先由会首带着演员去关帝庙烧香拜神，庙外有妇女们跳扇鼓舞，敬神之后，扮虚耗者开始奔跑，关羽率周仓、关平追赶，按照事先划定线路挨家挨户串走，行遍全村，最后在村边河畔捉住虚耗，关羽挥刀斩下虚耗的帽子，仪式活动到此结束。

二、"撵傲门儿"辨识

那么，上述羌地民俗中的"撵傲门儿"是什么？考究民俗，笔者认为应是"撵拗芒儿"之异写。也就是说，"傲"在此当为"拗"；略去儿化音不论，"傲门"即是"拗门"，应指"拗芒"。至于"拗芒"，乃是中华农耕习俗迎春仪式中的主要角色"芒神"。关于芒神，自古多见于文献记载，清代李声振《百戏竹枝词》中有《迎拗芒》，自注："芒神也，立春日迎之。有科头跣足，执丝麻鞭者，俗云'其恒与人相反'，故曰'拗芒儿'。"② 李调元《南越笔记》卷一："立春日，有司逆勾芒、土牛，勾芒名'拗春童'，着帽则春暖，否则春寒。土牛色红则旱，黑则水。竞以红豆五色米洒之，以消一岁之疾疹。"③ 从各地扮演拗芒者来看，有戏班演员，也有街头乞丐。就词语使用看，除了"傲门"外，"拗芒"也有写作"拗貌"的，如光绪《孝感县志》载："'立春'，邑令迎春于东郊，各行户装故事。先一日演于市，奏于公堂，谓之'点春'。本日，谓之'打春'，盖鞭土牛至碎也。连日老幼聚观，竞以麻、麦、米、豆抛打春牛及诸故事。邑令别以小牛、彩鞭馈乡达。俗以牛颜色占岁丰歉、水旱；黄主谷，黑主水，红主旱，白主兵，然不过取'立春日'支干、纳音为之……俗又以芒神与牛所立前后次定农之闲忙；又以着鞋为忙，提鞋为闲，故俗名芒神为拗貌，

---

① 周大明：《浅谈河北傩舞》，《大舞台》2008 年第 2 期。
② 雷梦水、潘超等编：《中华竹枝词》（一），北京古籍出版社 1997 年版，第 79 页。
③ 〔清〕李调元辑：《南越笔记》卷一"立春"条，清光绪七年刻本。

言其闲忙相反也。"^① 这"拗貌"较之"傲门",更是"拗芒"之民间异读。

芒神即句芒,传说他是少昊的后代,名重,为伏羲臣,死后成为木神(春神),主管树木的发芽生长。此外,从神职看,太阳每天早晨从扶桑上升起,神树扶桑即归句芒管,太阳升起之地亦归他管辖。"句芒神又称勾芒、木正、木帝,是汉族传说中管理农事之神。"^② 在"以农立国"的华夏,句芒是民间春祭的重要角色。乾隆《珙县志》即载:"'立春'前一日,县令率僚属具鼓乐迎青帝、芒神……"^③ 浙江衢州还有专门供奉句芒的梧桐祖殿,神像用整株桐木雕刻而成,这里立春仪式隆重,包括接春、祭春、扎春牛、扮芒神、抬神巡游、演戏酬神等内容,当地的"九华立春祭"亦列入国家级非遗代表作名录。古籍对句芒多有记载,如《左传·昭公二十九年》:"木正曰句芒。"^④《礼记·月令》:"孟春之月,其帝太暤,其神句芒。"注云:"太暤,伏羲,木德之君;句芒,少暤氏之子曰重,为木官之臣。圣神继天立极,生有功德于民,故后王于春祀。"^⑤ 又,《礼记·月令》:"……立春,盛德在木。"^⑥《史记·天官书》:"曰东方木,主春。"^⑦ 按照祭礼,祀句芒于东方,《淮南子·天文训》载"东方木也,其帝太暤,其佐句芒,执规而治春,其神为岁星"^⑧。汉代出现以孩童扮芒神^⑨,透露出某种戏剧化扮演的意味。如论者指出,起初的"木帝"句芒进入地方迎春仪式中有个神格下降过程,其最终成为"一个小小的俗神"^⑩,这大概

① 丁世良、赵放主编:《中国地方志民俗资料汇编·中南卷》(上),书目文献出版社 1991 年版,第 327 页。

② 《句芒》,个人简历网,http://www.gerenjianli.com/Mingren/05/rooooglgnre4d76.html,访问时间:2019 年 6 月 15 日。

③ 丁世良、赵放主编:《中国地方志民俗资料汇编·西南卷》(上卷),书目文献出版社 1991 年版,第 167 页。

④ 李学勤主编:《十三经注疏·春秋左传正义》(下),北京大学出版社 1999 年版,第 1506 页。

⑤ 〔元〕陈澔注:《礼记集说》,上海古籍出版社 1987 年版,第 83 页。

⑥ 李学勤主编:《十三经注疏·礼记正义》(上),北京大学出版社 1999 年版,第 457～458 页。

⑦ 〔汉〕司马迁撰:《史记》,中华书局 1959 年版,第 1312 页。

⑧ 〔汉〕刘安编,胡亚军译注:《淮南子》,二十一世纪出版社集团 2015 年版,第 28 页。有学者认为,"木正"应为"风正",而"句芒晚周以来所谓木德之神者,实为风神传说之误"(丁山:《古代神话与民族》,商务印书馆 2005 年版,第 321 页)。

⑨ 〔南朝·宋〕范晔著,〔唐〕李贤注:《后汉书》,中华书局 1965 年版,第 3204～3205 页。

⑩ 刘锡诚:《春神句芒论考》,《西北民族研究》2011 年第 1 期。

也给后世对其形象的多样化装扮提供了可能。从造型看，立春日迎春仪式上由人装扮的句芒神，"其首用木雕成，套在人头上，下穿红色或白色衣袍，胸部开一洞口，可以往外观看"①。人扮的句芒神，更有戏剧化色彩，其头戴面具，手牵土牛，鞭象征农事的土牛，由地方官行香主礼，谓之"鞭春"或"打春"。迎春祭句芒，甚至天子也出场，如《新唐书·礼乐志》："（开元）二十三年，亲祀神农于东郊，配以句芒，遂躬耕尽垅止。"②句芒之形象是鸟面人身，《墨子·明鬼》云其"鸟身，素服三绝，面状正方"③，《山海经·海外东经》则曰"东方句芒，鸟面人身，乘两龙"④。在后世年画《春牛图》中，其形象又往往演变成春天骑牛的牧童，头有双髻，手执柳鞭，亦称"芒童""春童"。打春习俗源远流长，宋代孟元老《东京梦华录》载："立春前一日，开封府进春牛，入禁中鞭春。开封、祥符两县，置春牛于府前。至日绝早，府僚打春，如方州仪。府前左右百姓卖小春牛，往往花装栏坐，上列百戏人物……"⑤。从年画研究大家王树村收藏的《春牛图》中，不难见到芒童形象。

除了鞭牛打春，为何春祭仪式中要"撵"芒神呢？大概跟其脾性"拗"有关。查相关词典，"拗"的义项有：（1）折，折断，使弯曲；（2）不顺，不顺从；（3）固执任性，听不进别人意见；（4）抑制，压抑。⑥从民俗看，与芒神脾气和性格有关的主要是二、三义。对羌民来说，也许是"拗"字嫌生疏，他们取"ao"之发音将其写成了常见的"傲"。即是说，"傲"实为"拗"之异写。不过，从字义看，以"傲"（骄傲，傲慢）代"拗"也未必远去多少，因为按照传统理解，这迎春仪式中所撵的"芒神"，还真是因为其脾性与众相"拗"（四川话所谓"油盐不进"）而被人撵驱。前述李声振竹枝词中《迎拗芒》说的是北京打春习俗，云："跣足科头迓立春，

---

① 潘倩菲主编：《实用中国风俗辞典》，上海辞书出版社2013年版，第463页。前述羌地所撵"傲门儿"，其形象即是"木雕鬼头，穿上衣衫"。

② 〔宋〕欧阳修等撰：《新唐书》，中华书局1975年版，第358页。

③ 辛志凤等译注：《墨子译注》，黑龙江人民出版社2002年版，第180页。

④ 袁珂校注：《山海经校注》，巴蜀书社1993年版，第314页。

⑤ 〔宋〕孟元老撰，伊永文笺注：《东京梦华录笺注》（下），中华书局2006年版，第534页。

⑥ 《古代汉语词典》编写组编：《古代汉语词典》，商务印书馆1998年版，第21页。

49

性情相反拗芒神。年年持赠丝麻好，几暖鹑衣百结人。"①明言"性情相反"是芒神特征，李调元所言亦印证此。或曰："拗芒，是立春的芒神，他的服饰打扮，每年按历法干支，时有改变，故有时不戴斗笠，也有时穿芒鞋，或赤一足、赤两足等，用以预示未来一年的雨水大小、年景如何等等。"俗传"拗芒神的性格，总是与通常人的思想行动相反，处处不合人意。所以当有人——尤其是小孩儿不听大人的话时，就说：'这孩子太不听话，简直是拗芒儿。'"②关于地方迎春习俗从"办"到"抢"到"迎"等程序，同治《房县志》有较细记载："'立春'前，典史谕各行户作土牛、句芒之神，选俊秀童子妆故事，为十二亭台，闰月增其一，曰'办春'。先一日，诣老关庙祭土牛、句芒神，舁入城……十二亭故事鼓乐随之。市人争以米、麦、谷、豆向土牛抛洒，视其头尾四蹄青、黄、赤、白、黑，以为水旱、丰歉之兆。小儿纷纷穿土牛腹下，以为出痘稀，且弭疾也。又，视芒神衣履着否，以卜一岁苦乐曰：'芒忙人不忙，芒不忙人忙。'至县门前，各官随其后，皆盛饰卤簿，前列花胜数竿，市人争相攀摘，曰'抢春'。出东景春门，文昌阁后设彩棚，各官祭芒神，就席饮春酒；农夫击社鼓，鸣大锣，唱秧歌数阕。舁芒神、土牛入县署前，十二亭故事穿街绕巷，曰'迎春'。"③其中，"芒忙人不忙，芒不忙人忙"也涉及句芒扮相总是与人意相左的"拗"之品性。也许，正是这种处处违拗人意的品性，使得羌地习俗中把原本为"神"的傲门儿当作"鬼"来撵逐（况且，本土语境中的"神""鬼"本是一体之两面），这是民俗事象有趣的"在地化"。

句芒之"拗"，又是如何体现的呢？立春日鞭春牛、祀芒神活动有占卜年岁的寓意，如乾隆《新乡县志》载："'立春'前一日，邑令率属迎春于东郊，士女填阗塞巷观之。觇土牛身首，以占水火、疾疫；觇句芒神帽鞋，以占寒燠、雨晴。"④同治《番禺县志》："'立春日'，有司逆句芒、

① 雷梦水、潘超等编：《中华竹枝词》（一），北京古籍出版社1997年版，第79页。
② 李志强：《中国北方俚曲俗情》，天津人民出版社1992年版，第55～56页。
③ 丁世良、赵放主编：《中国地方志民俗资料汇编·中南卷》（上），书目文献出版社1991年版，第453页。
④ 丁世良、赵放主编：《中国地方志民俗资料汇编·中南卷》（上），书目文献出版社1991年版，第47页。

土牛。句芒名'拗春童'，着帽则春暖，否则春寒。"①芒神之"拗"即体现在对其扮相的占卜中，乾隆《新蔡县志》言之更明白："'立春'，前一日，伶人为甲仗鬼神之状，震金鼓跳叫县堂，遍及士夫家逐疫颂喜。其市井之民装扮士农工商，随官师、士大夫出东郊迎春。四远男妇偕出郊境看土牛与芒神物色占岁水旱、人苦乐。芒神跣足则旱，着履则潦，衣红人灾，开颐艰食，如此之类曰'拗芒'云。"②原来，对芒神扮相要作反向理解，"跣足则旱，着履则潦，衣红人灾，开颐艰食"，换言之，"芒忙人不忙，芒不忙人忙"，总是与人过不去拗着来，难怪民间称之为"拗芒儿"（百姓口头称呼还有"拗神""拗春童""拗木郎"等）。明明应是雨天赤足而晴天穿鞋，却要理解为穿鞋为雨而赤足为晴，诸如此类在芒神形象上皆反向所示，故谓之"拗"。这种不合常规的"拗"相，就拿忙与不忙来说，便通俗地显示为"着鞋为忙，提鞋为闲"（对农人来说，脱鞋下田，乃是农忙；穿鞋走路，方为农闲），如嘉庆《浏阳县志》载："'立春'先一日，邑令迎春东郊，街民以童子装演戏剧游于市，献于公堂。……俗又以芒神与牛所立前后次定农之忙闲；又以着鞋为忙，提鞋为闲，故名芒神为'拗儿'，言其闲忙相反也。"③还有"暖即带帽为寒，寒即去帽为暖"，如在广东，康熙《乳源县志》载："'立春日'，祀芒神，鞭土牛毕……又验芒神，暖即带帽为寒，寒即去帽为暖，目曰'拗春童'，以占其春之暖寒。"④凡此种种，不一而足。

三、有趣的戏剧化仪式

从北到南，祀芒神习俗在农耕中华流布广泛。如华北地区，乾隆《永

———————

　　① 丁世良、赵放主编：《中国地方志民俗资料汇编·中南卷》（下），书目文献出版社1991年版，第698页。

　　② 丁世良、赵放主编：《中国地方志民俗资料汇编·中南卷》（上），书目文献出版社1991年版，第220页。

　　③ 丁世良、赵放主编：《中国地方志民俗资料汇编·中南卷》（上），书目文献出版社1991年版，第493页。

　　④ 丁世良、赵放主编：《中国地方志民俗资料汇编·中南卷》（下），书目文献出版社1991年版，第729页。

平府志》载："'立春'先一日，县官戒东门外官亭，以各色器物，选集优人装剧戏教习，谓之'演春'。届期，合城官员往迎，鼓乐交作，前列戏队，殿以春牛，老稚趋观，谓之'迎春'。……随从鼓乐，将别塑小芒神、土牛分献各官府及乡宦，谓之'送春'。"①民国《赞皇县志》载："'立春'之日，先期知县具庙服，率僚属及七社里民，鼓乐结彩，迎春东郊，行祀芒神礼毕，迎神还反，安设于县大堂前。候次日春至，行'鞭春'礼。"②据明代《帝京景物略》卷二记载，京城东直门外设春场，场内有春亭，"先春一日，大京兆迎春，旗帜前导，次田家乐，次勾芒神亭，次春牛台……是日，塑小春牛、芒神，以京兆生舁入朝"③，祀礼隆重。过去四川，农历二月四、五日（属立春之节候）各地举行迎春会，有打春牛习俗。清代刘沅《蜀中新年竹枝词》云："看灯未了又看春，喜见芒神结束新。细辨衣冠和角色，一年生计在农人。"自注："俗以迎春芒神及牛象采色，占一年农事休咎。"④过去，《成都通览》《芙蓉话旧录》等书有相关记载，被绵竹年画馆所奉的清代长卷《迎春图》对此也有生动展示。立春日，县太爷焚香沐浴着礼服，出驾迎春。"一行人由县衙出发，沿街游行，以鼓乐为前导。迎春队伍的排列是：前导为二人鸣锣开道，二十面彩旗跟后，接着是鼓乐队伍，其后全是'春官'（以说春劝农为业者）。春官后为纸扎芒神（俗称'使牛匠'）。按年辰的不同，有的芒神是成人，有的是儿童。芒神后面是四人抬的纸扎春牛，其大小与活牛一样，牛的颜色也各年不一。再以后是社会各界的代表，人人手执柳条，缠以红黄绿各色扎花，俗称'春花'。"⑤历史上，"羌"本是驰骋在中国大西北以牧羊为主的群体之统称⑥，后来迁居岷江及涪江上游并定居下来的尔玛人则以农耕为主业，这从释比唱经或民间长诗《羌戈大战》中有关叙事可知。因此，农耕社会

① 丁世良、赵放主编：《中国地方志民俗资料汇编·华北卷》，书目文献出版社1989年版，第224页。

② 丁世良、赵放主编：《中国地方志民俗资料汇编·华北卷》，书目文献出版社1989年版，第123页。

③ 〔明〕刘侗、于奕正：《帝京景物略》卷二，"春场"条，明崇祯刻本。

④ 〔清〕杨燮等著，林孔翼辑录：《成都竹枝词》，四川人民出版社1982年版，第118页。

⑤ 四川省文联组织编写：《四川民俗大典》，四川人民出版社1999年版，第26页。

⑥ 《说文解字·羊部》："羌，西戎羊种也，从羊、儿，羊亦声。"详见〔汉〕许慎撰，〔清〕段玉裁注：《说文解字注》，上海古籍出版社1988年版，第146页。

立春日祀芒神习俗在川西北羌区有见，"羌族立春俗称'打春''迎春'"①，民国《松潘县志》载"'立春'前一日，曰'迎春'。知事领春官等扛芒神、土牛出迎于东郊"②，过去平武羌地迎春也"祭祀芒神（五谷神）"和"鞭打纸糊的耕牛"。③对于尔玛人来说，春日农耕习俗中祈神驱邪的释比是真正重要的人物，民国时期深入岷江上游羌族村寨调查的美国学者葛维汉即写道，"在春天，巫师要主持仪式，祈求来年好的收成和繁荣"④。

从傩文化角度着眼民间演艺，"撵拗芒儿"或"撵傲门儿"可谓是戏剧化的仪式或仪式化的戏剧。历代地方志书中有关记载表明，立春日祀芒神活动往往跟戏剧性演艺多有关联，这从绵竹清代绘画长卷《迎春图》中有多架戏曲故事抬阁可见。纵目四方，道光《黄安县志》载"'立春'前一日迎春，扮故事，打插秧鼓，唱插秧歌"⑤，同治《通城县志》亦载"'立春日'迎春东郊，办台阁，演故事"⑥，同治《来凤县志》则载迎春仪式中"以童子扮台阁故事"⑦，均言及"扮演故事"，有人神共乐之意。又，同治《郫县志》记载"'立春'先一日迎春。城乡居民各扮演故事，齐集东郊"⑧，此乃民众扮演。至于民国《宣化县新志》载"'立春'先日，县治备酒至春场，同文武官齐至，演戏二三曲，随将春牛、芒神抬至府堂"⑨，这应是请了戏班子来演戏。近人冯家吉咏成都诗有"迎春只见土牛来"之句，自注"名角小旦多至数十名应差"⑩，则明言是戏班装扮了。

---

① 《羌族词典》编委会编：《羌族词典》，巴蜀书社 2004 年版，第 389 页。

② 丁世良、赵放主编：《中国地方志民俗资料汇编·西南卷》（上卷），书目文献出版社 1991 年版，第 387 页。

③ 向远木：《平武羌族》，中国文联出版社 2004 年版，第 248 页。

④ 李绍明、周蜀蓉选编：《葛维汉民族学考古学论著》，巴蜀书社 2004 年版，第 56 页。

⑤ 丁世良、赵放主编：《中国地方志民俗资料汇编·中南卷》（上），书目文献出版社 1991 年版，第 355 页。

⑥ 丁世良、赵放主编：《中国地方志民俗资料汇编·中南卷》（上），书目文献出版社 1991 年版，第 377 页。

⑦ 丁世良、赵放主编：《中国地方志民俗资料汇编·中南卷》（上），书目文献出版社 1991 年版，第 446 页。

⑧ 丁世良、赵放主编：《中国地方志民俗资料汇编·西南卷》（上卷），书目文献出版社 1991 年版，第 56 页。

⑨ 丁世良、赵放主编：《中国地方志民俗资料汇编·华北卷》，书目文献出版社 1991 年版，第 135 页。

⑩ 〔清〕杨燮等著，林孔翼辑录：《成都竹枝词》，四川人民出版社 1982 年版，第 84 页。

有地方文献进而记载立春日的"社火",列举出扮演剧目如《昭君出塞》《张仙打弹》等。如民国《郑县志》:"立春之仪:先期十日,县官督饬乡地整办什物,选集少年装演社伙(火),如昭君出塞、学士登瀛、张仙打弹、西施菜(采)莲,种种状态,竞巧极研(妍),谓之'演春'。至日,官率僚属,往迎东郊,前列社伙(火),殿以土牛。士女纵观,填途塞巷,竞以麦豆打土牛。娼优之长假以冠带,隶卒围从叫呼跳跃,名曰'街道士',过官府豪门,致颂扬语,谓之'说春';途遇蓝缕冲其仪仗,则围而诟之,或致谑浪判词,观者哄笑。"① 这有角色、有装扮,有演员、有观众的喜乐场景,简直就是以街巷、场坝为大舞台的非剧场式表演,可谓是一种开放空间中的仪式戏剧。以此为参照,当不难想见昔日羌地迎春日"撵傲门儿"的热闹场面。不仅如此,从扮演角度看,整个祀芒神仪式本身也洋溢着戏剧化色彩。就拿前述《新蔡县志》的记载来说,立春这天,在全民性迎春仪式中,除了有专门请戏班子"伶人"扮鬼神击金鼓表演,从县衙大堂跳到士夫人家,参与活动的众人也有"士农工商"的角色化装扮。② 类似活动,在川西北岷江上游羌族聚居区主持春祈秋报的老释比的记忆中犹存。据《汶川县志》,打春或迎春仪式过去是由县太爷主持的,"在立春前一天县官坐明轿,轿罩华盖,'春官'着戏服走前,纸扎'春牛'被人抬着,四乡农民、各界人士手持纸扎春花齐到'春场坝'参加庆典。特请各地'释比'敲着羊皮鼓参加祭祀,后由人扮的'芒神'逃窜,人们追捉。县官回衙,由报子跑报情况,报词为喜祥吉欣之词,捉芒斩牛后,把牛存放县大堂,各释比来县衙打鼓除祟,县官赏酒赏钱"③。当地迎春仪式中这"芒神逃窜,众人追捉"正说的是"撵傲门儿"。其中,芒神是由人装扮的,释比跳鼓是为了除祟驱邪、祈吉求福,在场众人既是表演者又是观看者。从民间演艺观之,以天地为开放式大戏场,看戏和演戏在此合二为一,整个迎春仪式活动洋溢着浓浓的全民狂欢色彩。

---

① 丁世良、赵放主编:《中国地方志民俗资料汇编·中南卷》(上),书目文献出版社1991年版,第3页。

② 丁世良、赵放主编:《中国地方志民俗资料汇编·中南卷》(上),书目文献出版社1991年版,第220页。

③ 四川省阿坝藏族羌族自治州汶川县地方志编纂委员会编:《汶川县志》,民族出版社1992年版,第795页。本文对引用文字有订正,特此说明。

"一年之计在于春。"立春日是冬去春来的转折点，迎春仪式往往跟驱傩活动相关。在长江流域傩文化遗存丰厚的江西，民间行傩便有"迎春演傩"，如建昌、黎川、广昌、萍乡等地的"扮迎春""搬春戏""迎春傩戏"等。① 再看文献，《帝京景物略》卷二引信阳周复元《迎春曲》："淑气晴光万户开，芊绵草色先蓬莱。林皋百鸟声相和，宫阙五彩云相回。东风猎猎赤旗止，金甲神人逐队起。群公吉服迎句芒，乡人傩衣驱祟鬼。"② 这里明确写出"迎句芒"仪式中有"金甲神人"，有"乡人傩"以及"驱祟鬼"。又，康熙《济南府志》载："（立春日）里人、行户扮为渔樵耕读诸戏剧，结彩为春楼，而市衢小儿，着彩衣，戴鬼面，往来跳舞，亦古人乡傩之遗也。"③ 从傩戏学角度看，"捉鬼看戏"的羌族民间撵傲门儿跟这种有装扮、有驱傩的活动当属同类。此外，据《帝京景物略》卷二"春场"条载，既有"立春候，府县官吏具公服，礼句芒，各以彩仗鞭春牛者三，劝耕也"，又有"田家乐者，二荆笼，上着纸泥鬼判头也"，亦使我们联想到迎春仪式上有"木雕鬼头"的羌区活动。《春牛图》是迎春仪式中不可少的物件，山西新绛年画《春牛图》（清代），构图分上下两部分，上绘春牛和芒神，下为三个农夫吃饼（配有文字"三人九饼，五谷丰登"），上部配图文字写道："我是上方一春牛，差我下方遍地游，不食人间草合（和）料，丹（单）吃散灾小鬼头。"④ 也表达着同样的驱鬼祛邪之意。除了春牛，祀句芒也有辟邪意义。光绪《花县志》载："迎春，装扮杂剧，迎土牛、芒神于东郊。所经之处，男女簇观，以芒神为太岁，争撒菽粟，谓'祈丰年''散痘疫'。"⑤ 由此来看尔玛人的"撵傲门儿"，其中的"捉鬼看戏"也就不难理解。此外，羌区"撵傲门儿"仪式中，由官府请来县衙大堂跳皮鼓的释比是主要角色。据研究，迎春的历史由来久矣，大体可分三个阶段：第一阶段是远古时期的普遍信仰，"各个氏族部落由巫觋迎春"，此俗

---

① 曾志巩：《江西南丰傩文化》（上册），中国戏剧出版社 2005 年版，第 38 页。

② 〔明〕刘侗、于奕正：《帝京景物略》卷二"春场"条，明崇祯刻本。

③ 〔清〕蒋焜修，〔清〕唐梦赉纂：《济南府志》卷九《风俗》，清康熙三十一年刻本。

④ 蒋鑫：《对比分析南北方春牛图的文化内涵与艺术特色》，《装饰》2015 年第 2 期。类似构图及内容也见于山东潍坊、河北武强的年画中。

⑤ 丁世良、赵放主编：《中国地方志民俗资料汇编·中南卷》（下），书目文献出版社 1991年版，第 685 页。

虽不见于文献但不乏民族学例证；第二阶段是进入文明阶段后，"由皇室控制"；第三阶段迎春则不由皇帝亲自出面，"改由京兆将春牛芒神迎入宫中，皇帝在宫中举行迎春之礼"。① 在川西北羌地，近世迎春活动尽管由官府主办，但"撵傩门儿"仪式中跳皮鼓的释比仍是重要角色，从中不难看见"巫觋迎春"这一古老风俗的遗存。

总而言之，如论者指出，"在立春活动中，起初是由人扮演春神……他牵牛而行，象征木神促进春耕。……在迎春时必须进行驱傩活动。宋代的《大傩图》就是一幅'活动于立春节令中的迎春歌舞，因此或可称为迎春舞队（或社火）'。其实，自古以来鬼神就是混杂的，又是对立的，请神必须驱鬼，这是一个问题的两方面。为了祈求风调雨顺，五谷丰登，一方面祈求正面的神灵保佑，另一方面又要驱赶走反面的疫鬼"②。明白这点，便不难理解岷江上游羌族民间的"撵傩门儿"，也不难领会这种洋溢着巫傩气息的戏剧化民俗活动。

① 李露露：《春牛辟地》，社会科学文献出版社 1998 年版，第 106 页。
② 李露露：《春牛辟地》，社会科学文献出版社 1998 年版，第 115 页。

节日变迁

民国北京岁时文献的学术脉络与岁时民俗图景

——以北京迁台文人 20 世纪 20—40 年代的文化记忆为中心 *

王宇琛 **

摘 要

20 世纪 50—80 年代，以京籍为主的迁台文人在台湾报刊发表了大量回忆民国北京生活的文章，由此构成一个民国北京岁时文献系统。这批文献生动翔实，有学术自觉意识，具有较高的文献民俗志价值。以夏季五、六两个月的岁时生活为个案，从文化记忆的角度分析迁台文人岁时记忆的象征性，可以发现：岁时记忆不仅从根本上表达了一种规范性和定型性力量，也是迁台文人群体与急剧变化的台湾现代社会进行对话的安全屏障与沟通媒介。

关键词

北京迁台文人　民国北京岁时文献　学术脉络　文化记忆

＊　本文系北京市社科基金青年项目"铸牢中华民族共同体意识视角下的京台文化融合发展研究"（22ZGC011）的阶段性成果。

＊＊　王宇琛，中共北京市委党校（北京行政学院）北京市情研究中心助理研究员。

民国是北京文化的繁荣时期。自 1912 年清帝逊位至 1949 年之前，北京城迭经政权变迁，又接受了新文化运动的洗礼，在更名为北平之后的十年间生活宜居，文化氛围浓厚，邓云乡将之称为"文化古城"时期。[①] 这一时期北京的民间礼俗既延续了帝京时代的流风余韵，又吸收了现代生活方式，呈现出古朴厚重、中西交映的独特风情。遗憾的是，现有民国岁时文献的缺失与当时丰富的社会生活实不相称，而本文所举北京迁台文人大量关于北京岁时生活的回忆文章，或可填补这一空白。

一、北京岁时文献的学术脉络与北京迁台文人的民国岁时书写

都市文明凝聚了一个区域物质和非物质文化的精粹，特别是都城，更是一国建筑、政治、商业、社会活动以及精神文化的荟萃之所。中国都城文明源远流长，从《周礼·考工记》始，到《西京杂记》《洛阳伽蓝记》《东京梦华录》《梦粱录》《武林旧事》等，记述各朝王都帝京的篇章绵绵不绝，其中不乏有关岁时节庆的记载。至于专门记录地方时间生活的岁时文献，自宗懔《荆楚岁时记》开创"岁时记"体例后，随着社会经济发展与都市崛起，其记述的对象也发生了变化，从宽泛的地域风俗逐渐聚焦于通都大邑，形成以都市岁时生活为主兼及其四方风俗的文献体系，元代费著的《岁华纪丽谱》、清代顾禄的《清嘉录》和潘宗鼎的《金陵岁时记》等均是其中代表。

北京从金中都算起，下迄元明清，有八百七十余年建都史，经济社会文化发达，堪称表率四裔、观听所集。因此，北京也相应成为上述都城文献与岁时文献两大学术传统的交汇点，诞生了极为丰富的北京岁时文献，如陆启泓《北京岁华记》，潘荣陛《帝京岁时纪胜》，让廉《京都风俗志》，富察敦崇《燕京岁时记》，蔡绳格《北京岁时记》《一岁货声》，张次溪《北平岁时志》等。这些著作构成时代连续的文献系统，主要反映了明清时期北京的岁时生活。遗憾的是，在数量众多的北京岁时文献中，记述民国节

---

① 邓云乡：《"文化古城"简说》，载《文化古城旧事》，中华书局 2004 年版，第 1 页。

令风俗的资料并不算丰赡。蔡绳格为清末民初人，其《北京岁时记》和《一岁货声》主要记述的是清末北京的岁时风情。《北平岁时志》和《北平风俗类征》虽然出自民国人的手笔，但属于编纂历史资料的类书集成。值得一提的是，《北平岁时志》每月卷首撰有小序，概述作者耳闻目睹的岁时情形，从中约略可见清朝民国政权更替带来的节俗流变，然而阅之仍让人有言不尽意、难以深入堂奥之憾。

20 世纪 40 年代末，一批大陆籍的文化精英渡海去台。这些人在大陆度过他们的盛年，怀有浓厚的中华民族文化认同。随着两岸关系的变化，人们的怀乡之情与日俱增。20 世纪 50—80 年代，一些渡台的"老北京"操起笔墨，撰写了大量回忆北京生活的文章，在台湾乃至海外华人社会引起强烈反响。这场"北京怀旧热"在作者、媒体与受众之间展开多维的对话与实践，在当时成为颇具影响力的文化现象。戏剧理论家齐如山、燕京世家陈鸿年、作家梁实秋、国画家白铁铮、掌故学家唐鲁孙、动物学家夏元瑜、民俗学家郭立诚、作家林海音等是这场文化热的领军人物，他们在台湾各大报刊开辟专栏，专谈老北京风物，囊括了民国北京 20—40 年代的风土人情、饮食、商业、娱乐、信仰等方方面面，而岁时节日构成其中非常重要的一项内容。[①] 无论是春节、端午、中秋这样的三大节，还是散见于一年四季、须"应时当令"贯彻于行动中的日常生活习俗，经由他们的笔墨鲜活生动地再现于民俗研究者眼前。

这批迁台文人所撰文献从根源上说，其体例和主题源自明清笔记杂录的传统，往近追溯则是近代风俗掌故之学的余脉。自明末大儒顾炎武以风俗和教化论学，将风俗视为观察国家兴衰与社会治乱的窗口，重视教化维系政治制度与社会秩序的作用，[②] 风俗遂成为明清笔记一项重要内容。近代中国新旧交替，社会一系列重大变革在酝酿演进当中，经过龚自珍、曾国藩等人的倡导，再加上私人著述和报章杂志的兴起，晚清精英知识分子多有撰文记述关于历史、人物、典章制度的遗闻逸事，时人称之为掌故之学。[③]

① 关于这部分文献反映的历史时段，可见本文第四部分的简要分析。
② 李富强：《礼俗互动传统中的顾炎武风俗教化观及其现代启示》，《民俗研究》2021 年第 5 期。
③ 王西德：《漫谈近代掌故之学》，《寻根》2008 年第 3 期。

掌故学人热衷于考察一时一地的风俗制度，清末民国夏仁虎、瞿宣颖等人都是其中翘楚。迁台文人撰写的民国北京风俗文献正是在一定程度上接续了这个风俗掌故传统。它并没有脱离"以俗观史、以俗证史、以俗写史"的思维模式，同时还吸收现代民俗学思想，以历史人物、社会风情、趣闻逸事和岁时生活编织出一张现代性进击下独属于古都北京的意义之网。

二、迁台文人岁时文献的学术价值

目前对这部分风俗文献的研究大多从文学作品的角度进行阐发。本文认为，应当将这批北京迁台文人的著述放在历史民俗学的发展脉络当中考察，充分发挥其文献价值。岁时节日是这批风俗著述中相当重要的一个门类，专门谈岁时习俗的文章数量多，范围广，对北京大大小小的节日均有涉及。同时，岁时节日还构成这批文献的一条线索，将散落在衣食住行不同领域的风俗串联并整合在一起，较为全面地呈现出民国北京风俗的整体图景。对于希望从"局内人"视角深入了解民国北京岁时习俗的研究者而言，这批岁时文献生动翔实、有学术自觉意识，具有较高的文献民俗志参考价值。

首先，作者接受过一定的民俗学启蒙，在书写时有自觉的学术意识，使得这批文献具有浓厚的民俗学底色。这批作者当中年纪最长的齐如山出生于1875年，最年轻的刘长民出生于1929年，其余出生于20世纪初叶。他们绝大多数经历过五四新文化运动及其余波的洗礼，对民间文艺学和民俗学有或深或浅的了解，齐如山、梁实秋等人还有较为深厚的旧学功底，熟悉传统岁时志写作的体例与谱系。可以说，历史民俗学和现代民俗学的意识同时贯穿在他们民俗文献志的书写过程中。

齐如山曾收藏蔡绳格完成于1906年的《一岁货声》，他后来著有《北京货声》："余曾将北平小贩，何时售何物，由元旦起，至除夕止，依时归纳，辑成一书，名曰北京货声。"[①] 在此基础上，齐如山又编纂《故都市乐图考》，将北京小贩沿街叫卖所用响器描摹殆尽。可以说，齐如山对于

---

① 齐如山：《故都市乐图考序》，载梁燕主编《齐如山谈老北京文化》，开明出版社2021年版，第49页。

北京街巷小贩售卖习俗的持续关注深受蔡绳格《一岁货声》的影响，不但传承了该书岁时志的题材体例，也在研究对象上进行了拓展与深化。白铁铮撰文回忆自己幼时童谣，自述该文受到了北大民俗研究会歌谣研究的影响。文中共记歌谣十二首，并附有简要解说，在记忆所及处专门标明说唱该歌谣的季节和动作，从中也可以看到北大风俗调查以及"岁时"时间关怀对白铁铮记录整理北京风俗产生的积极影响。[①] 至于郭立诚，她本身就是民俗学家，曾将过往文章结集为《故都忆往》一书。该书分为五章，首章即为"岁时"，自春节始，至三九天终，逐月依次写来，其明确的岁时志意识自不待言。

第二，与辑录古书的方式不同，这批文献民俗志立足于书写者个人经历，记录下他们鲜活的生活实践的观念与行动策略。

以春节拜年为例，明清北京习俗大年初一开始拜年，张勃从清中后期旗人穆齐贤的日记《闲窗录梦》中统计发现，道光八年穆齐贤在大年初一一天拜年四十家。穆齐贤拜年的对象是宗亲、姻戚、朋友、邻居、同事以及平日有来往的碓房、当铺等。[②] 以当时的交通效率，是如何完成一天造访四十家的拜年任务呢？成书于光绪二十年（1894）的《京都风俗志》载："士商往来拜谒，或登门投刺，谓之拜年。近日此礼亦懒，往往多遣人代拜，而不亲往。"[③] 我们是否可以据此推测，穆齐贤也采取了遣人代拜的方式呢？那么驱遣何人？如何代拜？拜年者的心理活动如何？唐鲁孙回忆民国初年拜年情景的资料，能够为此俗提供注脚。唐鲁孙称，北平人拜年，除至亲好友登堂入室外，其余人等多采取递名片的方式。因无须请进家，所以交游广泛的人往往开出清单给子弟近亲，请其代为拜年。主人需要提前给代拜者雇好骡车，投片时甚至代拜者也无须下车，由赶车人高举名片，说"拜年道新禧"，门房接过名片回复"劳步挡驾不敢当"。[④] 望

---

① 比如第十首童谣，白铁铮标注，"这是在冬天儿，两个人面对面坐在床上，把脚伸在一起，用手指着脚说，每指一只脚，说一句，最后一句说'打板儿拳蹄'的时候，指到谁的脚，谁就把脚举回去"。参见白铁铮：《我所记得的北平民谣》，载《老北平的故古典儿》，百花文艺出版社2010年版，第192页。

② 张勃：《一个清代北京人的年节》，《文史知识》2022年第2期。

③ 李家瑞：《北平风俗类征·岁时》，《民国丛书》（第五编·第22册），上海书店出版社1989年版，第11页。

④ 唐鲁孙：《闲话故都年景》，载《大杂烩》，广西师范大学出版社2013年版，第148页。

门投贴虽然解决了集中大量拜年的礼节问题，但于过节的人仍属繁文缛节，令人头痛不已。

唐鲁孙关于拜年的记述，弥补了一般岁时文献叙述简洁的遗憾，对于社会生活中不同角色的行动策略，如拜年者、接受拜年者、代替拜年者、门房、赶车人、出租骡车的车口都有涉及，也点出了人们在节日期间执行一些虽不合理但流行于世的礼俗时所持有的矛盾心态，其深入生活的描画极大丰富了民国岁时礼俗的历史现场。由于迁台文人岁时文献是根植于生活整体的书写，因此这种多角度多层次透视节日的记述在文章中并不鲜见，丰富了研究者对民国岁时节日生活的全景式认知。

第三，迁台文人秉持保存历史的初衷，以严谨的态度记录北京岁时风俗。他们的文章首先在台湾大报副刊的公开平台发表，有大量热心读者提出意见，客观上为细节的可靠性提供了保障。再加上不同写作者所述岁时节物常可以相互印证，这些条件叠加在一起，增加了这批文献的可信度。

夏元瑜、唐鲁孙、白铁铮以及刘枋等人达成了共识，都认为笔下是已经消失的历史，有秉笔直书的必要。夏元瑜评价唐鲁孙和白铁铮的著述价值在于记录历史，"若干往事都成了过去的烟云，决不会重演，从此永逝。在这书中留下一鳞半爪，成为历史的陈迹"[①]。而民俗学家郭立诚自述她写作《故都忆往》的原则是忠实描绘自己曾生活的民国北京，避免与古书的记录混淆。"我写的是中华民国的文化古都北平，不是从前天子脚底下的北京，因此写这几十篇稿子，根据我自己定的一个原则，只管描绘，不作考证，尽可能不引征古书。"[②]唐鲁孙撰文全部是亲身经历，或者是可靠相识者当面告知。[③]刘枋也确保自己所写绝对是北平才有的事物。[④]

迁台文人撰写的这批民俗文献的准确性经受住了公众的考验。文章

① 夏元瑜：《夏序》，载白铁铮《老北平的故古典儿》，百花文艺出版社 2010 年版，第 4 页。

② 郭立诚：《自序》，载《故都忆往》，台湾学生书局 1975 年版，第 2 页。

③ 夏元瑜：《我的朋友唐鲁孙》，载唐鲁孙《唐鲁孙谈吃》，广西师范大学出版社 2013 年版，第 184～186 页。

④ 刘枋自述自己所写是"一时即兴之作，不见得有好文章，但内容绝对都是些只有在北平才有的事事物物。我极眷念儿时的那段生活，也就偏爱这些散文不散文，杂文不杂文的四不像。如今此书问世，但愿了解北平的人士，能因它而勾起您的前尘旧梦；对北平一无所知的青年朋友，可由此知道不少你们现代人所不知道的吃喝玩乐"。参见刘枋：《我为什么写这本书》，载《故都故事》，大地出版社 1988 年版，第 3 页。

发表在大报副刊后，往往有读者的积极响应，纷纷去电去函点名想看的事物，形成了写作者与读者共同创建的记忆之场。刘长民与丈夫姜增亮更发展出以图配文的新颖形式，细致生动地再现了民国北京的风俗事物。林海音说，"喜乐（即姜增亮）所画的胡同风光，是画的典型当年北平胡同和谐生活的真实情景"①。作者与读者之间互相激发，客观上起到了监督修正的作用，保证了文章记述的节物不至偏颇，能较为准确地反映民国北京社会生活状况。

三、迁台文人岁时文献呈现的民国岁时图景

如何推定这批岁时文献反映的历史时段？分析写作者的生平经历，可以发现出生最早的齐如山是 1875 年生人；陈鸿年去世于 1965 年，推测他应出生于 19 世纪末 20 世纪初；梁实秋、白铁铮、唐鲁孙、夏元瑜等的出生日期均在 1900—1910 年，郭立诚、林海音、刘枋、姜增亮等人出生在 1911—1920 年；年纪最轻的刘长民是 1929 年生人。以 20 岁成人计，则他们见证的历史时期在 1895—1949 年，除去齐如山年纪较长，大部分作者成年后见证的是 20 世纪 20—40 年代的北京城，他们的北京回忆也基本反映了这个时段。

西方历史学界的记忆理论认为，代际记忆以 80 年为限，如果没有及时通过文字、纪念物等形式加以巩固，回忆超过 80 年就会逐渐消散。而 80 年的一半 40 年是一个重要门槛，历史的亲历者在 40 年后"逐渐退休，他们之前的职业生活更多是面向未来的，而退休之后，他们进入了一个回忆不断增加且欲将这些回忆固定和传承下去的年龄段"②。从这个角度分析，记忆的规律依然适用于本文讨论的情况，迁台文人在亲历民国北京的 40 年后——此时他们远渡宝岛，年华已老——也就是 20 世纪 60—80 年代，逐步掀起了"老北京文化热"的高潮。

---

① 林海音：《在胡同里长大》，载喜乐《喜乐画北平》，台湾纯文学出版社 1985 年版，第 76～79 页。

② ［德］扬·阿斯曼：《文化记忆：早期高级文化中的文字、回忆和政治身份》，金寿福、黄晓晨译，北京大学出版社 2015 年版，第 44 页。

站在当下研究者的视角，凝结在这些文字中的是一段关于绝对过去的北京的文化记忆，而岁时节日就成为盛纳这段看似宽泛芜杂的记忆的主要框架之一，为记忆中的日常生活世界提供了某种依据和秩序。民国北京的节日体系以春节、端午、中秋"三大节"为主要时间节点，三大节是绵延月余的重要庆典，其丰富隆重自不待言。然而特别容易被忽视的是，庆典之间的连线上还零散分布有一些小型节日和节令，也正是这些相对"平淡"的时段构成了民国北京民众时间生活的主体。以端午节与立秋之间的两个月为例，由于正值盛夏，这一时期各种节令活动不算特别活跃，本部分就试图观察这段"非典型"时间是如何被呈现的，从而发现迁台文人北平岁时记忆的一些普遍特点。

（一）民国北京人的公共消夏场所

端午节标志着北京城正式迎来炎夏，人们开始流连于各类消夏场所。民国北京城传统与新开放的消夏场所并存，传统去处中最广为人知的莫过于什刹海。端午过后，荷花季开启，什刹海风光旖旎，岸柳碧莲相映成趣，沿岸搭建起大小茶棚、饭棚，摆起"河鲜儿"摊子，卖艺场子。茶棚以喝茶为主，陈鸿年回忆，男性去什刹海茶棚消夏，脱去长衫坐在躺椅里，读报、嗑瓜子、抽一支大前门，可谓优哉游哉。① 也有人晚间去喝茶，纳凉的同时还能欣赏到评书名家的晚场。在什刹海能率先享用到刚上市的河鲜。饭棚用河里的鲜莲子熬制八宝莲子粥出售，河鲜儿摊子以木桶盛新采的莲蓬荷花，木盆里冰块冰着鲜菱角、鲜核桃仁和白花藕，荷叶包着煮熟的鸡头米和老菱角。爱好幽静不喜热闹的，可以去西直门高梁桥一带的"野茶馆"，这里视野开阔，掌柜在树荫下铺许多芦席，客人席地而坐，聊天下棋钓鱼品茶。文人诗词酬酢喜去积水潭，这里的净业寺环境清幽，古木参天，自明末到民国都是诗人墨客的雅集之所。②

民国政府接收清王朝财产，将皇家园林、祭祀场所改造成公园，中山公园、太庙、三海位居城中心，交通便利，成为人们新的消夏胜地。中山

---

① 陈鸿年：《北平之夏》，载《北平风物》，九州出版社 2015 年版，第 266 页。
② 郭立诚：《什刹·三海·净业湖》，载《故都忆往》，台湾学生书局 1975 年版，第 22～23 页。

公园的茶座以其多样性吸引不同的消费群体，其中著名的来今雨轩是政要名流的聚会之所，年长的旧派宿儒喜在春明馆谈古论今。长美轩物美价廉，常有乘凉的公教人员携一家老小聚餐。柏斯馨是一家西点饮冰室，制作的柠檬水以成方的天然冰冰镇，现喝现取，品质上乘。① 与中沙公园隔故宫相望的太庙没有这么浓厚的商业气息，但是常有放暑假的学生早起自带书籍和草席，在太庙择一松荫满地、绿草如茵的地方，伴着松涛声、蝉声、风声读书。② 不远的先农坛有掌柜在松柏树荫下摆上桌子藤椅，这里也成为乘凉喝茶的好地方。三海中以北海风头最盛。有的人清晨去北海公园登小白塔，北平全城尽收眼底，然后划船赏荷钓鱼。也有人趁着早凉在北平图书馆看书，下午到北海划船。无论如何安排行程，都少不了船靠岸后去漪澜堂茶座吃栗子面小窝头。中南海因多少有些政治气氛，游客不多，但这里开设的游泳池是北平新潮青年的最爱，各院校的时代尖端人物多在这里游泳甚至拍摄泳装照片刊登在报纸上。

（二）民国北京人消夏饮食

过了端午，各类传统凉食冷饮纷纷上市，丰富了市民的夏季生活。茶汤、凉糕、扒糕、凉粉儿是老少咸宜的平民食品。初夏茶汤上市，胡同的孩子盼望着茶汤担子和紫铜大茶壶的到来。凉糕是一种糯米豆沙馅儿的冰镇甜食，浇桂花黑糖食用。扒糕是一种荞麦面制品，凉粉是绿豆粉加工成的糕状物，这两种凉食均需蘸上芝麻酱、酱油醋、麻油、蒜泥、芥末和辣椒油等调和成的酸辣佐料，入口鲜凉开胃。以上几种吃食价廉物美，在庙会上均有出售。③ 有讲究的人家嫌弃庙会尘土飞扬，卫生条件差，要一直等胡同里有挑挑子或是推小推车的小贩叫卖，才允许家里小孩买来品尝。刘长民回忆，小时候夏季睡起午觉不久，胡同口就摆出卖凉糕的摊子，小孩在摊主摆好的小板凳上坐等切好的凉糕端上来，用短竹签叉住送进嘴里，

① 唐鲁孙：《故都中山公园茶座小吃》，载《故园情》，广西师范大学出版社 2013 年版，第328 页。

② 陈鸿年：《太庙听蝉读书》，载《北平风物》，九州出版社 2015 年版，第 131 页。

③ 王宇琛：《立夏习俗——多元融合的民俗实践》，《文史知识》2022 年第 5 期。

大人则直接端一盘回家去吃。^①

酸梅汤和酪有专门的铺子制作和销售，是老北京的特色冷饮。山西人经营的干果铺专供各类蜜饯干果。芒种后，干果铺纷纷开始制售酸梅汤，铺子门前摆出大冰桶，上覆木板，木板上插一支雪亮的白铜月牙戟，打起冰盏，这就是酸梅汤上市特有的招幌。"信远斋"酸梅汤以熟水熬制，罐外镇有碎冰，浓厚醇郁，汤汁挂碗，蜚声京城。^②伴随着清脆悠远的冰盏声，与酸梅汤同时售卖的还有果子干儿和玫瑰枣儿。果子干儿是将杏干和柿饼泡发形成胶质的汤汁后冰镇，吃时放两片北京出产的细白脆嫩的果藕，酸甜冰凉，两腋生风。玫瑰枣儿是以干红枣煮熟加玫瑰、木樨制成的甜食。北京的饮食习俗长久以来受游牧民族浸淫，催生了奶茶铺这种奶制品专卖店。到了夏天，奶茶铺开始卖一种带着酒香的冰镇发酵奶制品——酪。同时还会派伙计挑担子沿街叫卖。夏季午后大约四点钟，住家户听到"酪来"的吆喝，小孩忍不住向大人要零钱买一碗喝，家里办生日满月的则安排铺子里送一桶来待客。晚上有到戏园子听夜戏的，也会叫茶房端两碗酪来解乏。^③

民国时期西风东渐，一些西方冷饮随之传入北京。先是从上海舶来了汽水、冰激凌、果子露，直到抗战前北京有了人造冰，自此北京人吃上了冰棍儿。这些洋冷饮起初都是不易得的高级食品，比如冰棍儿最初只西单有光堂西点面包店有卖。^④逐渐地，这些西式冷饮经过或多或少的平价改良，也走入寻常百姓家。庙会上有叫卖"冰激凌来雪花酪"的，所谓冰激凌类似于如今的刨冰，并不含奶。雪花酪是牛奶制品，更接近当代意义上的冰激凌。冰棍儿则演进出开水加白糖的"平民版"。

除了解馋的小吃，民国北京餐饮业也有一些特色菜肴应对节令变化。夏日炎炎，集各类河鲜果肴于一体的酒席大菜"冰碗儿"清凉鲜爽，以后

① 小民：《夏日炎炎忆凉糕》，载小民撰文、喜乐画图《故园梦》，九歌出版社 1988 年版，第 160 页。

② 唐鲁孙：《北平的甜食》，载《中国吃》，广西师范大学出版社 2013 年版，第 46 页。

③ 小民：《人间美味——酪》，载小民撰文、喜乐画图《故都乡情》，中国友谊出版公司 1984 年版，第 45 页；白铁铮：《喝酪》，载《老北平的故古典儿》，百花文艺出版社 2010 年版，第 79 页。

④ 郭立诚：《北平的冷饮》，载《故都忆往》，台湾学生书局 1975 年版，第 26 页。

海会贤堂的最为出名。这道菜是在大海碗中央放一冰块，周围有藕片、莲子、芡实、菱角、荸荠、核桃仁、杏仁、西瓜子、榛仁、剥皮去核的红杏、水蜜桃等，白华赤实，冽香激齿。[①]为了打开人们夏日的味蕾，专做羊肉生意的羊肉床子开发出特色菜肴烧羊肉。这是将羊肉、羊头、羊杂碎在大锅中以五香调料水煮烂，捞出再过油炸，外焦里嫩，解馋不腻。每天下午四五点，烧羊肉出锅后被切成小丁，包在荷叶中交给顾客。有的人家招待客人，可以多买些让伙计送到家里，附带送一碗羊肉汤用来炖豆腐或者浇凉面。或者有刚放学的少年买了烧羊肉夹在刚出炉的热麻酱烧饼中。[②]林海音就喜欢这种吃法，她还据此发明了一种冰镇酸梅汤佐食烧饼夹羊肉的"怪异食谱"，倒也不失夏季京城饮食的特色。[③]

（三）民国北京人的胡同生活

老北京相信"吃了端午粽，才把棉衣送"，端午过后天气正式热了起来。这时家家户户撕去窗户纸，糊上类似于纱窗的"冷布"，外设卷窗，既能通风又能抵挡夜间凉气。人人手上拿一把物美价廉的大芭蕉叶扇子，纷纷露面的还有小蒲扇、细芭蕉叶扇、罗扇、折扇。胡同里响起"丁零丁零"声，这是专门粘扇子的匠人走街串巷来了。

中上人家的四合院里搭起了纳凉的天棚，遮挡住午后开始变得强烈的阳光，天棚下面架上铺板铺上凉席，就成为午睡的绝佳地点。正房八仙桌前，摆出了木制内里贴着白铁的大冰柜。刘枋回忆，她家里的冰柜是紫檀木镂空的。每天清晨，包月的送来两方二尺见方的冰块置入冰柜。冰柜底部有洞，水由洞中滴下，下设大盆接着冰水，用来湃西瓜、果藕等瓜果。[④]如果临时需要冰，只消午后细听胡同里响起小孩叫卖冰核儿的声音，拿一个碗出来买一些碎冰，也颇为便利。

胡同里的主妇开始操持夏天的吃食。巧手的主妇自制冰镇果子干和玫

① 唐鲁孙：《河鲜冰碗、水晶肘、荷叶粉蒸一把抓》，载《唐鲁孙谈吃》，广西师范大学出版社 2013 年版，第 22 页。

② 白铁铮：《咬春》，载《老北平的故古典儿》，百花文艺出版社 2010 年版，第 96 页。

③ 林海音：《我的京味儿回忆录》，台湾游目族文化事业公司 2000 年版，第 15 页。

④ 刘枋：《卖冰核儿和牛筋豌豆》，载刘枋《故都故事》，大地出版社 1988 年版，第 64 页。

瑰枣儿，比庙会上卖的干净卫生。每天煮一大锅绿豆汤，放凉了加白糖，就是一家人降火去燥的天然饮料，当然也不乏讲究的人家到药铺抓几味药煎做凉茶。夏季的正餐朴素解暑。主妇买菜时带几张"二苍"的大荷叶，以荷叶覆锅取其清香，得到一大锅香喷喷的荷叶粥，或者熬一大锅绿豆稀饭，做一个凉菜拍黄瓜，配合咸菜丝就馒头，就是一顿适口的晚餐。

夏季的四合院生活适意，大部分时候是妇女和孩子的天下。墙角下绽放着白色茉莉花，窗口挂着串串晚香玉。院子里挂着黍秸秆编的笼子，里面用西瓜皮养着蝈蝈。越到中午，蝈蝈越是叫得欢实。下午，母亲让孩子脱光上身，两手趴在大铜盆里，舀水将泥汗冲洗干净。姜增亮直到晚年仍对这个场景记忆犹新，亲切称之为"冲光脊梁"。[①] 北平用水并不富裕，主妇也懂得废水利用，给孩子冲凉的水和给一家人洗衣裳的水积攒下来，可以把院子里的青砖地面冲得干干净净，小孩子们光着脚在院子里讲故事做游戏。傍晚，院子里摆上八仙桌，一家人齐聚桌前用餐，其乐融融。

小贩的叫卖构成了胡同生活不可或缺的一部分。夏日上午，胡同里有叫卖羊角蜜、蛤蟆酥等瓜果的、卖菜的、卖花的、换取灯儿的、送水的、倒土的、掏茅房的。刘长民回忆，胡同里挑担子卖花的集中在春夏时节，夏天卖的主要有石榴花、薄荷、玉簪棒儿、蝴蝶花。蝴蝶花姹紫嫣红，很讨小姑娘的喜欢。[②] 三伏天大雨后，小门小户的妇人煮了五香豌豆放在浅篮里，叫家里男孩子头顶篮子出来叫卖。午后，卖老玉米、熟菱角与鸡头米、酪等零食的小贩又轮番登场，勾引出家中小孩肚子里的馋虫。黄昏，有妇人将晚香玉穿成小花篮样子，挂在竹竿上走街串巷叫卖，也有"唱话匣子的"背负大喇叭，手提留声机，为孩子们播放京剧、歌曲。

从端午到立秋前这段覆盖了盛夏首尾的"平淡"日子，就这样在迁台文人的笔下徐徐而逝。节气一立秋，画风陡然不同。随着一场秋雨一场寒，"天河掉角，棉裤棉袄"，主妇又该着手准备冬装。七夕节、中元节、中秋节接连而至，北平人拆天棚，斗蛐蛐，放河灯，吃烤肉，吃糖炒栗子，熏雁翅下酒听秋雨，又是一番深秋景象，此处暂不赘述。

① 小民：《冲光脊梁》，载小民文、喜乐图《春天的胡同》，九歌出版社1988年版，第79页。
② 小民：《栽蝴蝶花儿来哎！》，载小民撰文、喜乐画图《故都乡情》，中国友谊出版公司1984年版，第33页。

四、民国岁时图景的特点与迁台文人岁时记忆的象征性

上文以端午节到立秋之间的两个月为例，简单呈现迁台文人记忆中的岁时图景。诺拉在《记忆之场》中指出，经由群体有目的地选择、重组形成的集体记忆，其根本特性是一种文化的真实，反映出群体特定的心态和意识。[①]在本部分，我们当然首先要讨论这些被呈现的岁时图景的基本特点，接着还要将之纳入文化记忆的框架中，发掘附着在岁时记忆上的老北京形象及其与台湾社会的张力关系。

（一）民国岁时图景的基本特点

第一，中西交融。文献呈现出的民国北京人的日常生活仍然在传统岁时节日的框架内展开，但不时有西方的、现代的因素进入到这个框架中，并且占据了越来越重要的位置。从大众消夏场所的变迁可以明显观察到这种趋势。北京明清时期传统的消夏场所是二闸、南河泡子、菱角坑、什刹海和积水潭这些亲水的自然/半自然区域；清帝逊位后，民国政府积极推进皇家专属空间向城市公共空间的转化，太庙、中山公园、先农坛、北海、中南海等一批皇家园林和祭祀场所被改造为市内公园向公众开放。这些地方位居城市中心，交通便利，景色精致秀美，风头逐渐盖过了什刹海和积水潭等传统消夏场所，成为新兴的消夏胜地。在衣食住行方面，现代的、西方的因素也渗透到夏季老北京生活的方方面面。从前大门不出二门不迈的女性，摇身变为朝气蓬勃的身着新式校服的女学生。唐鲁孙回忆，民国二十年前后，西式冷饮冰激凌、冰点心、冰棍儿在北平大行其道，传统冷饮奶酪、酸梅汤反落下风。[②]这些舶来品很快抓住了年轻人的胃，刘枋儿时随父在来今雨轩第一次吃到正宗冰激凌后感叹，冰激凌"美味、香、甜还凉。酸梅汤、雪花酪简直没法和它比"[③]。北平的主要街道也跑起了电车，

---

① ［法］皮埃尔·诺拉：《纪念的时代》，载［法］皮埃尔·诺拉主编《记忆之场：法国国民意识的文化社会史》，黄艳红等译，南京大学出版社2020年版，第59页。

② 唐鲁孙：《续"酪"》，载《天下味》，广西师范大学出版社2013年版，第134页。

③ 刘枋：《来今雨轩冰淇淋》，载《故都故事》，大地出版社1988年版，第164页。

在天安门、故宫沿线均设车站。庄严古老的皇家园林与新潮学子、西餐电车等新兴生活方式一同入画，呈现出古今碰撞、中西交融的开放图景，这也是迁台文人集体记忆中古城不古的独特魅力所在。

第二，雅俗共赏。迁台文人记忆中的岁时习俗没有等级森严的阶级区隔，同一种节物不同阶层均可享用，只是有精致和平价之分罢了。据邓云乡先生研究，北平在日据前虽然存在贫富差距，但有大量财政资金流入，物价低廉，穷人靠出卖劳动力也能勉强过活，因此无论贫富之家，均具备一定消费能力。[①] 东安商场、街面上的高门大铺自然是上等人家经常流连之地，庙会和里巷挑挑子的"行商"也不乏市民光顾。如梁实秋所言，"夏天喝酸梅汤，冬天吃糖葫芦，在北平是不分阶级人人都能享受的事。不过东西也有精粗之别"[②]。想喝酸梅汤，可以到信远斋享用熟水熬制、隔着大白瓷罐冰镇的浓醙纯醪，如舍不得花钱，也可以在街面小摊贩处来一碗掺杂了碎冰的解馋。春秋与初夏老北京喜喝茶汤，茶汤铺子里的八宝茶汤、牛髓骨茶当然香浓，但是梁实秋认为，担着大铜茶壶满街跑的茶汤担子"也颇有味"。[③] 后海会贤堂是文士名流燕集之所，夏日头一道菜"冰碗"远近闻名，但是吃不起冰碗的，随时可以从沿街叫卖的小贩处买些菱角、鸡头米尝一尝鲜。扒糕、凉粉是平民食物，在庙会上就有卖的，如担心其不卫生，也可以在家中专等挑挑儿的。因此，老北京的岁时是不同阶层共享的时间生活，无论雅俗贫富，各个层次的市民均可在自己经济能力范围内享有多样选择，共赏节物风流。

第三，兼容并包。民国是中国社会转换的大变革期，各路人马纷纷登场，泥沙俱下，清浊杂陈，而北京就是展现时代之变的中心舞台之一。迁台文人岁时记忆对民国北京风气思潮的变化有清晰的反映，其典型场景就是茶座。旗人素习在茶馆中交际，自晚清至民国，茶馆作为公共交往空间的功能延续了下来。中山公园夏季在松柏下阴凉处设有露天茶座，这些茶座对应着不同群体。春明馆是旧京遗老谈古论今、吟赏烟霞的聚会地；柏

---

① 邓云乡：《沧桑而后》，载《文化古城旧事》，中华书局 2004 年版，第 418～437 页。

② 梁实秋：《酸梅汤与糖葫芦》，载《雅舍谈吃全集》，天津人民出版社 2018 年版，第 39 页。

③ 梁实秋：《北平的零食小贩》，载《雅舍谈吃全集》，天津人民出版社 2018 年版，第 139 页。

斯馨旁边就是北京最早开设的旱冰场，自然成为追逐潮流的青年男女谈情说爱之所；来今雨轩是投机政客的聚会之所；长美轩是家庭聚餐的地方。无论是旧式人物还是时代尖端，无论是皓首老者还是潮流青年，无论是男性还是女性，无论是政要议事还是携家带口，都能在中山公园西街的藤桌藤椅处找到自己的位置。夏天的茶座成为民国北京城高度包容性的一个缩影，怀有不同理念的群体在这里被接纳，各行其是，并行不悖。

（二）迁台文人岁时记忆的象征性

本文以夏季短短两个月为例展示出迁台文人岁时图景的基本特征，在一定程度上反映了民国北京社会的实际情况。但我们更应当关注的是，这些关于岁时的回忆本质上是一种经过迁台文人群体筛选、剪裁和重新整合形成的集体记忆，集体记忆之所以发生，重要的并不是客观记录历史，而是承载群体的情绪和心态，引发群体回顾与共鸣。阿斯曼认为交往记忆对应日常生活，文化记忆的重要表现是节日庆典活动。"两种形式的集体记忆之间的根本性差异，在时间层面上表现为节日与日常生活的根本性差异……"[①] 如果将这种区别延伸到迁台文人的岁时记忆，则可发现岁时在迁台文人集体记忆系统中居于十分核心的位置，成为附着了大量日常记忆碎片的象征物。

岁时擦亮了记忆中自然平淡的日常生活，出于多种原因，一些印象凭借岁时的框架得到凸显。首先，这批迁台文人的北京岁时文献显示出强烈的季节意识，每一位写作者都反复强调北京以节令为指引，四季变换分明，每到换季的时候，行动者衣食住行无不随之更易，这种与自然气候同频共振的人文现象被概括为一个地方语汇"应时当令"。[②] 第二，同样在岁时记忆中得到着力体现的还有老北京人情和美。这幅岁时画卷中很少展现冲突

---

① ［德］扬·阿斯曼：《文化记忆：早期高级文化中的文字、回忆和政治身份》，金寿福、黄晓晨译，北京大学出版社 2015 年版，第 50 页。

② 郭立诚阐述："北平人过日子，向来讲究事事要'靠盘儿'，什么时候该吃什么穿什么，都有一定的规矩，再配合着北方四季分明的天气，自然形成一套'老谱儿'，有钱的人家尤其讲究'应时当令'。"郭立诚：《北平的冷饮》，载《故都忆往》，台湾学生书局 1975 年版，第 24 页。

对立，男女老少都各安其分，宽容礼让，谦和守拙。① 第三，萦绕着老北京岁时记忆的是丰富、细腻、日常的感官活动。当前学界主要观察到民国新兴的官方节日自上而下逐步楔入传统节日系统，而迁台文人的回忆则提供了行动主体的角度。在局内人视角下，以三大节为主、普通节气节日为辅的传统岁时节日体系仍然稳定地在日常生活中发挥作用，官方节日在民间生活中的影响不大。这种稳定性主要就体现在传统节日容纳了大量饮食游乐等感官活动，已经构成民国北京人日常生活的一部分。相应地，口腹声色也在迁台文人群体的岁时记忆中留下了深刻的印记。

以上种种印象，与其说等同于历史，毋宁说是被记忆处理过的一种集体感受。这种感受声势浩大，必须凝结在一些象征物上才能得到充分表达，岁时就是这样的象征物。在对岁时的饮食游乐进行巨细靡遗、声色齐备的反复展示时，迁台文人试图寄托和调动起来的是对民国北京的整体性想象。既然我们将之称为"想象"或者"记忆"，那么就不等于对过去全盘保留。诺拉指出，"记忆和历史远不是同义语，我们应注意到，一切都让它们处于对立状态。记忆是鲜活的，总有现实的群体来承载记忆，正因为如此，它始终处于演变之中，服从记忆和遗忘的辩证法则……"②

因此，迁台文人的老北京记忆不仅仅是深藏在心中的眷恋，更是与现实世界互动、回应自身所处社会环境的产物。宝岛台湾是热带和亚热带季风气候，终年温暖潮湿。此外，台湾的地理、风物与人情和大陆大为不同。对很多人来说，迁居台湾本属无奈，再加上生活的种种不适应，心中难免郁郁。加之 20 世纪 60—90 年代，台湾开始经济转型，建立起现代工业体系，社会风气随之向快节奏、高效率、少人情转变。夏元瑜认为，台湾地狭人稠，竞争激烈，人们忙于"挤"，对旧有文化不屑一顾，对新文化也没有功夫接受。③ 个人生活和社会交往方式的双重不适感，促使迁台文人

---

① 齐如山曾说："北平这个城中，优良的风俗确是很多，第一是纯朴，虽然做了七八百年的都城，但浮华的风气总很少……绝无机巧奸诈、斗心眼、坑陷人之事情。就是商家，也多是规规矩矩地做生意，绝没有投机倒把、买空卖空等等的情形。真可以说是融融和和，承平世界。"齐如山：《前言》，载梁燕主编《齐如山谈老北京文化》，开明出版社 2021 年版，第 276 页。

② ［法］皮埃尔·诺拉主编：《记忆之场：法国国民意识的文化社会史》，黄艳红等译，南京大学出版社 2020 年版，第 5 页。

③ 王学泰：《老北京的幽默》，载《往来成古今》，中国青年出版社 2011 年版，第 164 页。

群体将情绪、观念和价值寄托到一个蕴含记忆且富含意义的场景中，亦即20世纪20—40年代的北京城。正如夏元瑜以老北京温良恭俭让的教养评论台湾世态、建议处世之道，在迁台文人群体记忆中，北京处处成为台湾的反面镜像：北京不会像台湾一样终年炎热，而是四季分明的；不是人人追名逐利，而是重情守礼的；不是快速崛起的新兴城市，而是底蕴深厚的文化古城。北京被建构成寄托了群体感受的神圣之地，人们试图通过展演岁时北京人情风物，打造一个城市生活模板，表达一种规范性和定型性的力量。讲述老北京如何生活，如何过节气，如何待人接物，能够为理解和阐释当时飞速发展、快速变化的台湾社会提供某种依据。如果说在迁台文人记忆中岁时节日象征着民国北京城，那么民国北京城就是他们为应对滚滚而来的现代性而建构起来的安全屏障与对话媒介。

做"新中国的小主人"

——抗战时期陕甘宁边区的儿童节

洪艺华 *

摘　要

少年儿童作为国家的未来和希望,长期以来都是一个备受关注的群体。20世纪30年代,国民政府通过设立儿童节的方式呼吁人们重视少年儿童,保障少年儿童的权益,一时间使得这一群体得到较多关注。与此同时,中国共产党领导下的陕甘宁边区政府对儿童工作高度重视,举办各类儿童节纪念活动,对少年儿童群体进行宣传报道,并将少年儿童作为保障陕甘宁边区发展的生力军,让其在日常生活的各项工作中广泛参与并贡献力量,以"小主人"的身份对少年儿童进行思想和实践层面的双重革新,重新塑造少年儿童的形象,使少年儿童更好地成长为新一代的革命者和建设者,从而实现"新中国的小主人"的目标愿景。

关键词

陕甘宁边区　儿童节　儿童工作　少年儿童

---

* 洪艺华,陕西师范大学音乐学院硕士研究生。

　　中国共产党在长期发展过程中对少年儿童①发展及相关事业方面投入了大量的关注，对于儿童问题的认识体现出中国共产党对儿童工作的高度重视，以及对少年儿童群体成长为"新中国的小主人"的殷切期盼。儿童工作作为中国共产党日常工作的重要组成部分，在此基础上重点聚焦于儿童节这一具有特殊意义的纪念活动并持之以恒地推进，在笔者看来，这体现出中国共产党对儿童工作的高度重视，以及对少年儿童群体的殷切期盼，更表现出中国共产党对儿童问题的高阶认知。

　　本文之所以将陕甘宁边区作为研究对象的具体地域，是由于陕甘宁边区作为抗战时期中共中央所在地，在中国共产党各项政策的执行实施过程中具有典型性。笔者结合抗战时期陕甘宁边区政府的相关文件及《红色中华》《新中华报》《解放日报》等主流报刊的报道，对陕甘宁边区儿童工作的基本情况，以及在此基础上开展的儿童节进行分析，可以更好地认识在中国共产党领导下的陕甘宁边区政府对少年儿童群体革新与形塑的过程。

　　目前，学界关于抗战时期陕甘宁边区少年儿童的研究多集中在保育工作②，而以陕甘宁边区儿童节为主题的研究则相对较少，且基本停留在史实介绍层面。此外，围绕国统区"四四"儿童节的研究也有部分成果。③

---

　　① 抗战时期少年儿童具体的年龄划分没有统一表述，对此笔者结合多份历史文献进行梳理。1939 年 7 月 1 日，国民政府行政院第一次颁布的《抗战损失查报须知》所附表式二《县市人口汇报表》的"说明"中便将儿童定义为 16 岁以下。（转引自卞修跃：《抗日战争时期中国人口损失问题研究（1937—1945）》，华龄出版社 2012 年版，第 433 页。）1940 年，《晋西北抗日儿童团组织简章》中规定，"7 岁以上 13 岁以下儿童，愿意参加儿童团的都可以成为儿童团员"。（共青团中央青运史工作指导委员会等编：《中国青年运动历史资料》（第 15 集），中国青年出版社 2002 年版，第 34 页。）而 1941 年中共中央青年工作委员会《关于调查研究工作的通知及县、乡调查提纲》中也提到要对儿童团的基本情况进行调查，其中就指出少年儿童的年龄为 7 至 14 岁。（共青团中央青运史工作指导委员会等编：《中国青年运动历史资料》（第 15 集），中国青年出版社 2002 年版，第 706 页。）借助以上文献对少年儿童的论述，笔者将本文所讨论的少年儿童年龄范围确定为 7 岁至 16 岁。

　　② 如于美丽：《抗战时期陕甘宁边区的儿童保育工作：以保育机构为中心》，中共中央党校 2014 年硕士学位论文；吕芳：《陕甘宁边区幼儿保教研究——"红色摇篮"的历史记忆》，陕西师范大学 2018 年硕士学位论文等。

　　③ 如冉思尧：《陕甘宁边区的"四四"儿童节》，《文史月刊》2013 年第 3 期；孙霞：《国家·社会·儿童：南京国民政府四四儿童节述评》，华中师范大学 2012 年硕士学位论文；李军全：《节日与教育：中共儿童节纪念述论（1937—1949）》，《福建论坛（人文社会科学版）》2016 年第 1 期；吕志茹、王龙腾：《抗战前〈申报〉对"四四"儿童节报道述评》，《河北大学学报（哲学社会科学版）》2016 年第 1 期；杨焕鹏：《革命动员视野下中共的"四四"儿童节研究——以山东根据地为主的考察》，《党史研究与教学》2017 年第 2 期等。这些文章都对"四四"儿童节问题进行了讨论，对本文的研究具有借鉴意义。

基于此，笔者以抗战时期陕甘宁边区的儿童节为中心开展研究，进而对抗战时期中国共产党领导下的儿童工作有一个更为深入的认识，从而展现出陕甘宁边区少年儿童更为真实的生活面貌。

一、历练中成长：陕甘宁边区的儿童工作

20 世纪 20 年代国际上掀起一股重视儿童的热潮，各国日益注重对儿童权益的保障，儿童地位也日渐得到提高。1925 年 8 月，在日内瓦举行了第一次"儿童幸福国家大会"，会议通过了《日内瓦保障儿童宣言》。该宣言提出"须研究各种必要的方法，使儿童的身心上的都正规的发展。儿童之冻饿者须给以衣食，疾病者须加以看护，劣儿童应予以辅导，不良儿童应予以感化，至于孤儿弃儿应设法予以救护。凡遇危险的时候，儿童应最先予以救护。须设法使儿童获得谋生之必要能力，并须庇护一切被虐待的儿童。须教育儿童，使其以全部能力，为人类幸福做贡献"[①]。国内的儿童工作受此影响，推行了一系列相关措施。

国民政府自 1931 年 4 月 4 日起开始举办"四四"儿童节，还曾在1935 至 1936 年举办儿童年，对少年儿童群体给予充分重视。中国共产党方面也认识到了儿童工作的重要性并制定实行相应的措施。1938 年 7 月 4日在延安举行的抗战一周年暨中国共产党成立 17 周年纪念大会上，正式宣布成立战时儿童保育会陕甘宁边区分会（简称保育分会）。[②]同年 10 月，陕甘宁边区战时儿童保育院成立，第二保育院于 1945 年成立。保育院得到了中共中央的特别重视。此外，在制度等各方面保障措施中都对儿童有所关照。1941 年发布了《陕甘宁边区政府关于保育儿童的决定》，其中就保障妇女及少年儿童的生活提出诸多具体措施，对如何优待产妇、保育婴儿、设立托儿所、保姆问题、费用保障等问题做出了细致的规定。[③]

---

① 《日内瓦儿童权利宣言》，《儿童教育》1930 年第 5 期。

② 《陕甘宁边区设立战时儿童保育分会》，载陕甘宁三省区妇联编《陕甘宁边区妇女运动大事记述》，内部资料，1987 年，第 23 页。

③ 《陕甘宁边区政府关于保育儿童的决定》，载《红色档案——延安时期文献档案汇编》编委会编《陕甘宁边区政府文件选编》（第三卷），陕西人民出版社 2013 年版，第 33～36 页。

在日常生活和学习中，因为将少年儿童视为边区革命事业建设的重要力量，而儿童工作作为使儿童"时刻准备着"补充到革命队伍中去的"事业"，所以通过"从文化、思想、政治、组织、工作、劳动等斗争中加强对儿童的教育锻炼"无疑也是抗战时期中共对少年儿童工作安排的基本方略。[①] 在此基础上，陕甘宁边区针对少年儿童工作提出要倡导一种"教学与训导"相结合的方式。如在边区政府管理之下的各小学，"教育厅除原则的指导外，在具体运用与实施上，概由各校灵活的发挥创造，一般的教学方式；启发，参观，实习，实验，讨论，漫谈，互助，竞赛，在学校可能条件下，均可活用。至于训导原则是民主集中制，倡导学生自治，组织学生会（初小为儿童团），训练学生对民主集中制的正确运用，使儿童在实际活动中，自己管理自己，自觉的遵守纪律，严格取缔了有害儿童心身发展旧教育的体罚制度"[②]。通过这样的方式，让少年儿童将自身的学习与革命事业的伟大目标结合起来，也是在此种环境下，少年儿童在保卫陕甘宁边区、建设陕甘宁边区的过程中不断成长。正如少先队队歌中所描述的，"我们是抗日的好男儿，拿起锄头去生产，扛起刀枪保家园。学政治，学军事，文武本领要双全"[③]。这生动地反映出陕甘宁边区少年儿童在各个方面能力的提升，以及各项事务中的参与积极性。

（一）知识能力和价值观念的养成

早在 1938 年 8 月，陕甘宁边区教育厅颁布的《陕甘宁边区小学法》便提到，"边区小学应依照边区国防教育宗旨及实施原则，以发展儿童的身心，培养他们的民族意识，革命精神及抗战建国所需要的基本知识技能"[④]。1939 年陕甘宁边区政府确立了"以适合抗战需要，实现三民主义，

---

① 《纪念四四儿童节（社论）》，《新华日报（华北版）》1941 年 4 月 3 日。转引自吴媛媛：《红星照耀童年——1927—1949 中国共产党领导下的儿童运动研究》，南京师范大学 2014 年博士学位论文，第 90 页。

② 《陕甘宁边区国民教育概况》，载《红色档案——延安时期文献档案汇编》编委会编《陕甘宁边区政府文件选编》（第八卷），陕西人民出版社 2013 年版，第 489 页。

③ 《陕甘宁边区少先队队员歌》，载中国延安鲁艺校友会编著《延安鲁艺师生歌曲集·抗战篇》（下），中国社会出版社 2019 年版，第 438～439 页。

④ 陕西师范大学教育研究所编：《陕甘宁边区教育资料·小学教育部分（上册）》，教育科学出版社 1981 年版，第 11 页。

争取民族之独立自由，启发儿童爱国思想与发扬民族精神，养成儿童独立精神为主"①的教育工作目标。体现在学校教育层面，则制订了一些层次分明的具体教育方案。比如在少年儿童当中根据年龄、自身知识储备等情况，对少年儿童进行分班教育。不同班级采用不同的课程和课时安排，如对年龄较小的婴幼儿教他们走路、说话等，并格外注意感官功能的训练。少年儿童则开设音乐、故事和儿歌、游戏、谈话、（社会和自然）工作、静息、识字、识数等课程。而对文化程度较高的少年儿童开设有国语、算术、常识、音乐、劳作、美术、体育等课程。②这些课程有一个较为显著的特点，即将学校教育中教授的知识能力与少年儿童的个人成长相结合，为个人今后的发展提供更多理论知识素养。同时，为了应对当时的形势发展，在学校教育过程中也加强了抗战政治的教育，使少年儿童对抗战形势及当前工作有一定程度的了解。总体来讲，这些课程的设立，一方面是为了更好地促进少年儿童的全面发展；另一方面，也与抗战时期中国共产党的战略方针有着密切联系，更为明确地培养出陕甘宁边区建设所需要的人才。

这一时期陕甘宁边区的小学数量以及小学就读人数的数据资料表明：1938 年春季有小学 705 所，在校学生 13799 人；秋季有学校 733 所，在校学生 15438 人。1939 年春季有学校 890 所，在校学生 20401 人；秋季有学校 883 所，在校学生 23089 人。1940 年春季有学校 1341 所，在校学生41458 人；秋季有学校 1341 所，在校学生 43625 人。③三年间，学校数量和在校生人数均有较大程度的增长，反映了陕甘宁边区政府在少年儿童学校教育方面做出的努力。在边区识字运动过程中开展的"小先生教学制"，让陕甘宁边区的少年儿童利用自身学到的知识，帮助身边的群众学习汉字，使文化真正在日常生活学习中被群众重视，进而更好地推动识字教育。

学校教育是培养、塑造少年儿童行为和思想的重要组成部分。通过学

---

① 《陕甘宁边区儿童保育分会第一战时保育院概况》，《新中华报》1939 年 3 月 10 日。
② 《陕甘宁边区儿童保育分会第一战时保育院概况》，《新中华报》1939 年 3 月 10 日。
③ 刘宪曾、刘端棻主编：《陕甘宁边区教育史》，陕西人民出版社 1994 年版，第 266 页。转引自赵娜：《陕甘宁边区普及小学义务教育的政策及其实施研究》，陕西师范大学 2012 年硕士学位论文。

校教育提升少年儿童在日常生活、学习等方面的理论素养，培养其形成正确的价值观念，后又积极鼓励少年儿童学以致用，真正完成了对少年儿童知识能力的传授和价值观念的养成工作。

（二）军事素养和战斗技能的训练

少年儿童作为战时队伍的后备力量和生力军，军事素养和战斗技能的训练是其日常学习生活的重要部分。陕甘宁边区的学校教育在这方面制订了特别措施。"我们的小学校也应该配合着抗战动员，适应着战时的环境和需要，更具体更紧张的把应教的课、应做的工作推动起来，这样才能和群众的抗战运动与儿童的战时活动取得密切的联系，使国防教育在任何环境下可以继续发展，不至受丝毫的妨碍。"[1]并且从"学校军事化""课程重心的转移"等几个方面作出具体安排。因而在实践中，讲求日常学习的军事化培养。"第一，要行动军事化。就是在上课时不一定采取课室形式，可以在山野中随时随地上课。学生的文具用品经常随身携带，一遇警变立即移动；教员授课不要黑板，以石板代替，所有日用教具由教员自己携带。所谓露天学校，这种办法虽很简单，但最适用于战时环境。第二，要锻炼爬山野战。就是每天爬山一次，学习山战的简单办法，使学生在某种环境下，可以配合游击队行动。第三，团体纪律。就是要照军队班排的编制来组织学生，在行动上和少先队取得一致，取得联络，养成儿童团体生活的习惯，并能遵守一定的军事纪律，使成为有训练有纪律的儿童组织，教员要负一切指导的责任。第四，要教学劳动化。就是要学会作侦探传消息，做慰劳等的劳动工作，使学生成为战时很有作用的小部队，同时要使学生养成吃苦耐劳的习惯和克服困难的能力。"[2]正是在这样的训练下，一大批少年儿童有实力去参与真正的战斗工作，而且成效明显。如1938年延安县在汇总少先队员的工作时，有500名少先队员积极加入了自卫军[3]，

---

[1]　《陕甘宁边区抗战时期小学应该注意的几个工作的通告》，载教育科学研究所筹备处编《老解放区教育资料选编》，人民教育出版社1959年版，第117页。

[2]　《陕甘宁边区抗战时期小学应该注意的几个工作的通告》，载教育科学研究所筹备处编《老解放区教育资料选编》，人民教育出版社1959年版，第117页。

[3]　舒群编著：《西北特区抗战动员记》，解放出版社1938年版，第3页。

参与日常保卫工作和临时战斗。

将重要信件和情报及时传递给陕甘宁边区政府和部队也是少年儿童日常工作的一项重要任务。他们经常通过放羊、运送农用产品等方式，巧妙伪装，突破敌人的岗哨封锁线，将重要情报传递至在敌占区的中共地下联络站，完成送信、送情报的任务。而且有时还会携带信件和重要情报，翻山越岭，长途行军，送到八路军的前沿阵地去。[①]这些来自儿童团团员获取的宝贵情报，为部队及地方民兵组织进行作战部署、制订相应的作战计划等提供了重要的参考消息。

另外，保卫陕甘宁边区大后方也是少年儿童参与的一项重要工作，一方面协助武装部队进行清剿土匪，另一方面要积极维持后方的治安，进行戒严盘查行人，侦探土匪行动等工作[②]。同时，少年儿童在日常治安管理中也非常认真，侦察能力十分敏锐。他们按时上岗，认真执勤，对没有路条的行人坚决不予通行。他们手持红缨枪，到村口站岗、放哨、查行人。他们检查路条，非常认真，没有通行证或通行证有疑点，绝不放过。这种举动对敌特、汉奸造成很大的威胁。[③]也正是通过这样的日常工作，少年儿童逐渐融入陕甘宁边区社会的治安管理体系，成为社会安全保障的重要一环，且在这一过程中进一步提升了军事素养和战斗技能。

（三）生产活动和宣传工作的参与

日常农事生产技能也是提高少年儿童能力的重要环节。陕甘宁边区在国防教育方针中就明确指出，"国防教育应注意生产劳动，如每周规定一定时间令学生种瓜种菜等，一以增加抗战物力，一以养成儿童青年的劳动习性"[④]。对于儿童来讲，参加这些生产活动，既掌握了生存技能，又为社会创造了生活必需品。

---

① 罗存康：《少年儿童与抗日战争》，团结出版社 2015 年版，第 46 页。
② 李加斌：《抗日战争时期延安少年儿童工作》，载中国人民政治协商会议延安市委员会文史资料研究委员会编《延安文史资料》（第二辑），内部资料，1985 年，第 120～121 页。
③ 李加斌：《抗日战争时期延安少年儿童工作》，载中国人民政治协商会议延安市委员会文史资料研究委员会编《延安文史资料》（第二辑），内部资料，1985 年，第 123 页。
④ 《陕甘宁边区国防教育的实施原则》，载教育科学研究所筹备处《老解放区教育资料选编》，人民教育出版社 1959 年版，第 116 页。

在全国抗日斗争的大背景下，需要让更多群众参与到支持革命，坚决与日寇侵略者作斗争中，宣传工作即成为重中之重，而少年儿童便成为承担这一角色的主力。"儿童可以担任许多宣传工作，如分发传单，组织歌咏队，在家里向他们的父母宣传，在村里向他们的四邻宣传。教育方面，我们在战时要实行小先生训，如去冬边区教育厅的四项要求——会认，会用，会写五百个字，了解抗日救国十大纲领及抗战形势，这项工作，能力强的儿童可以担负起来的。"[1] 也正是在这样的情况，陕甘宁边区的少年儿童在青救会的领导和帮助下，建立了儿童剧团、歌咏队、舞蹈队等组织，利用唱歌、演剧、舞蹈、集会演讲、分发传单等多样宣传方式向边区群众讲解中国共产党的抗日方针，宣扬八路军、新四军奋勇抗敌的战斗英雄事迹，揭露日本侵略者的残酷暴行，将抗日救亡的理念广泛在群众中推广。在日常的学习教育中陕甘宁边区政府也致力于对少年儿童宣传方面能力的培养，"小学应积极参加每个抗战动员工作的布置（如目前的反托匪除奸工作及战时的春耕动员），特别是战争形势的报告，小学应负很大责任，利用早晚农民休息时间去报告（如读报等），必须使学校周围的村庄，都了解目前抗战形势"[2]。

除对群众宣传外，少年儿童往往也参与鼓舞军队抗战士气的拥军工作。正如他们自己所言，"大八路保卫咱小八路，小八路理应来犒劳大八路"。一方面，少年儿童组成的儿童团等演出队伍，经常前往部队，通过演出活动的形式，拉近军民之间的关系，为八路军战士带来欢声笑语。另一方面，儿童团的孩子们，还会主动去帮助部队战士的家属完成一些生产生活劳动，让他们感受到边区政府的关怀。

陕甘宁边区的少年儿童全方位地深入了边区的日常管理和社会生活的方方面面。当时，一些在陕甘宁边区流行的儿童歌谣还生动地记录了这些情景。如《勇敢的小娃娃》就将少年儿童游戏活动情况与救亡爱国相结合："小娃娃，小娃娃，大家拉起手来做套小戏法！小娃娃，小娃娃，大家拉起手来做套小戏法！谁是勇敢的小娃娃，是我啦是我啦！让我来问你们几

---

① 齐语：《起来，边区的儿童们》，《新中华报》1938 年 3 月 30 日。

② 《陕甘宁边区抗战时期小学应该注意的几个工作的通告》，载教育科学研究所筹备处编《老解放区教育资料选编》，人民教育出版社 1959 年版，第 118 页。

句话！你问吧你问吧！强盗来打不打？打打打，打打打，一个不够有大家，对！一个不够有大家！好！我们都是勇敢的小娃娃，大家联合起来，救国家，救国家！好！我们都是勇敢的小娃娃，大家联合起来，救国家，救国家！"[1] 又如《边区儿童团歌》中记述了少年儿童参与边区事务的内容："我们生活在边区，爱边区好像爱自己，岗位放哨捉拿汉奸，嘿嘿！巩固我们的模范抗日根据地。儿童团是我们的学校，我们团结起来工作呵，学习呵！"[2] 这些歌谣一方面体现了边区少年儿童在边区社会中参与各项事务，并为当时的群众所认可；另一方面可以从侧面看出少年儿童在当时边区社会所起的作用。

由此可以看出，陕甘宁边区的儿童工作已然形成了一套行之有效、较为完善的体系。首先，最重要的是中国共产党对陕甘宁边区少年儿童的正确、引导，在日常的政治教育学习和宣传动员相结合的情况下，充分调动了少年儿童参与革命事业的热情，使得陕甘宁边区的少年儿童正确、积极地投身于边区的建设事业，并且其展现出纪律严明、训练有素的形象，也是中国共产党领导下的陕甘宁边区社会风貌的真实体现。其次，富有朝气的少年儿童也展现了边区的蓬勃生命力，在日常生活的工作实践中，少年儿童得到了充分的历练和成长。最后，在具体的实践行动中，少年儿童也展现出边区小主人的责任和担当，为未来真正成为"新中国的小主人"打下了良好的基础。

二、汇聚欢声：陕甘宁边区的儿童节

中国共产党领导下的陕甘宁边区儿童工作稳步前行。1942 年，访问延安的记者赵超构曾记录了其所观察的陕甘宁边区儿童生活状况，可以从一个侧面窥见当时儿童工作已初见成效。他记述道，"保育院幼稚部所在的地方叫作儿童沟。那真是儿童之沟，两岁至六岁的小孩，像牛羊一样，散

---

① 《勇敢的小娃娃》，载中国延安鲁艺校友会编《延安鲁艺师生歌曲集·抗战篇》（上），中国社会出版社 2019 年版，第 154 页。

② 《边区儿童团歌》，载中国延安鲁艺校友会编《延安鲁艺师生歌曲集·抗战篇》（上），中国社会出版社 2019 年版，第 95 页。

放在空气和阳光下面嬉戏。这些儿童，多是活泼肥壮，逗人欢喜。延安人的生活虽然那么节约，对于儿童生活似乎并不吝啬：成人的衣服是土里土气的，这些小孩子的衣服样式却是十分摩登，穿得个个都像洋娃娃"①。同时，孩子们的伙食也比较丰富，"每个孩子每月可吃到鸡1只、肉2斤、油1斤、蛋30个、小菜2斤、枣子2斤、饼干1斤、青菜30斤、大米1斤、麦20斤"②。这些都反映了陕甘宁边区政府对少年儿童群体的高度重视。

正是如此，少年儿童工作的成绩便需要通过一个有效途径全方位地呈现出来，并同时将生活在陕甘宁边区的少年儿童焕然一新的精神面貌进行展现，如通过集会活动、宣讲展演等形式。而在传统中国文化中，与集会密切关联着的便是各类节日的庆典。有学者指出，"节日之所以对民众意义非凡，还在于它发展出一套与文化、传说、神话、仪式活动乃至食物等相关的信仰和生活体系，使参与其中的人在感到身心满足的同时，也获得了某种认同感和归属感，这也成为千百年来，节日被民众所遵循、传承的重要原因"③。中国共产党领导下的陕甘宁边区在儿童工作日渐常态化的同时，通过一些宣传途径来展示陕甘宁边区儿童教育工作的成效，其中儿童节纪念活动便是一个极好的途径。

（一）"四四"儿童节

1931年，上海中华慈幼协会以"唤起社会同情、造成强有力之慈幼舆论"为由，向上海市政府提议设置儿童节，以此来凸显对于国家未来的新主人——少年儿童的重视。同时，因为儿童节"名曰'四四'与古时'三三''五五''七七''九九'与今之'十十'国庆日各节、名称相辉映、而不冲突、又在春时、南北气候、均当和暖、且与植树节相近、正合国家树木树人之大计"④这两方面的原因，所以选择了四月四日作为儿童节。上海中华慈幼协会以坚持为少年儿童谋福利和幸福为协会的工作宗旨，又

① 赵超构：《延安一月》，上海书店1992年版，第175页。
② 赵超构：《延安一月》，上海书店1992年版，第176页。
③ 韩晓莉：《革命与节日：华北根据地节日文化生活（1937～1949）》，社会科学文献出版社2019年版，第1页。
④ 《慈幼会定"四四"为儿童节》，《申报》1931年3月7日。

由蒋介石担任上海中华慈幼协会的名誉会长，孔祥熙担任理事长并负责管理工作。正是在这样的情况下，该协会提倡设立儿童节得到了广泛的认可，随后各地都组织开展了相应的纪念活动。

在精神层面给予儿童的鼓励以及对儿童群体的重视，是举办儿童节及其相关活动最重要的目的。如在1932年儿童节的致辞中就强调："儿童是未来社会的主人，儿童的前途即是社会的前途，人类的前途。我们应该发扬儿童们的生命力，使其成为新时代的创造者，绝不容加以桎梏，使其成为旧时代的承继者。……我们在今日切盼政府不止于颁布儿童节，而更进一步的为儿童谋健康与教育上种种幸福之增进。发扬儿童的生命力，养成未来时代健全的主人。"[1]再如1933年的儿童节致辞中又提出了"拯救儿童"的口号，强调国内的儿童目前生存现状差异巨大，一部分儿童生活安稳，而还有一部分儿童则处在饥寒交迫的流浪状态，生活艰难。以至于致辞中痛心疾首地呼吁："儿童是国家的基础，是民族的生命。儿童的毁灭，即无异于民族的毁灭。我们能够对儿童忽视吗？我们能坐视其毁灭吗？"[2]足见在某种意义上儿童节更像是一个发声的渠道，从儿童的视角出发来唤醒全民族抗战意识的觉醒。

（二）共产主义儿童节

对于中国共产党而言，关于儿童节的纪念活动，早在苏区时期就已经开始。不过当时中国共产党所纪念的不是"四四"儿童节，而是4月1日的共产主义儿童节。如1933年4月1日，苏区举行了盛大的纪念活动。纪念活动期间进行了儿童团大检阅，这一检阅活动也有着深层次的意义，即纪念军事反"围剿"行动的胜利。"这一盛大检阅的举行是正在我们百战百胜，英勇无敌的红军得到空前大胜利。开始全部粉碎敌人大举进攻与四次围剿的时候，具有着极伟大的意义。"[3]这些纪念活动饱含着鲜明的战斗性，激发人们奋勇战斗的信心和意志。因此活动报道中还提到，"中

---

[1] 《第一届儿童节献辞》，《申报》1932年4月4日。

[2] 《儿童节献词》，《申报》1933年4月4日。

[3] 爱萍：《"时刻的准备着！"——关于儿童团第一次大检阅的通信》，《红色中华》1933年4月8日。

国共产党须用一切力量去保证无产阶级在国民党中国为群众反帝运动中的领导权。为这一目的，中国共产党必须更进一步的发展与加强苏维埃运动，巩固与加强苏维埃红军。把苏维埃运动与国民党统治下群众反帝斗争联系起来"①。在这样的情况下，中国共产党所纪念的儿童节是一种自身政党意识形态体系中的儿童节，并且在其认识中不再强调少年儿童是弱小、需要保护的对象，而是将少年儿童群体作为反帝运动的重要力量，给予少年儿童更多责任担当，呼吁少年儿童积极投身革命战斗，了解当时的国情形势以及清晰认识自身在反帝运动中的地位。诸如此类的儿童节纪念活动，其本质来讲是一种政党话语的宣传。

抗日战争全面爆发后，国共两党开始了二次合作，中国共产党在这样的背景下放弃了对原有儿童节的纪念，开始弱化自身政治体系中的节日，转而选择与全国各地相一致，公开纪念"四四"儿童节。同时，中国共产党也对新时期如何关心少年儿童群体以及如何开展儿童工作有了新的认识。1940 年刊发的《纪念儿童节和儿童工作的新任务》对其进行了细致说明：

> 首先，我们要把已有的儿童团体扩大和普遍，加强其组织，促进其独立活动，使它们能够积极地参加抗战动员工作。在实际工作中，将会锻炼出千百万优秀的幼年战士。为了使儿童团体广泛发展，为了使儿童工作迅速展开，应当注重培养大批儿童工作干部，使他们成为这新的革命一代的有力骨干。

> 其次，要求政府和各界人士扩大抢救难童和保育儿童的工作，并把这工作深入到战区，沦陷区及一切乡村角落去。全国保育会应更加强自己的工作，使它成为一切颠沛失所的儿童的温暖怀抱。

> 最后，全国男女同胞应有一坚决转变。过去对儿童工作的冷淡漠视态度应该扫除，某些对儿童打骂压迫的旧习应该根绝。特别是妇女同胞和女共产党员应把保育儿童培养民族革命后代看成自己神圣的职责。儿童教育尤应当注意，加强他们仇恨和反对日寇汉奸，争取民族解放的决心。

---

① 爱萍：《"时刻的准备着！"——关于儿童团第一次大检阅的通信》，《红色中华》1933年 4 月 8 日。

　　每一个儿童都得到了受教育的机会，每一个儿童都解除了旧时代的枷锁。全中国各地都应该以此为模范，发展儿童的抗日思想和天才。①

　　从中不难看出，中国共产党对如何在日常生活中开展儿童工作有着自身的认识，这些无疑都得益于一段时间以来以陕甘宁边区为主导的各革命根据地在儿童工作方面做出的积极探索。从组织建设到干部培养，再到儿童福利的设计，一项项安排中体现出中国共产党对少年儿童的日益重视。中国共产党对少年儿童的关怀，一方面，使少年儿童心中构建起中国共产党的光辉形象，加深了对中国共产党的情感认同；另一方面，少年儿童受到积极引导，成为革命的新生力量。

　　（三）陕甘宁边区的儿童节

　　陕甘宁边区的儿童节并非一蹴而就，其体系真正完善且能发挥带动作用亦是经历了漫长的探索过程。抗战时期的陕甘宁边区在中国共产党领导下，社会治安环境不断稳定，各项保障措施逐渐健全，医疗卫生水平显著提升。尤其是针对少年儿童的保育工作日趋完备，使得少年儿童的成长环境有了极大的改善。为了增强少年儿童的幸福感，并且使少年儿童得到特别重视，中国共产党以儿童节为契机，举办以少年儿童为主体的集会活动，让少年儿童拥有一个意义特殊的欢愉时刻。每年"四四"儿童节临近之际，边区各地纷纷安排专门人员筹备儿童节事宜，举行相应的纪念活动。笔者通过分析多年的报道，将其分为以下两个阶段。

　　1. 发展阶段

　　最初关于儿童节的相关纪念活动以纪念大会为主，辅之以运动会、电影放映等文娱活动。如 1939 年在安塞白家坪举行了儿童节纪念活动，与会的儿童和受邀嘉宾共有数百人。在纪念活动举行时，还举办了儿童运动

---

① 《纪念儿童节和儿童工作的新任务》，《新中华报》1940 年 4 月 2 日。

会，开展了游艺演出活动，场面非常热闹。①1940 年的儿童节纪念活动，除常规的运动会、节目表演之外，还举办了政治测验与座谈会，并且在活动最后进行了电影展映。

从中不难看出，陕甘宁边区在最初举行儿童节纪念活动时，活动整体较为常规，以儿童集会为主。在笔者看来其目的明显是增进儿童之间的情谊，如《新中华报》的报道便提到，"这是边区各地孩子们的大汇合——为过去所没有的，他们彼此以生疏的面孔、却握着最亲切的纯真的孩子的热爱的小手，亲密使他们结合在一起，几百颗小小的心灵被溶化到一个大的团结的怀抱里"②。就基本情况而言，这一阶段的陕甘宁边区儿童节更多的是在强调节日本身对于少年儿童的价值，呼吁对少年儿童这一群体应给予专门的关注。

2. 成熟阶段

1941 年后，中国共产党对儿童节及儿童的重视进入一个新的阶段，动员少年儿童这一群体非常符合中国共产党广泛动员群众的政治宣传策略，所以把儿童节纪念活动作为重要的展示渠道。并且在此基础上，儿童节纪念日趋规范并且形成了一些鲜明的特点。活动组织方面，与早期的儿童节纪念活动较为不同的是，1941 年后陕甘宁边区政府在儿童节进行相关活动时，均会对机关、学校等各级组织作出相应的要求，以达到最佳的宣传效果。活动安排方面，儿童节除了一些常规活动之外，陕甘宁边区政府会根据当时的国内政治环境和形势，安排对应的措施来体现当年度儿童节纪念活动的特色，发布一些指导性质的措施，来整体引导边区政府儿童工作的基本方向。活动内容方面，如"军事训练演习""选举模范勤务员""提倡劳动美德"等都是对中国共产党制定的儿童发展方针的稳步推进，从这一点也看出陕甘宁边区儿童工作得到了稳步有序发展。

1941 年，在筹备第十届儿童节时，筹委会从多方面制订了翔实的措施。"（1）请求边区政府通信各机关，学校，部队，以及其他团体，国营企业商店，于四月四日一天给儿童休假一天，送儿童礼物及饭餐，领导全国儿

---

① 《安塞白家坪儿童节纪念大会》，《新中华报》1939 年 4 月 16 日。
② 叶澜：《四四儿童节纪念大会特写成立了儿童营》，《新中华报》1940 年 4 月 12 日。

童参加儿童大会和儿童晚会；（2）请各公营企业，合作社，商店于四月四日对儿童购买东西一律优待；（3）举行纪念大会，儿童军事演习，体育游戏表演；（4）延安儿童团总团，亦于'四四'正式成立，并发表告全团小朋友书，号召新少年；（5）建议各类学校、部队、工厂，于四月四日赠送儿童礼物，并派人领导儿童参加纪念大会及儿童晚会。"[①] 从中可以看出，陕甘宁边区的儿童节纪念活动在执行力度上的坚决，以政治机关、国营企业、学校、部队、工厂等发挥带头效应来拥护儿童节及其相关活动。纪念活动日趋规范，一些关乎少年儿童切身利益的优待活动也更为实际，甚至还有诸如对儿童自主购买物品的专门优待，这一举动明显是在锻炼少年儿童自主生活能力，为其日后成为"新中国的小主人"做准备。

1942 年的儿童节纪念活动筹备时，同样也确立了一些工作内容，不过除了常规的纪念晚会及运动会之外，本年度的儿童节活动重点在于围绕少年儿童的各类展览活动。如"（2）举行四四展览会，有儿童照片、刊物、剧作等；（3）少年运动大会；（4）群众婴儿健康比赛；（5）选举模范勤务员。又延安少年团准备在儿童节检阅队伍并举行讲演比赛。最后并决定参加蒋夫人在重庆举行的'四四'全国儿童作品展览会"[②]。此外，在 1942 年的儿童节庆祝大会上，还为边区的儿童图书馆、儿童之家等进行了揭幕，还在八路军大礼堂内观看了苏联电影揭幕《马戏团》及边区儿童生活。很明显的是，1942 年的儿童节活动突出对陕甘宁边区少年儿童面貌的展示，不仅有展览会等静物成果，还有诸如演讲比赛、健康比赛等动态的展示，总的来看，该年度儿童节活动在内容和形式上更显得活泼，也正是这样丰富多彩的儿童节纪念活动聚集了近千名少年儿童来参加。[③] 在笔者看来，本年度儿童节纪念活动最大的亮点在于中国共产党在筹备儿童节时逐渐从儿童的视角去开展相关活动，通过展示陕甘宁边区少年儿童的生活状况，来真切反映边区政府优待儿童的基本态度。

到 1943 年，儿童节纪念活动愈发突出保障少年儿童的基本权益，更加强调陕甘宁边区儿童的自主能力。筹备会议对当年的儿童节纪念活动的

---

① 《纪念儿童节筹备会决定五项工作》，《新中华报》1941 年 3 月 30 日。

② 《"四四"儿童节——延市各界筹备纪念》，《解放日报》1942 年 3 月 18 日。

③ 《延市千余小朋友，热烈纪念儿童节》，《解放日报》1942 年 4 月 5 日。

安排是："（1）发动儿童普遍种牛痘；（2）进行儿童生产教育，提倡劳动美德；（3）组织学生劝学；（4）在'四四'召开儿童杂物交换大会及娱乐会。"[①]至1944年，儿童节纪念活动期间，边区儿童还向广大群众展示功课、游戏、劳动等多项技能成果。[②]无论是生产教育、物物交换大会，或是功课、游戏、劳动等技能的展示，其实质是少年儿童自主生活、工作能力的养成，在儿童节纪念活动中对此进行专门强调也是在有意识地培养少年儿童各项技能的养成。这也是儿童节设立的真正意图，不是为了纪念而过节，而是通过节日的庆祝进行引领宣传，培养少年儿童在未来成为"新中国的新主人"的能力。

在儿童节纪念活动持续举办多年后，1946年4月1日，中共中央机关报《解放日报》刊登了一则答读者问，即对"儿童节的历史是怎样的？"这一问题进行了解答。这在笔者看来是对陕甘宁边区长期以来积极筹备举办儿童节的一个很好的诠释。"四月四日为儿童节。原由中华慈幼协会所发起。该会于民国二十年（1931）三月七日是请当时国民党上海市政府转呈国民政府批准，由国民政府筹令教育部设定纪念办法，通令各地施行。该节日的意义，据发起者说是为了鼓舞儿童兴趣，启发儿童爱国爱家属的心理，并唤起社会关注慈幼事业。近几年来，我们解放区也举行儿童节，不过其意义已经和一般的不同，在我国解放区以外的各地，很多儿童贫苦没有依靠，更没有受教育的机会；至于解放区，在民主政府的抚育下，则大多数儿童都已经过着幸福愉快的生活，都有了受教育的机会。其意义不仅在我们把儿童保育工作、儿童教育工作做得更好，还要广泛宣传解放区儿童的生活，要求在全国实行民主，使全国儿童都能像解放区儿童一样过着愉快幸福的生活。"[③]这一回答，一方面总结了陕甘宁边区围绕儿童节活动开展，多年来所做出的各项努力，另一方面也留下一个愿景，即希望全国的少年儿童也能够像陕甘宁边区的少年儿童一样茁壮成长，成为新中国的生力军。

总体而言，陕甘宁边区对儿童节纪念活动的重视，在一定意义上也展

① 《本市筹备纪念儿童节》，《解放日报》1943年3月21日。

② 《延安市机关筹备纪念儿童节》，《解放日报》1944年3月29日。

③ 《儿童节》，《解放日报》1946年4月1日。

现了中国共产党对少年儿童作为"新中国的小主人"的身份认可以，及在培养少年儿童不断成长过程中所付出的努力。

三、新少年的养成：陕甘宁边区的儿童事业

1938 年 6 月，为了帮助少年儿童在艰苦的战争环境中茁壮成长，陕甘宁边区政府创办了《边区儿童》报。毛泽东亲自为创刊号题词："儿童们起来，学习做一个自由解放的中国国民，学习从日本帝国主义压迫下争取自由解放的方法，把自己变成新时代的主人翁。"[①] 其中不难看出中国共产党领导层对少年儿童问题的深刻认识。而抗战时期，陕甘宁边区开展的少年儿童工作以及在其日趋成熟完善时积极举办的儿童节纪念活动，从发展视角而言，便是陕甘宁边区少年儿童事业的基本呈现。在这一过程中，中国共产党对少年儿童寄予了殷切期盼，并且将其作为抗战动员力量的重要组成和构建全民族抗日统一战线的生力军。因而从中探究中国共产党领导下的儿童事业在陕甘宁边区的实践，便可以看到一条清晰的发展脉络。

（一）"新少年"意识的养成

对于中国共产党而言，无论是在陕甘宁边区支持和鼓励儿童参与日常工作事务，还是积极筹备"四四"儿童节各类纪念活动，其最终目的都是对少年儿童给予充分重视，使得少年儿童能够在历练中成长为抗战的中坚力量，有意识地促进其"新少年"意识的养成。如 1941 年儿童节纪念大会的发言，就阐释了少年儿童的使命和担当。"我们是纯洁天真的儿童，我们是革命的后代，我们要努力学习。努力锻炼身体，亲密的团结起来，为争取抗战胜利，建立新民主主义的新中国而斗争，我们共同高呼"[②]。"革命的后代"的身份定位以及为"建立新民主主义的新中国而斗争"的奋斗目标，反映了少年儿童扮演的历史角色，这也对少年儿童提出颇高的要求。而"新少年"意识养成的途径最主要的是解决少年儿童的思想问题，让少

---

① 中央团校少年工作干部训练部编：《论少年儿童和少年儿童工作》，四川少年儿童出版社 1983 年版，第 43 页。

② 《延安纪念第十届中国儿童节告全国小朋友书》，《新中华报》1941 年 4 月 13 日。

年儿童在思想层面彻底进行转变，从而达到真正的解放，并且以"新少年"的身份参与陕甘宁边区的各项建设事务。

（二）"新中国小主人"的培养

除了帮助促进少年儿童"新少年"意识的自觉养成，中国共产党重视儿童节纪念活动以及儿童工作，更为重要的是中国共产党在抗战的总体背景下对少年儿童群体的整体思考。中国共产党对革命事业的前景充满信心，所以在很早就开始考虑培养革命接班人的任务，这是陕甘宁边区高度重视少年儿童的重要原因，而且不满足于让少年儿童能够健康生活，中国共产党方面有意识地培养少年儿童逐步成为"小主人"角色，以便其能够在未来担起革命事业的接力棒。所以中国共产党在整体布局中为儿童创造极大的便利条件。如《解放日报》就刊载文章强调，"我们是不愿想象在新社会里，还是一批身体和我们一般孱弱的主人翁。……儿童保育和儿童教育这两个工作应该进行科学的研究及分配有经验的，有学识的，有能力的干部去领导。同时，为儿童而工作应成为每一个革命者不可卸却的责任，因为我们可以这样说：我们今天的革命工作，就是为着后一代儿童的幸福。特别是希望优秀的医药工作者，文化人，教育家能拿出一部分来为儿童而工作，即使是只医治一两个小孩，只写作一两本儿童读物，只创办一所好的学校，对儿童，也就是对革命，那是贡献了应尽的力量"[1]！其中强调将儿童工作的重要性与革命者的责任相结合，为后代儿童谋幸福，积极培养"小主人"。

而且中国共产党在陕甘宁边区的儿童工作实践中，也将少年儿童放置在一个极高的政治定位。"我们希望每一个同志注意我们的后一代，这是每一个革命者应有的态度，不注意后一代是我们的罪过，一个不注意后一代的社会是快要死亡的社会。"[2] 足见其在中国共产党革命事业中的重要地位。另一方面中国共产党也始终对陕甘宁边区儿童事业的发展充满信心，展现出克服困难的坚定决心。何其芳在为儿童事业积极工作时曾深情地讲

---

[1] 童大林：《纪念儿童节》，《解放日报》1942 年 4 月 4 日。

[2] 柳湜：《注意我们的后一代——纪念四四儿童节》，《解放日报》1943 年 4 月 4 日。

到，"虽说处在各种条件的限制之下，许多问题难于得到很圆满的解决，我们是革命者，我们应该能够使那些原来不存在的出现，弯曲的变直，萌芽的开花"①。这或许是中国共产党在儿童事业实践过程中最真实的写照和认识。

（三）时代的感召：对全国青年朋友的召唤

抗战时期，中国共产党领导下的陕甘宁边区在少年儿童工作以及少年儿童福利保障方面有了明显的成效，使得陕甘宁边区少年儿童的生存发展环境有了较大改善。而且经过多年的持续影响下，陕甘宁边区作为中国共产党抗日斗争的领导中枢对全国都有辐射影响。1947年，国民党情报部门多次反映国统区青年出现私自前往延安等革命根据地的事件。中国共产党在重庆的职业青年社进行活动，"出版《职业青年》刊物，并调查失业及职业青年，着重争取失业者，诱引赴延安受训。该社社长为王贲良，副社长李翼之，经理为冯万一。现正受中共四川省委会之指示，办理'延安大学'重庆招生事宜。王、李二人连日皆至各校联络中共学生，准备在各校挑选左倾青年五十八人，由该社出函介绍并由中共省委会发给旅费，由各生利用自己私人关系选择路线设法赴延云"②。在北平、天津也出现了青年想尽办法前往解放区的事件，"平津一带青年原希望和平迅速到来，能有安定生活可过。不料国民党竟准备长期战争下去，且关闭和平之门，直置华北人民死活于不顾，青年学生激于义愤，纷纷准备向中共区投效，以打击国民党之坏政府"。而且仅仅在暑假期间前往解放区的青年便有五千余人。③借助这些材料，可以通过国统区青年的选择从一个侧面了解到陕甘宁边区为主的抗日革命根据地少年儿童事业的深远影响，中国共产党领导下长达十年的儿童事业对青年的选择实际上起到了宣传、吸引、动员的

---

① 何其芳：《为孩子们工作》，《解放日报》1942年4月4日。

② 《教育部关于中共在渝组织"职业青年社"争取各校青年学生赴延安应依法取缔代电》，载中国第二历史档案馆编《中华民国史档案资料汇编·第五辑·第三编·教育（二）》，江苏古籍出版社2000年版，第167～168页。

③ 《詹明远关于苏联驻天津领事多洛非也夫向驻华大使馆报告平津将有大批青年学生奔赴解放区密报》，载中国第二历史档案馆编《中华民国史档案资料汇编·第五辑·第三编·教育（二）》，江苏古籍出版社2000年版，第168页。

作用。

此外，陕甘宁边区的少年儿童事业对于新中国成立后的少年儿童工作发展起到了奠基和参考作用。青年团中央书记冯文斌在新中国成立后第一次全国少年儿童工作干部大会上的讲话指出，"在最近这个时期内，我们培养教育新的一代的工作是有成绩的。无论在老解放区和新解放的地区，在少年儿童工作上，进行了新知识的教育，推动了小朋友们思想的进步"[①]。在本次大会上，青年团中央少年儿童部部长何礼也指出，"二十多年来，中国少年儿童的组织，在党和团的领导下，曾经积极参加中国人民的新民主主义革命运动，起着一定的配合作用。在大革命时代、土地革命时代、抗日战争中及人民解放战争中，劳动童子团、儿童团、青抗先等少年儿童组织都会担负一定的政治、军事及生产任务，如站岗、放哨、送信、除奸防谍、查禁烟赌、破除迷信及进行宣传活动辅助生产等，协助苏区、抗日根据地及解放区农村的人民，进行对敌斗争和生产斗争，得了广大人民的赞许"[②]。在其工作总结中，不难看出对陕甘宁边区等老革命根据地党领导下少年儿童事业的充分认可，这也是新中国成立后儿童工作进一步开展的重要基石。

总之，中国共产党开展的少年儿童工作和陕甘宁边区举办的儿童节纪念活动，其本质都是中国共产党革命蓝图的重要组成部分，是对革命力量培养及革命宣传方式扩大的积极探索，更是对自身革命实践道路的坚定自信。

结　语

邓颖超曾撰文写道："儿童是民族的幼苗，是民族的延续，是我们下一代的国民。所以，儿童的问题，是一个有关社会和民族的重大问题，应

---

① 冯文斌：《培养教育新的一代——在第一次全国少年儿童工作干部大会上报告的一部分》，载中国少年儿童社编《培养教育新的一代——第一次全国少年儿童工作干部大会文献》，青年出版社1950年版，第1页。

② 何礼：《少年儿童队工作报告》，载中国少年儿童社编《培养教育新的一代——第一次全国少年儿童工作干部大会文献》，青年出版社1950年版，第7页。

节日变迁

95

该得到社会与国家极大的关怀和重视，是需要及时采取一些必要的设施的。"① 这一论述可以说是抗战时期中国共产党积极重视少年儿童原因的高度总结。自抗战时期中国共产党领导下的陕甘宁边区进入稳定发展期后，以少年儿童工作及儿童节纪念活动为主的少年儿童事业便一直是中国共产党的重点工作，倾注了大量心血。并且结合少年儿童日常生活，开展对少年儿童的积极动员策略，培养少年儿童政治人格，强化少年儿童对中国共产党政权的政治认同，达到进一步稳固政权的目标，并在此基础上组织、动员更广泛的群众群体参与到抗战实际行动中来，从而推动真正意义上的全民族抗战局面的实现。

同时，少年儿童参与陕甘宁边区相关工作也具有强烈的时代特征，因此无论是陕甘宁边区的儿童教育、日常生活还是儿童节的各种纪念活动，都被赋予了诸多政治内涵。也正是在这样的成长环境下，一批旧社会出生的少年儿童经历了思想与实践的双重革新，逐步完成了"新少年""小主人"的身份蜕变，最终成长为"新中国的小主人"，成为建设新中国的中坚力量。

---

① 邓颖超：《保护儿童》，载陕西省妇女联合会编《陕甘宁边区妇女运动文献资料（续集）》，内部资料，1985 年，第 345 页。

从民间信仰到节日民俗

——跳岭头的重构与变迁

胡　媛*

摘　要

民间信仰仪式是民众自发形成的一种具有情感寄托、精神崇拜的行为和活动，指向人与神沟通，以获得心灵慰藉。节日民俗强调生活娱乐，关照人在节日活动中的感官体验。跳岭头是广西钦州地区汉族与壮族共创、共享的一项酬神保佑、驱邪除疫、降幅众生、五谷丰登的民间"还愿"仪式活动。随着社会的发展，跳岭头从民间信仰仪式逐渐成为节日民俗活动，体现了"跳岭头娱人→娱神→娱人"的社会发展历程，是跳岭头民间信仰仪式的现代性嬗变。本文从历史、社会、文化、审美的视角，梳理跳岭头从民间信仰仪式到节日民俗的重构与变迁，关注感官快感追求对人生的重要意义，以及当代审美文化对日常生活的消遣。

关键词

跳岭头　民间信仰　节日民俗　审美生活

广西钦州跳岭头是第四批国家级非物质文化遗产代表性项目，曾流传

---

　　* 胡媛，云南大学西南边疆少数民族研究中心在读博士研究生，广西民族文化艺术研究院副研究馆员。

于广西钦州、北海和防城港等地,特别是在钦州灵山、浦北、钦南区等地,有"岭头大过年"的说法。因跳岭头是在村边宽阔地,如在村前古庙堂或为仪式搭建的庙坛前举行的一种村集体还愿活动,也称"跳庙";又因各村屯每年都固定在农历八月至十月内的某一天举行,历代遵循,成为惯例,又称"还年例"。跳岭头活动可分为跳岭头与吃岭头两部分:跳岭头是活动上酬神、娱人的仪式;吃岭头是活动中人情往来的交际。① 随着社会的发展,跳岭头活动中的跳岭头从最初的娱神,发展为以娱人为主的节日表演;吃岭头逐渐盛于跳岭头,跳岭头仪式从娱神演变为娱人,成为节庆盛事。本文将从历史、社会、文化、审美的视角,梳理跳岭头从民间信仰仪式到节日民俗的转变,表现人对感官愉悦追求的重视,以及当代审美文化对日常生活的消遣。

一、跳岭头民间信仰仪式的形成与表征

有关跳岭头的记载最早可追溯到明朝嘉靖《钦州志》(1534)卷一《风俗志》:"八月中秋,假名祭报,妆扮鬼像于岭头跳舞,谓之:'跳岭头'。男女聚观,唱歌问答,因而淫乐,遂假夫妇,父母兄弟,恬不为怪。"② 到清、民国时期普遍见于各地方志,且大同小异。如清乾隆二十九年(1764)《灵山县志》:"九月,分堡延尸公禳灾,名曰'跳岭头'。"③ 清朝道光年间《钦州志》对跳岭头记载:"八月十五日为中秋节……各乡村宰牲祭太仓神于岭岗,延巫者着花衣裙,戴鬼脸壳,击两头鼓,狂歌跳跃于神前,村男妇于坛戏歌,互相唱和,名曰'跳岭头',曰不如此,则年不丰稔。"④ 民国三年(1914)《灵山县志》记载:"七八月,各村多延师巫鬼重于社坛前赛社,谓之'还年例',又谓'跳岭头'。其装演则如黄金四目,执戈扬盾之制,先于社前跳跃以遍,始入室驱邪疫瘴疠,亦古

---

① 民间约定成俗,跳岭头包括跳岭头和吃岭头两部分,但随着社会历史的变迁,有些地方已经没有了跳岭头,只剩吃岭头,如此吃岭头也成为民间的一个节日。——笔者注。具体可参见胡媛:《跳岭头与吃岭头:社会变迁中的民俗演绎》,《钦州学院学报》2019年第6期。

② 〔明〕林希元纂修:《钦州志》,上海古籍书店1961年版,第68～69页。

③ 〔清〕黄元基纂修:《灵山县志》卷六《风俗志》,清乾隆二十九年刻本。

④ 〔清〕杜以宽纂修:《钦州志》卷一《舆地志·风俗》,清道光十八年刻本。

乡傩之遗意也。"①民国三十六年（1947）《钦县县志》在清道光《钦州志》基础上记录："附城跳岭头，农历八月十七夜在太仓岭，十八夜在中圩，十九夜在牛圩复岭头，二十夜在盐埠，其次各圩乡。于八月初一起，至八月底，多有跳岭头之俗。"②据上述史料可知，跳岭头是不断完善和丰富的民间活动，其文化内容和表演秩序具有历时性特征：第一，跳岭头最开始是在中秋举行，随着参与跳岭头的地方越来越多，出现了"农历八月十七夜在太仓岭，十八夜在中圩，十九夜在牛圩复岭头，二十夜在盐埠，其次各圩乡"的状况，时间也从"八月中秋"到"七八月"到"九月"，是为何今天的跳岭头集中于农历八月至十月的历史原因。第二，从最早的明嘉靖时记载"男女聚观，唱歌问答，因而淫乐，遂假夫妇"以及清道光时记载"村男妇于坛戏歌，互相唱和"推测，跳岭头可能生发于壮族地区，后才流传到汉族地区，并且流传到汉族地区后，依附于跳岭头的"对歌"活动消失，最后形成没有对歌的壮汉共享的民俗活动，也构成了跳岭头今天同在壮族、汉族流行的布局。第三，从"假名祭报""分堡延尸公禳灾""延巫者着花衣裙，戴鬼脸壳，击两头鼓，狂歌跳跃于神前""各村多延师巫鬼重于社坛前赛社"看，跳岭头是古代乡傩遗存，并且是从秋天祭祀演变成驱傩与秋社融为一体的祭祀活动。第四，从明清时期的史料记载来看，跳岭头最初是娱神、自娱与娱人三位一体的集体活动，甚至可能还与婚配有一定关系，即男女在跳岭头时对歌，寻求配偶，而非单纯的娱神活动；到民国以后娱神功能突显，即从嘉靖时期秋社的载歌载舞活动，到清乾隆时期发展为尸公（师公）禳灾活动，到清道光时期强调跳岭头与丰收直接相关，跳岭头完成蜕变，以"神"的化身进入人们的生活，成为与人生、生计息息相关的重要祭祀活动。

有关吃岭头的直接史料笔者暂时没发现，但吃岭头有三个特征：（1）菜肴丰富——乡村大宴；（2）来者皆是客——随便吃；（3）福气与客人数量成正比——客多则福多好运多。民国二十四年（1935），《邕宁一览》里记载广西南宁南晓镇一带乡村吃大排活动："……各家则大排筵宴，无论是

① 刘运熙纂修：《灵山县志》卷二十二《风俗志·礼俗》，民国三年刻本。
② 陈德周纂：《钦县县志》卷二《建置志·坛庙》，民国三十六年刻本。

否素识，均可作不速之客，刲鸡宰鸭，不醉勿归。间有流连至数日者，主人无论如何吝啬，此日亦必豪气异常。"①从史料可知，吃大排也有类似吃岭头的特征：第一，"刲鸡宰鸭"看出菜肴丰富，以及当地人对活动的重视；第二，吃饭强调人气，相识与否不重要，即便是不速之客，也"不醉勿归"；第三，活动这天，主家都豪爽大气，客人也畅快豪饮。可见南晓镇的吃大排与吃岭头并无甚差异，但是跳大排与跳岭头却是两种不同的民间信仰仪式，本文不作赘述。笔者在调研中发现，钦州灵山民间有些地方也称"吃岭头"为"吃大排"；此外，广西灵山丰塘镇的炮旗节，活动之后也有类似的"吃宴"。如此的吃文化，一方面体现了当地人的热情好客以及豪爽的乡野生活，也体现了跳大排、跳岭头、炮旗节等民间活动的包容性；另一方面，基于"吃"的包容与惬意，是早前祖先们互助团结、悲悯情怀的人文关怀。然而，吃岭头在当代社会中，以"吃"名义带动的"相聚畅谈、人情往来"更具时代价值和意义。

跳岭头民间信仰仪式通过跳岭头与吃岭头两种形式涵盖了"神乐"与"人乐"，并且仪式本身理性地区分阴阳两界的生存实质：人间肆意交友、把酒言欢、不醉不归；彼岸神灵共聚、各显神通、庇护人间。那么在仪式的过程里，无论是跳岭头还是吃岭头，都潜含了日常生活的属性，为跳岭头从信仰仪式向节日民俗的重构与变迁提供了条件。

二、跳岭头地方性表演隐喻的节日习俗

跳岭头活动现存三种模式：（1）既跳岭头又吃岭头的集体仪式；（2）不跳岭头只吃岭头的节日盛宴；（3）不跳岭头只吃岭头的家庭模式。第一种是跳岭头的传统形式，既有岭头师傅在庙坛前举行的跳岭头祭祀仪式，又有村民大摆宴食招呼四方来客"随便吃"的活动。目前在灵山的灵城、新圩、檀圩、那隆、伯劳、武利等镇，钦北区的黄屋屯、大寺等镇，钦南区的那丽、那蒙、那彭等镇，浦北的北通、福旺等镇，都还保持着"跳"和"吃"的盛况，这是跳岭头的"原状"。第二种是跳岭头在发展过程中，因

---

① 《邕宁一览》，邕宁县政府编印，1935年。

政治、经济、历史或其他原因，致使其变成只有吃岭头活动而没有岭头师傅跳岭头的节日活动。在灵山的旧州镇、太平镇的一些村子及钦南沿海地区有跳岭头习俗的一些村子，如新村、蚝蛎墩等，从第一种模式演变成没有岭头师傅举行还愿仪式，而是在岭头节这一天，全村自行前往庙堂祭拜神灵后，举行盛大的吃岭头活动，即"吃岭头"才是活动的主题。第三种有可能是从第一种直接演变也可能从第二种循序渐进而成。在浦北福旺的一些村子，钦北区的陆屋镇、青塘镇等地保有岭头节，但既不跳岭头也没外人来吃岭头，而是在岭头节这天以家庭为单位进行祭祀、聚餐。第一、二种模式保持着盛大的"吃"传统，第三种模式的"吃"，局限于家人、亲戚等熟人社会。事实上，随着社会的发展，不仅是跳岭头的模式发生了变化，产生了三种模式，且跳岭头的仪式也在悄悄地变化。笔者曾前往钦州灵山、钦南区、浦北等地区进行实地调研，发现不同地区因不同生活习惯、风俗、审美趣味等不同，跳岭头的仪式程序大同小异：灵山跳岭头相对原始和保守，保留着传统一贯的动作程序，变化不大；钦南区跳岭头有些地方加入如头戴竹笠帽的沿海装扮；浦北跳岭头加入戏剧表演成分等。

（一）灵山跳岭头

灵山跳岭头极其活跃，它的仪式较完整地继承了传统跳岭头仪式，动作淳朴、原始，在代代相传中，并没有发生明显变化。笔者在灵山做调研时，跳岭头师傅告知，前人是怎么跳的，传到我们也怎么跳。但我们或许从灵山跳岭头的传承方式可以窥探其不变的原因。灵山跳岭头一直以来都保有两种截然不同的传承方式：第一种是家传，即祖上是做师傅头的，其子孙后代必须传承，父传子，子传子，是理想状态；假如儿子不愿承学，到孙辈一定要学，中间若缺失了这门知识就到其他师傅处学回来。总之，这门知识需有人继承，唯其如此，才能保证家庭吉祥、安康、幸福。第二种是拜师传，没有家传渊源，但"命中注定"要学跳岭头，唯有学了跳岭头才能让家人健康、平安。国家级跳岭头传承人陈基坤即属于拜师的传承方式。笔者在调研时，其爱人讲述了陈基坤学跳岭头的初衷：

家里孩子经常生病，去"问仙"（问女巫解疑），十个有九个仙婆说，唯有让陈基坤学跳岭头，修养身心，才能消灾降福；当他学了之后，孩子健康了，生活顺利了；于是跳岭头成了家里人人信仰和拥护的活动。①

可见，不管是家传还是拜师传，对当地人而言跳岭头是一种与生存、生命攸关的活动，直接关系到个人与家庭的幸福安康。同时，对村落集体而言，跳岭头是村落安稳发展的保障。跳岭头正是以"保护"的隐喻介入了当地人的生活，并以跳岭头仪式的实际活动对"保护"加以生活具象化，使跳岭头变得严肃化、神圣化、生活化。以此推测灵山跳岭头保持较为原始动作程序的原因：第一，跳岭头有自己的路数，一招一式都暗含特定的意旨，在师傅头看来不能随便更改；第二，跳岭头在灵山大多数村镇都很盛行，当地群众积极拥护，全县保守估计有 200 多支岭头队，一队有二三十人，队与队之间可能有师承关系但无高低之分；第三，灵山岭头队主要服务于当地，很多岭头队没有对外业务，受其他地方因素影响不大；第四，岭头队一般是在跳岭头开始的前几天才聚集起来，练习动作，没有多余时间和精力琢磨"改"；第五，群众对跳岭头的程序耳熟能详，不改是对群众欣赏习惯的满足。综合以上五点，跳岭头在灵山是一种常态化的活动，是约定俗成时间里大家认可的传统节日，"变"或"不变"，都不会影响它的举行，于是以不变应万变的方式再现地方文化的传统与坚持，是灵山跳岭头保持"原状"的原因。

（二）钦州南区跳岭头

跳岭头在钦州南区又是另一种景象。钦州南区跳岭头主要集中在那丽、那蒙、大寺、黄屋屯等地。这里处于钦州内陆东部，距离钦州南部沿海地区有一定的距离，但是这些地方的跳岭头却具有沿海地区生活元素，连当地的跳岭头师傅也说不出个所以然。但笔者在调研中发现，沿海元素的增加，恰是跳岭头传播、吸收、融合的表现。钦州南部沿海地区的大番坡、钦州港、犀牛脚镇等一些村庄都一直流传着跳岭头的民俗活动，但是不同于灵山、合浦等地，它们自身没有岭头队，即便有些地方有自己的岭头队，

---

① 访谈对象：陈基坤爱人；访谈人：胡媛；访谈时间：2018 年 10 月 23 日；访谈地点：灵山跳岭头传承基地。

由于跳得不好看，所以渐渐地都变成了外请岭头队来跳的状况。因此，这些地方的岭头队主要来自那丽、那蒙、大寺、黄屋屯等地，并形成了特有的民间公约，即岭头队的邀请几乎都是固定的——每年跳岭头结束后，与岭头队达成来年的口头协议，不出意外，不会更换。因此在这些地方，几十年下来都是请同一个岭头队也是不稀奇的事。相比灵山地区岭头队的自产自销，这里的岭头队很多有固定的对外业务，且可能对外还是主业，毕竟沿路线跳下来，每年至少要对外跳十几场，而在本地因岭头队多，有些岭头队可能一年也就在本村屯跳一场。在跳岭头的"娱人"与"娱神"都极其重要的年代，为了取得更好的业务成效，适当地加入一些具有当地文化生活元素以适应沿海地区群众的欣赏习惯，是件讨喜的事。此外，增加些特色的沿海文化元素，对岭头队村镇的群众甚至是其他岭头队，也是新意，以致在传播中相互模仿，形成交融。当地人不一定知道跳岭头的变化意味着什么，但新颖的视觉冲击带来的愉悦体验，是人们对跳岭头最原始的情感认知，这种审美的愉悦既是艺术的魅力也是民俗功能的显现。

（三）合浦跳岭头

如果说灵山地区跳岭头的盛况很大程度在于群众的拥护，那么相比起来，浦北跳岭头虽也很出名，但随着社会发展，地方群众对跳岭头的态度变化极大。笔者在灵山做调研时，尚未听到有村屯因为筹集不到跳岭头的钱而放弃跳岭头的事情，但这样的现象在浦北一些村子并不少见。原因有如下几点：（1）没有德高望重的人来组织；（2）群众的热情度不高；（3）村庄外出务工的人多，成为留守村。即便如此，当地跳岭头也努力改变自己，吸引群众，获得支持，如吸收玉林福绵区、博白等地跳傀堂的舞（打斗）的动作，增加一些戏份。在这些跳岭头已逐渐衰落的村落，相比重视跳岭头的"信仰"，似乎努力赚取好的生活更"实在"，以致仪式隐退到生活里，得不到显象的关注。然而在跳岭头看似无足轻重的背后，依然隐藏着跳岭头仪式对生活的渗透：这些地方可能岭头不跳了，聚会式的吃岭头也没有了，但以家庭为单位的祭祖、聚餐并没有消失。在这里，跳岭头从集体行为转化为个人、家庭行为，成为日常祭祀习俗。

综上，钦州跳岭头在灵山、钦南区、浦北等地的不同仪式呈现，隐含的是跳岭头仪式本身逐渐从严肃场向表演场转变，并且仪式不仅是可被"隐藏"的，服务的对象从神到人转变——以"人的需求"作出"变"或"不变"的行动。可以说，不管是跳岭头"变"还是"不变"，折射出跳岭头社会功能的现代转变——跳岭头仪式的"娱神"成为手段，"娱人"是最终目的。如此，跳岭头仪式在"娱神"与"娱人"之间转变，是跳岭头从民间信仰仪式转型为节日民俗的内在表现；而通过——吃、唱、跳、演来表演人鬼神故事，如或是太平盛世的丰衣足食，或是请神送神，或是捉妖降魔，或是扮演传奇人物等，营造一个人、鬼、神相通的世界，是民间信仰仪式生活化、艺术化、民俗化的外在表现。

三、从"娱神"到"娱人"：跳岭头仪式与民俗共存的信仰边界

跳岭头旨在酬谢神灵保佑，求驱邪除疫，降福众生，五谷丰登，故也叫"还年例"，是精神、信仰寄托的载体。而隐藏在跳岭头深处的神祇，是跳岭头对人规训的内在约束力，也是支撑其发展的动力。如此，跳岭头作为民间一种带有宗教信仰的活动，是如何在人们生活中建构其信仰体系，使跳岭头不止于"娱神"，还通过"娱神"实现"娱人"（慰藉）的目的？按照弗雷泽对宗教的定义，"是对被认为能够指导和控制自然与人生进程的超人力量的迎合或抚慰"[①]，即"如果宗教所包含的首先是对统治世界的神灵的信仰，其次是要取悦于它们的企图，那么这种宗教显然是认定自然的进程在某种程度上是可塑的或可变的，可以说服或诱使这些控制自然进程的强有力的神灵们，按照我们的利益改变事物发展的趋向"[②]。通俗而言，是通过创造对人有利的条件或环境以完成对生活的逆袭。跳岭头仪式之于人的意义在于：通过举办跳岭头活动，认可跳岭头对人的"庇护"能力；通过跳岭头仪式，打通人与神交流的路径，以一系列的仪式操作后

[①] ［英］詹姆斯·乔治·弗雷泽：《金枝：巫术与宗教之研究》（上），徐育新、汪培基、张泽石译，大众文艺出版社 2009 年版，第 48 页。

[②] ［英］詹姆斯·乔治·弗雷泽：《金枝：巫术与宗教之研究》（上），徐育新、汪培基、张泽石译，大众文艺出版社 2009 年版，第 49 页。

愉悦神灵，获取神的庇护，达到"如我所愿"的境遇改变。

跳岭头的信仰是如何建构的呢？钦州岭头队原本有两大派：一派由茅山教派的道士组成，尊"太上老君"为祖师，队员多受戒（经过入教仪式的正式教徒），印章是"道经师宝"，其击乐鼓点、服饰及舞蹈队形与当地道教（自称）的道场法事舞蹈相似，舞蹈动作较少，宗教色彩较明显；另一派尊"万法教主"为主师，印章是"玉皇帝印"，除师傅头必须是受戒的师傅外，其余队员多为农民群众，只需在节日前由师傅带领排练，熟悉动作后即可表演。[①] 笔者在灵山做跳岭头调研时，岭头师傅说师坛有"文武"之分，跳岭头属于"武编"，尊武坛祖师北极玉虚师相玄天真武大帝；但有些师傅是红白喜事、看相、说风水等都参与的，自称"大道"，尊太上老君。[②] 这是跳岭头的基本结构常识。而当地人对跳岭头的认知，是从仪式显像的表象开始：如受戒的师傅头；基本动作是道教的罡步——"三星罡步""七星罡步"等；表演内容是设坛、开坛、捉妖精、烧纸船等；唱本多为迎神送鬼及神灵故事等。深层上，跳岭头通过表象的俗文俗规，传递出神秘且严肃的色调，使得跳岭头既贴近生活又远离生活，不可捉摸。莫忧在其硕士论文《广西浦北县福旺镇岭头节研究》中提到，浦北跳岭头师傅有一些书是不能拿出来给别人看，而一般人看了这些书可能会造成不好的影响；只有道行达到相应高度才可以看[③]。事实上，"禁忌"是跳岭头普遍存在的话题，如主事师傅要沐浴更衣后才能安主坛师。笔者在灵山做调研时，问到"禁忌"，领队师傅也说有些书只有自己能看，其他人不能看。例如，小唐今年 24 岁，灵山双脚岭镇人，十来岁时因"命中注定"跟着岭头队师傅学习、做事，年纪轻轻却有十几年的跳岭头经历，但由于没戒身，仪式过程中的一些神秘操作不能靠近，有些书籍不能看。即便是戒了身，祖师爷亲手传承的一本，也不能看，因为只有接手师傅头传承的下一个师傅头才能看。跳岭头自身携带的神秘感，营造了让人敬畏的氛围

---

① 中国民族民间舞蹈集成编辑部编：《中国民族民间舞蹈集成·广西卷》（上），中国 ISBN 中心出版 1992 年版，第 365 页。

② 访谈对象：商荣廷，跳岭头民间传承人（家传）；访谈人：胡媛；访谈时间：2018 年 10 月 25 日；访谈地点：灵山县城商荣廷家。

③ 莫忧：《广西浦北县福旺镇岭头节研究》，广西民族大学 2018 年硕士学位论文。

与距离感，同时也塑造了跳岭头的精神信仰——跳岭头不是一项简单的吃喝唱跳表演活动，而是在"唱跳演"的隐喻下，与神对话，达成协议，获取神佑的重要活动。跳岭头的信仰力量，不仅对个人，对集体亦如此。跳岭头作为一项村落集体活动，在很多地方看来，它关系到村庄的安危与稳定，在跳岭头越热闹的地方，这样的观念就越明显。笔者在灵山做调研时，在一次跳岭头仪式上，笔者想拍一下庙里的摆设（供品、画像、香炉等），旁边有群众连忙阻止，于是我们展开了如下对话：

　　群众甲：不要拍，这样对神不敬。

　　笔者：已经给过香火钱，神应该不会怪罪。

　　群众甲：还是不要拍的好，以免神不高兴。

　　笔者：神会明白你们的心意的。

　　群众甲：关系大家的利益，不能大意。①

　　……

当然，最后尊重群众的意见没有拍。但从这可看出，在群众的心里，跳岭头仪式是严肃、神秘且赋有特殊意义的：居于跳岭头的牵线，邀请不同神灵的到来，共同保佑整个村平安、稳定；"娱神"，则是敬神、讨好神，以确保心愿的实现，这是有所图也是心理慰藉。任何人不能打破神在场的语境。

那么，随着科技文化的发展，民间信仰对人们的生活影响是否式微？在笔者调研跳岭头的过程中发现，跳岭头的模式虽不同，但它的祀神功能以及人们对它的信仰寄托不曾变化。跳岭头的三种模式恰好是跳岭头祀神维度的反应：从群体行为的人与神、人与人的互动，到家庭行为的人与神的互动。跳岭头一方面承载着人对它有期待的企图，另一方面缓解了人面对无法预期的未知的焦虑，并提供了解决的途径：经由跳岭头仪式，把意愿传给神，从而达到对现在、未来的把握。正是通过跳岭头仪式，使空间、状态能够自然地过渡到另一种众人所期待的时空与境界。汪悦进认为："任何仪式，无非是在于通过一系列紧锣密鼓的'走过场'来促使某一个体在

---

　　① 访谈对象：当地群众甲；访谈人：胡媛；访谈时间：2018年10月24日；访谈地点：新圩镇白坭岭村。

短短时间内突发性地完成一个象征性的由此及彼的状态转化和过渡，乃至激变。"① 事实上，跳岭头仪式作为公共性的"表演"，不仅构建着亲密的村落群体关系，同时也创建了文化精神认同体。"人类学视域中的民间信仰，不仅是与老百姓的心灵意识状态有关的观念化精神形态，也是与地方社会组织、仪式等民间生活实践紧密联系在一起的规范地方性体系，是一种复杂的文化体系。而由地方性信仰传承及传播群体所建构的地域认同则是社会认同的基础。"② 即仪式平衡着村落生活，为每个村落成员拟定一个基本的框架，使每个个体都基于此框架去自我表达和自我成长。

随着社会的发展，"娱神"作为仪式的重头戏逐渐转变成一种象征性的存在，"娱人"成为仪式的最终目的。对民众而言，仪式的呈现方式不重要，重要的是仪式本身引发的集体回忆和想象是构成集体日常生活实践中的归属感、信任感和集体感的情感基础。即便是在某些已经没有跳岭头仪式的村落，以"跳岭头"为节日来祭祀的行为，显示着跳岭头的民俗性，这表明跳岭头仪式可隐藏在民俗活动下，成为民俗活动中的隐喻。

四、节日民俗：跳岭头的生活化

跳岭头活动是群众精神诉求的直观表现，不管是跳岭头的仪式喧闹还是吃岭头的人情交往，潜含的是人们对美好生活的追求，包含村落与个人的价值、幸福观。李向振认为公共领域的集体仪式有着日常的隐喻特征，即很多人通过仪式本身体现了自身存在的价值，"集体仪式实际上是日常生活的独特表达，是村民集体狂欢精神的集中表现，也是村民私人生活之外体验公共生活的内在诉求"③。可以说，操办民俗活动体现了人们生活的人间烟火气。那么随着社会的发展，无论是跳岭头信仰仪式的娱乐性质的凸显，还是吃岭头的大型聚会活动的盛行，跳岭头的生活属性整体表现为：跳岭头仪式

---

① 复旦大学文学史研究院编：《图像与仪式：中国古代宗教史与艺术史的融合》，中华书局2017年版，第3页。

② 戚剑玲：《文化涵化与地域认同的庙堂表征——"一带一路"视域下北部湾地区妈祖庙研究》，《广西师范学院学报（哲学社会科学版）》2018年第2期。

③ 李向振：《日常生活的隐喻：作为公共领域的村落集体仪式》，《世界宗教文化》2019年第2期。

的"神性"逐渐被削弱，但跳岭头活动在很多地方依然隆重；个人价值可通过组织跳岭头活动得以彰显，以此，很多人为活动"努力"；吃岭头的"随心所欲"契合了当代人的生活姿态与价值追求，即吃岭头虽是伴随着跳岭头出现，但是吃岭头作为一种社会交际对话，在新时代焕发出更深刻的日常生活的诗意性，它着意的是生活惬意的姿态和人的感官感受。

从个人价值体现而言，跳岭头是一场集岭头队、村民、客人以及神灵鬼怪共创、共享的村落活动。各自扮演不同的角色：岭头队唱跳演，肩负与神交流；村民提供场地，确保活动秩序；客人热闹场地，人情往来，建构情感；"神灵"坐镇，保安送福；"鬼怪"作妖，引发异常。在这个活动场里，各有分工，操持的过程即是价值呈现的过程。例如，一般而言，主持村屯传统集体活动，主要是村中较有威望、学识的老人，村干部可能也参与了活动的策划，但具体落实最终还是落在老人身上。很多老人有时间，有经验，有学识，有热情，能更好地配合岭头队师傅的需求，特别是在一些略显神秘的仪式里，需要什么、如何做，需要默契与懂门道，集体活动无疑给默默无闻的老人提供了一个展现自我能力和价值的机会。总之，在跳岭头活动中，岭头队以村的名义为神服务，老人以村民代表为岭头队服务，家庭作为个体积极支持跳岭头并直接服务宾客，宾客的到来为主家聚运聚财聚人气，"妖魔鬼怪"作为反派搅动风云，是跳岭头的缘起，如此构成一个"生态圈"。在这个"生态圈"里，各司其职，皆得偿所愿：岭头队完成了为众生祈福、修养身心的双圆满；老人呈现了自我价值和乐于奉献的存在意义；家庭个体搭建了聚会桥梁且获得好运气；宾客把酒言欢，畅谈人生，铸牢情感；"妖魔鬼怪"被收服之后引发新一轮的危机……这是跳岭头给予生活的复调，也是生活对跳岭头的认可，更是群众生存智慧的聚焦——通过一场活动，完成生活的质变，迎接新生活。

从社会关系而言，跳岭头活动是一次狂欢的热闹。跳岭头无论是早期凸显的"唱歌问答，因而淫乐""狂歌跳跃于神前，村男妇于坛戏歌"的歌舞娱乐祭神场面，还是当代关注的"刲鸡宰鸭，不醉勿归"的吃岭头盛宴，或是操办跳岭头的过程，都是作为一种有意识的社会群体行为的展现，呈现出重要意义：一是为村民共同的记忆提供集体叙事场合，二是为村民提供打破世俗规则挑战世俗权威的狂欢情境，三是为村民提供积累社会资本的生活场域。① 跳岭头成为视觉化的民俗艺术，它所引发的群众集体叙事场合、热闹情境、生活场域，正是对生活的回应。以此，群众通过跳岭头的欢聚，感知人情世故，关注周遭世界，甚至是对未来的想象；同时，跳岭头活动建构的人与神对话机制，吃岭头搭建的人与人对话平台，共同构筑了跳岭头在当代日常生活的交流与对话。

结　语

跳岭头从"唱歌问答"的嬉戏发展成具有一套完整仪式的活动，从传统的共性化表演发展到地方视域下的个性呈现，从"娱神"到"娱人"隐含的仪式与民俗共存的信仰边界，是跳岭头对当代审美生活的重构与表达。跳岭头关照当下社会需求，群众情感需要的方式表现为：跳岭头是勾连群众精神信仰与日常生活的纽带，通过跳岭头的生存形式传递出不同区域群众对社会、生活、人情、价值等认知与判断，强调当前生活娱乐体验的重要性。而跳岭头多种模式共存的现象，是中国乡村社会生活的多面性与多元化语境的表征，呈现民间信仰与民俗生活相辅相成的角色互动，并以民间仪式隐喻着将过去、当前和未来放置于一个动态的关系当中，用节日民俗传递出人们对视觉快乐、精神愉悦追求的时代意义。

---

① 李向振：《日常生活的隐喻：作为公共领域的村落集体仪式》，《世界宗教文化》2019 年第 2 期。

从村落习俗到城市节日：鄂西"刨汤宴"习俗的变迁及价值转化研究

刘 欢*

摘 要

在城市化进程的推进下，鄂西恩施的传统村落习俗"刨汤宴"逐渐失去了生存语境，趋于消亡；而恩施城区兴起的新型民俗节日——"刨汤节"，却愈发受民众青睐。究其本质，刨汤节是民俗主义的产物，是刨汤文化新的呈现形式。通过复兴刨汤主体文化元素、融合地方及民族文化特色、迎合现代及城市生活观念、景观化包装以及商品化改造等手段，刨汤文化的生命力得到提升，并在新的场域得以复兴和延续。在刨汤文化的变迁过程中，其价值创造者及享用者从村落村民拓展到政府组织、企业组织、当地居民和外地游客等更为多元的主体。同时，刨汤文化自身的价值也发生了转化，刨汤宴的部分传统功能和价值日渐式微，刨汤节则生成了一些新的价值和意义。这些新生的价值从经济、文化、政治和社会四个层面丰富了刨汤文化的内涵，让刨汤文化再度回归到民众的生活之中，并在服务人民和地域发展上发挥了正面的作用。不过，我们也不能忽视民俗主义过程中民俗文化简略化、同质化以及庸俗化和娱乐化的问题。

* 刘欢，武汉大学社会学院博士研究生。

关键词

刨汤宴　刨汤节　民俗主义　民俗变迁　价值转化

"刨汤宴"是鄂西恩施地区的一项传统村落习俗。每至年末，恩施农村地区便会"杀年猪、吃刨汤"，整个过程既有完整的流程和规则，又具有很强的仪式感，饱含着地域浓厚的宗教信仰及农耕饮食、交友接物等文化意识。其中，农户家在宰杀完年猪后，主要以新鲜猪肉为食材所做的一桌用以酬谢屠夫和联络亲友情感的宴席，即为刨汤宴。随着时间的推移，刨汤宴逐渐演变为恩施人待客的最高标准，并被赋予"庆丰年、谢邻里、祝合和、祈未来"之意。作为一项地地道道的村落习俗，刨汤宴与地区家庭生产方式——生猪养殖相挂钩，体现着农民的生活智慧和生存法则。但随着城镇化进程的不断推进、农村劳动力大量外出、农业生产方式改变（猪禽养殖的规模化和个体养殖的减少），刨汤宴在农村地区失去了生存土壤，逐渐衰败，甚至消亡；反之，在恩施城区，地方政府和越来越多的企业商家将刨汤文化从"杀年猪、吃刨汤"习俗中提取出来用作一种推行政府政策、开展商业活动的文化资源，将其包装和升级为"刨汤节"进行推广，刨汤文化再度回归到大众视野和生活之中。

从"刨汤宴"演变为"刨汤节"，刨汤文化从农村走向了城市，从生活文化转变为文化资源。民俗学界将这种脱离了原初地域和语境的习俗，以新的功能和目的被利用和呈现出来的现象称为"民俗主义"。目前，学界对于民俗主义的理论来源[①]、概念辨析[②]和本真性话语[③]的讨论居多，但个案研究相对较少、经验分析不足。在少数关于民俗主义的经验研究中，部分学者关注到了产业中的民俗主义现象，例如刘爱华和艾亚玮呼吁我们对创意产业中民俗文化的微妙"变脸"进行关注[④]，孙明璐以《舌尖上的

---

① 王霄冰：《民俗主义论与德国民俗学》，《民间文化论坛》2006 年第 3 期。

② 杨利慧：《"民俗主义"概念的涵义、应用及其对当代中国民俗学建设的意义》，《民间文化论坛》2007 年第 1 期。

③ 胥志强：《民俗学中本真性话语的根源、局限及超越》，《民俗研究》2019 年第 3 期。

④ 刘爱华、艾亚玮：《创意与"变脸"：创意产业中民俗主义现象阐释》，《民俗研究》2012 年第 6 期。

中国》为例指出要辩证地看待影视作品中的"民俗"①，彭伟文对民俗元素在电影中的记忆建构作用进行了讨论②。此外，民俗旅游场域中的民俗主义现象是学术讨论的高地。例如周星在讨论乡村旅游和民俗主义时评论道，"……在游客、东道主以及两者的中介者之间形成了较好的平衡，在我看来，这就是较为健康并且可持续的乡村旅游"③。宋颖对特色小镇的民俗应用与影像表达进行了考察，并认为"民俗和民俗主义为特色小镇提供了群体情感支撑、认同心理支撑、创意智慧支撑以及气质氛围支撑……最终形成某种独有的氛围和气质，传递出某种'神韵'来"④。然而，对于刨汤节一类的民俗主义现象，学界多基于"真/伪"二分思维定式对其持批评性态度，将其视为"伪民俗"⑤。正如徐赣丽所述，"学者们秉持正统的民俗观念，较少有人持正面的态度看待民俗主义现象和进行相关的学术分析"⑥。笔者认为，民俗文化本是服务民众的生活文化，并无真伪、好坏之分，要判断一项新生文化事象是否有延续的必要，以及我们应该对其持何种态度，关键在于这项文化事象产生了何种价值、为谁提供价值，更重要的是其是否服务于广大民众、是否满足民众的文化需求，以及能否给地域发展带来有利影响。

基于此，本文将通过民俗主义的视角，关注鄂西村落习俗"刨汤宴"转变为城市节日"刨汤节"的民俗主义过程，并具体分析是谁以及怎样"发明"出刨汤节的。我们又该如何看待这种民俗主义现象？本文认为应当回归到实际情境之中，具体分析不同主体创造刨汤节的目的或参与刨汤节的感受，他们对刨汤节提出了怎样的价值诉求，以及刨汤文化自身的价值发生了何种变化。对于这一问题，本文将结合民俗文化的内外价值论进

---

① 孙明璐：《舌尖上的象征：当代影视饮食文化与民俗主义》，《教育传媒研究》2016年第4期。

② 彭伟文：《从具象到抽象，从市井到民族——民俗元素在黄飞鸿电影中的记忆建构作用》，《民俗研究》2015年第6期。

③ 周星：《乡村旅游与民俗主义》，《旅游学刊》2019年第6期。

④ 宋颖：《"乡愁"语境中特色小镇的民俗应用与影像表达》，《温州大学学报（社会科学版）》2020年第3期。

⑤ ［美］阿兰·邓迪斯：《伪民俗的制造》，周惠英译，《民间文化论坛》2004年第5期。

⑥ 徐赣丽：《当代都市消费空间中的民俗主义——以上海田子坊为例》，《民俗研究》2019年第1期。

行相关分析。

一、作为传统村落习俗的"刨汤宴"及其文化内涵

鄂西恩施一带地处武陵腹地，是土家族和苗族的聚居区，当地文化具有鲜明的地域文化特色和少数民族文化特征。其中，"刨汤宴"是恩施地区的一项颇具地方文化特色的传统村落习俗。

"刨汤宴"又称"杀猪饭""年猪饭"。"刨汤"原本是指在宰杀年猪之时用来刮洗猪毛所用的水，用"刨汤"来指称宴席既有自谦也有玩笑之意。每至年末，恩施农村地区便会宰杀年猪，并利用新鲜猪肉制作一顿美味佳肴用以招待屠夫等帮忙之人及亲戚邻里，进而形成了"杀年猪、吃刨汤"的习俗。由于习俗开展的时间多集中在冬至前后或春节前夕，也有说法将这一习俗列为春节年俗或冬至节俗。其中，吃刨汤宴是这一传统村落习俗的重要环节，具有"庆丰年、谢邻里、祝合和、祈未来"等美好的意愿，被视为恩施地域文化及当地土家族苗族文化的一部分。

关于习俗的缘起，尚未发现文献记载，但同治三年（1864）刻本《恩施县志》中出现了"十一月'冬至'，官绅相贺，城乡右族皆屠自畜之豕为年时祭脯"①。可见，至迟在清同治时期恩施已经存在这一习俗，但主要盛行于豪门大族，更多的是为了满足年终岁末的祭祀需求。此外，在关于土家族人"过赶年"习俗的有关记载中，也提到"土家族人过年要杀年猪……过路人一定要被捉住，强行拉入家中吃一顿酒饭"②。过路人被邀请品尝的这一顿酒饭或许就是刨汤宴早期的一种形式。

如今，恩施部分农村地区仍保留和践行着传统的"杀年猪、吃刨汤宴"的习俗。笔者曾在 2020 至 2023 年，数次前往恩施市太阳河乡、恩施州其他县市及邻近地区长阳土家族自治县，对这一习俗进行田野考察，以下主要基于田野考察的情况对目前恩施农村地区的"杀年猪、吃刨汤"习俗进行呈现。根据习俗的具体活动内容，可将整个过程分为四个阶段：

---

① 〔清〕罗凌汉纂修：《恩施县志》卷七"风俗"，民国二十年铅字重印本。
② 萧放编著：《荆山楚水的民俗与旅游》，旅游教育出版社 1995 年版，第 178 页。

第一，准备阶段。农历寒月之后，气温渐低，家里储备的猪粮逐渐见底，农户便开始筹划杀年猪的准备工作。准备工作的第一项为择定日期，不同人家有不同的日期偏好，但总体会遵循冬至为最佳，宜选肥日忌选破群日，忌选与主人属相相冲的日子，以及"四、六不杀猪，逢亥不杀猪"等禁忌。第二项工作为邀请屠夫及"扶扎"，屠夫是宰杀年猪的主刀之人，"扶扎"则是协助屠夫的帮忙之人。前者由于有技术限制，可选择之人的范围较为受限；而对于后者"扶扎"的选择，大部分农户都以亲戚邻里家的男性为主要选择对象。

第二，宰杀年猪。这一阶段的流程可简单概括为进圈抓猪、下刀、刮猪毛、开膛破肚及分洗猪肉几个步骤。整个过程分工明确、紧锣密鼓、环环相扣，且具有诸多讲究和禁忌。例如，捉猪出圈时屠夫和主人家不能进猪圈，下刀之后有"抽刀看血旺"[1]的仪式，家里的女主人不得现身和参与等规矩。相传，以往较为富裕的人家还会举行相应的祭祀活动，《恩施州志》就曾记载："年猪杀后，猪头、猪尾是不能先吃的，要保持原型，留作团年时敬神、祭祖用。表示有头有尾。"[2]此外，具有祭祀功能的非遗项目恩施傩戏也有《放牲祭猪》的剧本，剧本以戏谑的方式讲述了屠夫滑稽的个人形象和杀年猪的完整过程。如今，这些祭祀仪式保留下来的不多，笔者仅在个别地区见到了一些简化的祭祀仪式。

第三，制作刨汤。刨汤宴的制作者主要为家里不同年龄段的女性角色，如果人数不够则会邀请妯娌等来帮忙。刨汤宴的菜品颇有讲究，民间将其总结为"七大碗八大碟"。虽然在实际烹饪中未必一定会照此规格来执行，但地道的"刨猪汤"通常配以新鲜猪肝、猪血、猪腰子以及粉蒸肉、糖肉等必不可少的菜品，此外还会搭配一些自家种植的时令蔬菜和地方特色小菜。对于主要负责烹饪的女主人而言，这顿饭席是考量自身厨艺水平和家庭富足程度的重要标准。《恩施州志》曾记载："鄂西人喜吃土腊肉。农户均养猪，冬腊月宰杀自食……乡民尤喜吃大片肉，待客时以肉片能盖住

---

[1] 一种根据年猪的血状以及刀上的血迹来断定来年主户家祸福吉凶、财运年成等运势的仪式。

[2] 恩施州志编纂委员会编：《恩施州志》，湖北人民出版社1998年版，第1066页。

碗口为好，一是表明年猪杀得大，家中富有，二是表示待客真诚。"①

　　其中，制作刨汤宴时对于肉的选择和分配最为复杂且关键，关乎到面子、人情及人际关系维护和家庭生活保障等功能。首先，现场用以制作"刨汤宴"的肉质好坏及数量多少直接关系到主人家的"面子"问题，若是肉量太少或肉质太差，主人家会感到"没面子"，留下吃饭的客人也会认为主人家小气。这对于主人家在村庄中的整体声誉和之后的社交都将产生不利影响；其次，杀年猪所获得的猪肉也是送人情和进行人际关系维护或修复的上等礼物。例如，太阳河乡保留着过年送老丈人"猪后腿"的习俗。家中有儿子的农户，从"开亲"（订婚）走动以来，每年都需预留足够的猪后腿送给老丈人。此外，"礼物"形式的猪肉也是建立人际关系和化解人际关系矛盾的中介物和载体。最后，除了以上两种功能性的肉食使用情况以外，剩下的肉则是家庭来年的肉食储备来源。剩余量的多少、品质的好坏直接关系到一个家庭第二年生活质量的高低。

　　第四，吃刨汤宴。刨汤宴是该习俗的最后一个环节，场面热闹、温馨，整个习俗也达到了最高潮。作为家庭私人领域的宴席，刨汤宴的参与人员彼此熟悉且宴席规模较小，除主户自家人和屠夫等帮忙的人外，其他参与人员多为关系较好或住所较近的亲戚及邻里。并且，吃刨汤讲究"礼尚往来"，被邀请吃刨汤宴的人家其后也会回请。宴席入座时，刨汤宴的座次也需要"讲规矩"，例如屠夫、年长者通常会被安排在上座，若遇到人数较多、座位不够的情况，"自家人"则会延后再吃。最后，部分地区在落座吃饭前还会举行"叫亡人"②的仪式，来呼唤逝去的先祖前来赴席。

　　总体来看，传统的刨汤宴习俗与地方民众的日常生产、生活方式及其价值观念密切相关，是村民们生存智慧和生活文化的体现，也是村落里"人情"和"关系"的再生产场域。李向振在分析类似的场域"满月酒"时指出，"这些仪式场合可以看作是地方知识中的制度性安排，通过这些场合，村民之间实现了互动，村庄关系网络得以生产，村落社会资本得以

　　① 恩施州志编纂委员会编：《恩施州志》，湖北人民出版社1998年版，第1075页。
　　② 又称"告亡人""蘸亡人"，一种简单的祭祀仪式。具体流程为：将所有菜肴在桌上摆放好，盛上米饭、摆好碗筷，主人家再倒上一杯酒，绕桌一圈洒在地上，敬请逝去的先祖回家吃饭。

积累，村落生活共同体得以延续"①。就刨汤宴而言，第一，杀年猪、吃刨汤的时间定在春节前夕，既能解决年末天寒缺乏猪粮的现实问题，又为人们拉开了春节准备的序幕，对于乡民们欢度春节以及后续其他生产生活实践具有十分重要的意义。第二，在经济条件落后、工具水平有限的情况下，互助形式的杀年猪有利于事件的完成，共吃刨汤则提供了及时的酬谢机会，体现了乡民之间互助共享的和谐相处之道。"刨汤宴"也因此呈现出了互助、淳朴、讲礼数、有人情味的特征。第三，"刨汤宴"作为一年一度的周期性、非官方性的地方社会习俗，为乡民提供了一个重要的社会交往场域。家庭内部成员合作办事，久未联系的亲戚相聚互助，邻居朋友共吃宴席，有助于调适家庭及乡民之间的社会联系，是乡土社会实现社会关系网络修复与巩固的契机。

二、民俗主义视角下"刨汤节"的民俗传承与民俗应用

随着城市化进程的推进和经济水平的提高，作为传统村落习俗的"刨汤宴"在农村地区逐渐失去了生存土壤和生存语境；而恩施城区却兴起了"刨汤节"形式的民俗主义产物。刨汤节是地方政府推进民俗旅游、企业借机盈利及社会支持和参与的结果，经过三方共谋和推进，"刨汤宴"被改造为"刨汤节"再度回归到大众的生活之中。那么，刨汤节是如何被创造和发明出来的？其与刨汤宴又有何不同呢？下文将结合刨汤节被发明出来的过程进行分析。

（一）"刨汤节"的复兴与发明

刨汤节在恩施城区的出现和流行是近年来的新生之事，刨汤文化的再开发与恩施的旅游模式转向以及"年味淡了"的整体社会心态有关。一方面，恩施市旅游局在重点推介"民俗＋旅游"的新型旅游模式，恩施的地方民俗文化得到进一步开发和利用；另一方面，刨汤宴作为春节的节日序

---

① 李向振：《民间礼俗仪式中的人情再生产——以京郊姚村"喝满月酒"为例》，《民族艺术》2020年第1期。

幕往往被视为春节年俗的一部分，同时刨汤宴热闹、温馨的氛围也能与人们所怀念和向往的"年味"相契合。在此背景下，刨汤文化被挖掘出来，并逐步形成盛大的刨汤节形式。具体而言，刨汤节的创造和流行经历了以下几个过程：

首先，恩施市旅游局将"刨汤"文化再度开发出来作为地方"民俗 + 旅游"经济发展的一个抓手和突破点。2016 年 12 月 31 日至 2017 年 1 月 1 日，恩施市举行"红红火火过大年"恩施年俗旅游产品发布会，推介恩施年俗旅游产品，其中刨汤文化是此次发布会的重点推广产品。发布会的第一天在恩施市芭蕉侗族乡夷水侗乡举行了刨汤美食文化节。在刨汤文化节活动现场，举行了隆重的祭祀大典，展示了杀年猪的过程，并举办了共品刨汤宴的活动。以此次刨汤文化节为契机，恩施市政府集中对恩施的地方文化和旅游优惠政策等进行了讲解和宣传，例如恩施州旅游委主任、恩施市副市长及恩施市旅游局负责人均在年俗旅游产品发布会上，推介刨汤有关年俗和精品旅游线路。① 从活动效果来看，此次活动吸引了数十家媒体、二十多家旅行商及上千游客参与②，让刨汤文化再度出现在大众视野。

其次，恩施州各级地方政府及部分村落积极开发和利用刨汤文化，服务地区发展，使当地人民受益。例如，恩施州巴东县信陵镇土店子村于 2020 年举办年猪文化节，文化节以"金猪逐梦襄盛举，文化惠民助脱贫"为主题，除了举行土家祭祀和品尝刨汤宴等传统民俗活动，还增加了黑猪展示和"您的年猪我来养"签约订购（黑猪）的活动。③ 土店子村是原深度贫困村，黑猪养殖是土店子村的重点发展产业，也是扶贫产业。土店子村通过年猪文化节的形式吸引周边民众参与吃刨汤和订购黑猪，成功将刨

节日变迁

---

① 《恩施市重磅推介刨汤年俗　上千游客品味"自助"刨汤宴》，湖北省文化和旅游厅官网，http://wlt.hubei.gov.cn/bmdt/szyw/es/201912/t20191204_1677532.shtml，2017 年 1 月 3 日（2023 年 9 月 23 日）。

② 参见《国内 20 多家旅行社集中"采购"恩施年俗产品》，荆楚网，http://www.cnhubei.com/content/2017-01/01/content_3766856.html?spm=zm1033-001.0.0.1.zbGxou，2017 年 1 月 1 日（2023 年 9 月 23 日）。

③ 《金猪圆梦助脱贫　信陵镇举办第二届年猪文化节》，长江巴东网，https://www.cjbd.com.cn/html/cjbdw/pc/cjbd68/20200113/1892219.html，2020 年 1 月 13 日（2023 年 9 月 23 日）。

汤文化与黑猪养殖产业结合起来，推进了地区产业扶贫和乡村振兴。

再次，企业商家积极利用刨汤文化，打造刨汤文化节，开办刨汤宴席。具体来看，企业对于刨汤文化的利用方式主要有两种：第一种是时间形式上举办周期性的刨汤文化节。以恩施市的两个重点打造景区——恩施大峡谷和恩施土家女儿城为例。大峡谷自 2016 年底开始举办首届"刨汤美食节"以来，至今已经连续举办了七届以"刨汤"为主题的文化节；土家女儿城也于 2018 年底至 2019 年初举办了首届刨汤文化节。刨汤文化节与传统刨汤宴一样，是一年一度的周期性文化活动，但二者在面向人群和开展规模上有着本质的区别。传统刨汤宴以家庭为单位开展，主要面向熟人社会秩序里的家庭内部成员及邻里乡亲；刨汤节则面向市场环境下以消费者或游客为代表的陌生群体。在传统习俗中，刨汤宴之于村民仅仅是答谢屠夫及亲友的一餐宴席，是互助办事、人情往来的乡村生活法则，是日常生活之中的普通生活事件；而刨汤节声势浩大、场面热闹、参与人数众多，放大了刨汤宴之于民众的作用及其在地方传统和民族文化中的地位。总体而言，传统的刨汤宴是具有一定私密性质、以家庭为单位开展的小型聚会，刨汤节则俨然成为更具公开性、规模化和陌生化的地方文化事件。

还有一种空间形式上以"刨汤宴"为主题打造固定的饮食空间。虽然此种类型与本文重点讨论的刨汤节有所区别，但其亦属于目前较为流行的一种刨汤宴的民俗主义形式，因此本文一并进行呈现和讨论。近年来恩施境内以"刨汤宴"为名开设了众多餐饮场所，此外还有一些饭馆餐厅将"刨汤"作为固定的菜品在全年销售，其中较为具有代表性的是 2017 年土家女儿城内以"土家刨汤宴"为店名开设的一家餐饮场所。该餐馆将"刨汤"列为店内的固定特色菜肴，并且采用了具有恩施传统特色的建筑风格和具有土家文化特色的室内装饰。正如其在广告宣传中所介绍的："女儿城土家刨汤宴，集土家美食、土家习俗、土家建筑、土家歌舞于一体，走进了这里，便走进了土家人的生活。"① 实际上，以"土家刨汤宴"为代

---

① 《土家刨汤宴（四）》，恩施土家女儿城景区公众号，https://mp.weixin.qq.com/s/ETaacTys4TbvszEutX0GIg，2017 年 2 月 24 日（2023 年 9 月 23 日）。

表的空间形式上的固定餐饮场所众多，但其与普通餐厅以及村落刨汤宴席都有所区别。"土家刨汤宴"虽然以传统的刨汤宴文化为贩卖点，但遵循的是现代消费主义的逻辑，即以"刨汤"为符号满足消费者对于乡愁、传统的追寻。另外，相比于大型的周期性刨汤文化节，刨汤宴餐厅更为生活化、更具便利性，能够在任意时间唤起顾客舌尖上的记忆。不足的是，刨汤宴主题的餐饮场所仅仅是对刨汤习俗的美食文化部分进行了拾取和利用，参与吃刨汤宴的人并不能身临其境地了解刨汤宴所代表的刨汤文化和精神。

（二）"刨汤节"的民俗应用及资源活化

无论是官方对于"刨汤"文化价值的再开发，还是企业对于"刨汤"经济价值的利用，"刨汤"都从本不具有资源属性的生活文化转型成为面向不同的群体、服务于新的目的、具有新的功能的文化资源。徐赣丽将民俗文化的变迁改造过程概括为"复兴""加工""丰富""包装""综合""借用""创作"等方式。[①] 同样，刨汤节也是在对刨汤宴文化"复兴"的基础上进行了"加工"等不同的资源化手段，具体来看，刨汤节对于刨汤文化的应用和资源化主要有以下几种途径：

第一，复兴"刨汤"这一主体文化元素。从历届刨汤节的活动主题来看，诸如"某某刨汤文化节""某某刨汤美食节""某某吃刨汤"等，"刨汤"都是活动主题中固定且亮眼的存在。通常，在每届刨汤节活动开展之前，相应主办单位还会对刨汤文化进行讲解和宣传。例如，土家女儿城景区在推出首届刨汤文化节之前，多次对恩施土家刨汤文化的细节和农村生活事物进行科普和宣传。从刨汤节的活动内容来看，大峡谷和土家女儿城都将"杀年猪""祭祀表演"及"刨汤宴"作为每届文化节的固定内容，活动内容丰富、流程完整、声势浩大，刨汤宴之"形"得以全面且完整的呈现。

第二，融合地方及民族文化特色。历届刨汤节及"土家刨汤宴"饮食餐厅，除了对"刨汤"民俗文化进行展示和宣传，还在活动内容及场景布

① 徐赣丽：《民俗旅游与民族文化变迁：桂北壮瑶三村考察》，民族出版社 2006 年版。

置上融合了地方文化元素及土家族苗族文化特色。例如，篝火晚会、喝摔碗酒、跳摆手舞、唱山歌等民俗活动成为刨汤节上的常驻活动。此外，部分刨汤节还在活动内容中结合了当下较为热门和流行的"非遗"元素。以土家女儿城在2020年初举办的刨汤文化节为例，此次文化节将主题定为"赏非遗表演·吃家常刨汤"，并举行了包含南乡锣鼓、鹤峰山歌、建始喜花鼓、巴东堂戏、高腔山歌、纤夫号子、利川灯歌等在内的非遗文化展演活动。

第三，迎合现代及城市生活观念。作为习俗的刨汤宴体现的是传统价值，遵循的是农村生活法则和行为逻辑，例如处理刨汤宴食材时遵循"物尽其用不浪费"的实用原则，邀请亲朋好友共吃刨汤宴则有人际关系维护和人情生产的目的。然而，刨汤节为了迎合具有"现代人"和"市民"双重身份的游客的需求，在宣传广告和活动环节中引入了更多符合城市生活方式和现代生活理念的内容。其中，较为突出的是对于"乡愁"观念和"健康"观念的营销。一方面，在全球化和城市化的语境下，乡愁与怀旧成为社会风潮，人们不约而同地转向对传统、历史、过去和民族等共同话语的追寻。① 刨汤节正是抓住了人们这种乡愁和怀旧的心理，积极利用恩施地方的、传统的、民族的和过去的文化，带游客找回小时候的记忆。例如土家女儿城的首届刨汤文化节设有农娱竞赛的环节，该环节以恩施传统的儿童娱乐项目滚铁环、打毽儿、扳手劲、斗鸡、绺包谷、打纸板、跳房子为主要内容，以"带你找回小时候的记忆"为名进行宣传。另一方面，刨汤节的主办方还将"绿色""原生态""有机"等现代消费主义营销的关于健康的理念，作为刨汤宴食材的宣传点。其中具有代表性的是2021年大峡谷举办的第六届刨汤文化节，其将"享受峡谷美景、品味健康美食"作为文化节主题，并强调刨汤宴的菜肴都取自大山里健康、绿色、营养、特色的食材。

第四，景观化包装。为了增加旅游景区的吸睛指数，景观化现象在当

---

① 徐赣丽：《当代都市消费空间中的民俗主义——以上海田子坊为例》，《民俗研究》2019年第1期。

前我国旅游景区已经比较普遍。① 作为村落习俗的刨汤宴是村民自我创造和自我享用的生活文化，既没有观众群体也不具有观赏价值。而刨汤节将生活化的刨汤宴习俗进行了景观化的包装和呈现，使刨汤宴成为被设计、被展示、被表演的景观的一部分。刨汤节的景观化打造有两种方式：第一种是对刨汤宴习俗本身进行表演性质的改造和呈现。例如杀年猪活动中屠夫统一表演着装，祭祀仪式道具精致且规模庞大，刨汤宴更是以"百人刨汤宴"甚至"千人刨汤宴"的形式摆起了长桌宴。较为突出的例子是 2017 年恩施州宣恩县狮子关举办的刨汤文化节，这届文化节将聚集起来共吃刨汤宴的人群作为展示的景观，申请并获得了"参与人数最多的刨汤宴"世界纪录。第二种方式是直接在文化节中加入具有表演性的文化展演活动，这一方式在众多刨汤文化节中都有呈现，各大主办方搭起了大型表演舞台，举办篝火晚会和民俗歌舞表演等活动。

第五，商品化改造。与传统农村地区村民们基于"人情"和"关系"等行动逻辑参与和品尝刨汤宴不同，刨汤节上的刨汤宴席大多遵循的是市场逻辑——商家准备宴席，顾客买单消费。作为一种暂时性的消费场域，刨汤节上的刨汤宴以营利为目的，通常并不进行人情和关系的再生产。消费者和刨汤宴商家彼此不识，不同桌的顾客之间也不会有往来。此外，商品展销也是刨汤节的一大目的，各主办方通常会设置一个专门的区域或时段推销地方文化产品，比如大峡谷首届刨汤文化节设置了"恩施土特年货展销""旅游产品促销会"等活动，又如土店子举办的年猪文化节安排了"您的年猪我来养"黑猪订购环节。

三、从"刨汤宴"到"刨汤节"："刨汤"的
价值诉求与价值转化

从刨汤宴到刨汤节，村落习俗被打造为城市节日，刨汤文化的创造者、面向群体和发生场域发生了转变，其本身的价值也在这个转变过程中不断

---

① 刘爱华、邓冰清：《从生活化到景观化：村落民俗传承的一种实践路径分析——基于婺源篁岭"晒秋"农俗的个案研究》，《贵州民族大学学报（哲学社会科学版）》2022 年第 2 期。

的变化和叠加。李向振讨论元理论视野下的"民俗主义"概念时指出,"民俗的价值不仅在其实践主体这里得以实现和再生产,而且在'局外人'或'他者'(相对于'当地人')那里可能也会得到展现"[①],换言之,我们在考察民俗的价值时需要兼顾多方主体不同的价值诉求,分析价值展现的效果。基于此,本部分将结合不同主体创造刨汤节的目的和参与刨汤节的感受,分析他们对刨汤节提出了怎样的价值诉求,以及刨汤文化本身的价值发生了何种变化。

(一)"刨汤"的主体价值诉求

关于民俗文化的价值分析中,刘铁梁所提出的内外价值理论具有较强的阐释性。该理论认为民俗文化的价值可分为内价值和外价值两个部分。内价值是指"民俗文化在其存在的社会与历史的时空中所发生的作用,也就是局内的民众所认可和在生活中实际使用的价值";外价值是指"作为局外人的学者、社会活动家、文化产业人士等附加给这些文化的观念、评论,或者商品化包装所获得的经济效益等价值"。[②]可见,在不同语境下,不同主体所享用到的民俗文化的价值,以及不同主体给民俗文化附加的价值是不同的。就刨汤文化而言,传统村落习俗刨汤宴的价值创造者和价值享用者都为村民;而刨汤节的价值创造者为政府和企业,享用者则为以本地居民和外地游客为主的公众。村民在传统村落习俗刨汤宴中所享受到的价值是内价值,而政府、企业和公众等给刨汤节所附加和创造的价值为外价值。

作为村落习俗的刨汤宴,具有特殊的维护内部秩序和自我生存的作用,但没有市场经济的价值。[③]刨汤宴是村民自我创造、享用和继承的生活文化,其服务的主体即为它的创造者——村民。村民之所以创造和使用刨汤宴这一习俗,关注的是它的实用性,在于它为民众日常生活带来的便利。例如,刨汤宴习俗的互助功能、人情再生产的功能以及社会关系网络修复功能等,

---

① 李向振:《元理论视野下的"民俗主义"概念辨析》,《中国社会科学报》2023 年 8 月 1 日。
② 刘铁梁:《民俗文化的内价值与外价值》,《民俗研究》2011 年第 4 期。
③ 徐赣丽:《广西龙脊地区旅游开发中民俗文化的价值化》,《广西民族研究》2005 年第 2 期。

这些便是刨汤宴之于村民的内价值。

刨汤节作为现代"发明"的节日，虽然在形式上再现了刨汤文化，但其内涵和价值已经发生了根本性的转变。刨汤节主要由政府和企业创造出来，服务的是本地居民和外地游客，体现的是这三类主体的价值诉求。

首先，地方政府对刨汤宴所代表的传统文化以及地区发展和地区人民负责，关注的是刨汤文化在综合性地域发展中的价值。正如《恩施市推介刨汤年俗　上千游客品味"自助"刨汤宴》的报道所述："恩施市举办年俗旅游产品发布会，是想以节庆活动为切入点，通过深入挖掘恩施祭祀文化、民俗文化和美食文化，丰富恩施冬季旅游产品，实现航空和旅游、农副产品和旅游的深度融合，形成恩施旅游产业全域发展格局。"[1] 具体而言，地方政府对于刨汤文化的价值诉求可分为以下三个层面：第一，将刨汤文化作为文化抓手，服务于国家发展战略和政策要求。以土店子村的年猪文化节为例，其以"杀年猪、吃刨汤"这一习俗为载体，宣传地区的黑猪养殖产业，进而实现扶贫和振兴乡村的政治目标。第二，挖掘和弘扬刨汤文化优秀的文化价值。刨汤宴习俗蕴含了互助、和谐、团结、趋利避灾等文化意涵，例如杀年猪时乡亲邻里之间互帮互助的情谊，刨汤宴上主人家的大方待客之道，以及吃刨汤时所表达的孝敬长辈和不忘先祖的情感等，刨汤宴习俗的诸多层面都展现出丰富的文化价值。第三，开发刨汤文化的经济价值，服务于地区经济发展。一方面，刨汤文化作为恩施地方民俗的一部分，能够为"民俗＋旅游"的地方旅游发展规划提供资源，助推恩施旅游产业全域发展格局的形成；另一方面，刨汤节的举办时间为年底冬季，正处恩施的旅游淡季，此时举办刨汤文化节能够为地区发展增添新的旅游热点。

其次，企业作为以营利为目的的经济组织，其举办刨汤节是市场逻辑支配下的商业性逐利行为，看重的是刨汤文化的经济性价值和其产生的经济效益。基于此，不同企业商家对刨汤文化进行了景观化包装和商品化改造，目的是让刨汤成为可以被购买、被消费的文化产品。例如付费吃饭的

---

[1] 《恩施市推介刨汤年俗上千游客品味"自助"刨汤宴》，恩施土家族苗族自治州人民政府官网，http://www.enshi.gov.cn/ly/jjes/201701/t20170105_567263.shtml，2017 年 1 月 5 日（2023 年 9 月 23 日）。

刨汤宴、买票欣赏的民俗表演，以及刨汤节上展出的西兰卡普、包谷酒、土家刺绣等各类文化产品都是民俗文化被客体化、被商品化的结果。进一步来看，经济价值是通过顾客消费实现的，企业要想营利必须迎合和满足顾客的消费需求。在后现代消费社会里，相比于商品的使用价值或其实用性，人们更为注重商品所具有的符号象征意义。对于刨汤节这一本身就具有强烈符号属性的文化消费而言更是如此，企业要想吸引顾客前来消费，则需强化和创造一些博人眼球的"符号价值"。基于此，企业为迎合市场怀旧思潮和民众的健康消费需求，将与现代城市生活相契合的"乡愁"情绪和"健康"理念转化为新的符号价值和文化价值，融入刨汤文化之中。在一定程度上，这些企业营造出的"符号"是创作过程中产生的新的价值，也是刨汤文化的溢出价值。

最后，本地居民和外地游客作为刨汤文化的享用者，要么是以品尝美食为目的去消费刨汤宴的使用价值，要么是去体验刨汤文化所传达的传统的、民族的、过去的、乡村的、健康的等象征价值。在这个过程中，刨汤文化的消费者发挥了"价值转译"的作用，赋予被打造为商品的刨汤文化产品以其他价值形式。具体来看，无论是本地居民还是外地游客，都有对于刨汤文化所包含的象征价值的追求，但二者在参与和体验刨汤文化过程中的感受又有所区别。本地居民将刨汤文化视为"我们的文化"，他们当中有一部分居民还曾体验或听说过传统乡村里的刨汤宴习俗，对刨汤文化有一定的了解。对于这部分居民而言，参与刨汤节在很大程度上是对传统与过去的怀念，是一种舌尖上的乡愁。例如在土家女儿城的一次刨汤宴席上，一位本地顾客主动跟笔者讲述了他儿时在村子里参加刨汤宴的经历，其中"年猪凄惨的叫声""浓浓的血腥味道""特别好吃的猪腰子"是他最为深刻的记忆，或许土家女儿城里的刨汤宴与传统乡村里的刨汤宴有着诸多不同，但其依然唤起了当地人才能体会到的亲身经验和个人生活叙事。外地游客的体验和感受则有所不同，由于没有相关地方文化知识的储备和直接的身体经验，他们对于刨汤文化以及其他恩施地方文化和民族文化都是陌生的，参与和体验刨汤文化对于外地游客而言更多的是一场对于"异文化"的猎奇。

（二）"刨汤"文化的价值转化

不同主体对刨汤文化提出了不同的价值诉求，并进行了不同的资源化改造过程，这导致刨汤文化本身的性质也发生了转变。一部分曾经对于村民有着重要意义并且发挥过实质作用的价值消失了，同时一部分新的价值和意义在刨汤节上得以生成。

刨汤文化经历了"去价值化"的过程，部分价值因不具备生存语境而被摒弃。首先被去除的是刨汤文化的生活实用价值，例如村落里互助形式的杀年猪被刨汤节上表演性质的杀年猪取代；传统刨汤宴上亲朋好友相聚共品刨汤宴是出于美食分享及联络感情的目的，而游客参与品尝刨汤宴则更多的是出自消费主义及享乐主义的目的。其次，刨汤文化的神圣性已然消失。传统村落杀年猪时有诸多讲究，并会举行相应的祭祀仪式，村民们的这些行为并非偶然或被强制，而是自有一套祸福相依和文化信仰的行为逻辑。然而刨汤节上举办的祭祀活动俨然成为一种表演，作为"演员"的祭祀表演者以及作为观众的消费者可能并不知晓祭祀仪式上不同环节的意义，也并非认同祭祀仪式背后的信仰和文化。由此，刨汤节上所展现的刨汤文化已不再具有神圣性，并且出现了世俗化和娱乐化的倾向。

刨汤文化在被民俗主义改造的过程中也生成了一些新的价值。对于民俗主义的价值分析，鲍幸格忠告，"重点关注经济因素会夸大商业化的影响，进而难以理解民俗主义现象的本质与功能"[1]，王杰文也指出："'民俗主义'在商业性因素之外，不能忽视其怀乡的、怀旧的情绪；在经济目的之外，不能忽视其中其他的意义与功能。"[2] 本文结合刨汤节的呈现效果及不同主体参与刨汤节的感受，将刨汤节相较于刨汤宴所呈现出的新生成的价值分为以下三个层面：

第一是创造了经济价值。一方面，在政府的打造和媒体的宣传下，刨汤文化成为恩施土家族的代表性文化，不少外地游客前往恩施吃刨汤宴，体验土家文化。正如2019年《恩施日报》所报道的，冬季推出的"吃刨

① Regina Bendix, *In Search of Authenticity：The Formation of folklore Studies*.Madison：University of Wisconsin,1997,p.180.
② 王杰文：《"民俗主义"及其差异化的实践》，《民俗研究》2014年第2期。

汤"等活动使得民俗旅游等成为旅游新的引爆点。[①] 刨汤文化成为恩施旅游的一张名片，被赋予了旅游价值，推动了文化与旅游融合发展，为地区旅游经济的发展带来了积极效应。另一方面，企业将刨汤文化商品化和客体化，使之成为市场上可以交换的文化产品，进而创造出经济价值。例如，消费性质的刨汤宴、表演性质的祭祀仪式、需要购买和付费的文化产品等。

第二是丰富了文化价值。从微观层面来看，一是刨汤宴习俗所包含的一系列优秀文化内涵被挖掘和宣传出来，进入大众视野。实际上，在传统习俗中，村民们并不知晓也不需要总结刨汤宴所具有的实用价值和文化内涵，而刨汤节的开发提供了一个契机，将刨汤文化中所蕴含的"庆丰年、谢邻里、祝合和、祈未来"等文化意涵挖掘出来，形成文字进行宣传和推广，使其为更多的人所知。二是刨汤节上的刨汤文化在被资源化改造的过程中，被增加了诸如以"健康""生态"和"乡愁"等为代表的现代和城市生活的文化理念，进而使刨汤文化更能适应现代消费社会下人们对于文化的需求。从大的维度来看，政府和企业广泛宣传刨汤文化，全国各地的游客前往恩施体验刨汤文化，这扩大了刨汤文化的辐射范围和影响力，使之成为恩施地区的一项标志性文化。据官方数据，2023 年恩施进行"赏冰雪、吃刨汤、看灯会，我在恩施过大年"全媒体系列宣传营销活动，微博阅读量超 6000 万次，两次冲上热搜，位列湖北省文旅类微博第一，百度、抖音、微信、小红书等网络平台综合点击量超 2 亿次。[②] 其中"刨汤"作为恩施的代表性民俗文化，与"冰雪""灯会""过年"并列成为主要的宣传和营销热点。此外，民俗旅游进一步促使当地社区的居民重新发现和认识生活文化，关注自身生活中的民俗及有关传统。[③] 在游客到来和"游客凝视"下，本地居民会不自觉地去发现、关注和审视刨汤文化这一"我们的文化"，对内提升文化自豪感，对外争取文化话语权，进而激发恩施地

① 《全域，让恩施文旅"活"起来》，恩施土家族苗族自治州人民政府官网，http://www.enshi.gov.cn/ly/jjes/201904/t20190430_567643.shtml，2019 年 4 月 30 日（2023 年 9 月 23 日）。

② 《"我在恩施过大年"成绩亮眼 春节假日旅游全面恢复至 2019 年水平》，恩施土家族苗族自治州文化和旅游局官网，http://wtxgj.enshi.gov.cn/gzdt/zjyw/202301/t20230128_1399098.shtml，2023 年 1 月 28 日（2023 年 9 月 23 日）。

③ 周星：《"农家乐"与民俗主义》，《中原文化研究》2016 年第 4 期。

方民众的文化认同感和凝聚力。

第三层是获得了政治及社会层面的价值。通过打造刨汤文化节，刨汤文化走出了相对封闭的村落，进入更具开放性的恩施城区，并且面向全国进行宣传和吸引游客，这扩大了刨汤文化的辐射范围和影响力，让位于边缘地区的恩施文化为更多的人所知。进一步来看，刨汤文化的认可度得到了提升。在实地调研中，不少受访者表示他们已经连续几年参加刨汤文化节，或吃刨汤宴席。一年一度的刨汤节让民众形成了吃刨汤宴的习惯，过年前吃刨汤宴的活动逐渐常态化、惯常化。这在一定程度上能够促进刨汤文化及其代表的恩施地方文化和民族文化得到国家及社会大众的认可。此外，李向振指出，"这些节日为民众的日常互动提供了绝好的时间、空间和场合，从而形成社交场域，在此场域中，各种惯习得以实践，公共生活得以延续，民族意识得以强化，同时，个体交往与互动也得以实现"[1]。刨汤节亦给民众提供了一个周期性的固定社交场域，对于弘扬民族文化、增进社会团结友好有着重要的政治意义。

总体来看，从刨汤宴到刨汤节，刨汤文化的部分内在价值被"去价值化"，但同时也产生了一些新的价值。这些新价值既包括政府和企业所附加的外价值，也包括民众被调动和唤起的乡愁情绪、身体经验和个体生活叙事。此外，越来越多的民众将过年前吃刨汤宴作为一项固定的生活事件来践行，刨汤文化日益融入民众的日常生活之中。可见，刨汤节所产生的价值是复杂的、多元的，远非只是经济效益等外价值。

结　语

在城镇化进程的推进下，鄂西恩施传统的刨汤宴习俗逐渐失去了生存语境，趋于消亡；而恩施城区兴起的新型民俗节日——刨汤节，愈发受到民众的青睐和追捧。刨汤节是一种民俗主义产物，其通过复兴刨汤主体文化元素、融合地方及民族文化特色、迎合现代及城市生活观念、景观化包

---

① 李向振：《文化资源化：少数民族非遗保护理念转换及其价值实现》，《西南民族大学学报（人文社会科学版）》2020 年第 10 期。

装以及商品化改造等手段，增强了刨汤文化的生命力，使之在新的场域得
以复兴和延续。

刨汤节的案例为村落民俗文化的延续发展路径提供了思考。正如黄龙
光在论述非遗保护时所指出的，如今工业化、商业化以及城市化遍及城乡，
单纯依靠内部内源性传承式保护已无力承担非物质文化遗产保护的重任。[①]
刨汤宴习俗亦面临着此种存续困境，其作为行将消失的村落习俗，失去了
滋养的语境和传承的人群，无法继续跟进历史前进的轨迹。而刨汤节为刨
汤文化提供了一个延续的契机。具体来看，从刨汤宴到刨汤节，刨汤文化
的改造和变迁过程具有一定的特殊性。第一，文化的呈现场域从相对封闭
的村落转移到更具开放性的城区，这在一定程度上扩大了刨汤文化的影响
面和受众群体。第二，政府和企业在刨汤节的开发和形成过程中发挥了重
要作用，为其顺利开展提供了必要的保障。在具体实践中，脱离了政府的
政策支撑和经济资金的支持等，民间的诸多活动都难以展开和推进。[②] 而
刨汤节既获得了政府的政策支持，同时又有多家企业牵头打造和实践，这
为其连续性的成功举办提供了坚实的基础。第三，刨汤节既继承和采用了
传统民俗文化特色，又融入了现代及城市生活的文化理念，此外还在一定
程度内进行了商品化改造使之具有经济价值。虽然，刨汤节主要保留和呈
现的是刨汤文化中"形"的部分，但形式并非不重要，形式的保留依然能
作为载体让人们了解这一曾经实实在在存在过的文化。正如徐赣丽所言，
"只要参与者认真对待，而旅游者自己能够获得真实性的感受，那么这种
旅游中发明的传统的展示应该是有其合理性的；甚至在资源缺乏的情况下，
如能创造性地结合地方特征和民族特征来制造新的民俗无疑是对其本身文
化传统的发展。"[③] 虽然民俗改造之初可能会削弱甚至是破坏本地文化，
但民俗的创造和再生产亦可以复兴和发扬在现代化冲击下逐渐式微的传统
文化。因此，基于新的目的和不同的功能，刨汤文化能够再次适应当今社

① 黄龙光：《非遗视野下彝族花鼓舞保护的多主体协作》，《内蒙古艺术学院学报》2019 年
第 1 期。

② 宋颖：《民俗主义与学术反哺——以福建外碧村的民俗生活实践为例》，《民间文化论坛》
2017 年第 3 期。

③ 徐赣丽：《民俗旅游与"传统的发明"——桂林龙脊景区的个案》，《文化遗产》2009 年
第 4 期。

会，出现在时间里、出现在民众的生活之中，这亦是一种文化延续的有效途径。

除文化本身的延续存亡以外，民众对于民俗文化的需求也为刨汤节的存在提供了正当性。宋颖指出，文化记忆和乡愁情感时刻萦绕在人们心里，成为城镇化过程中的共同心理特征。[1] 现代性带来了传统的缺失，而民俗文化作为传统的载体，能够弥补缺憾，联系人们对过去的情感。正因如此，民众对刨汤文化一类的传统民俗和地方文化产生了消费需求。无论是本地居民还是外地游客，他们在体验刨汤文化时并未指责刨汤节"不正宗"或"不真实"，相反，民众接受并欢迎这些行将消失的民俗再现，并以此为载体回忆过去、追忆乡村生活、体味传统文化。民众是民俗文化的创造者、享用者，也是其价值和意义的评判者。[2] 民众对于刨汤节的认可是刨汤文化最重要的价值体现。如今，许多人已经难以回到乡村，诸多乡村的传统文化习俗也趋于消亡。在此情况下，城市地区的民俗主义产物能够为民众的文化需求提供条件和便利。

此外，在刨汤文化的民俗主义改造中，曾经在村民的日常生产生活中有着重要意义、发挥过实质作用的价值消失了，但同时也产生了一些新的价值和意义。新赋予和生成的价值从经济、文化、政治及社会四个层面丰富了刨汤文化的内涵，扩大了刨汤文化的知名度和影响力，让刨汤文化再度回归到民众的生活之中，并在服务人民和地域发展上发挥了正面的作用。此外，从主体性价值的角度来看，刨汤文化的价值创造者及享用者从村落村民拓展到政府、企业、当地居民、外地游客等更为多元的主体。可见，刨汤节在被创造的过程中发生的价值变化是复杂的、多元的。虽然刨汤节不再具备传统的功能和价值，但它实现了价值的转化，拓展和扩充了刨汤文化的价值。

不过，相较于传统民俗文化的自给自足性和神圣性，刨汤节作为被制造出来的节日具有他者依赖性和消费性，因此刨汤节能否将刨汤文化延续

① 宋颖：《"乡愁"语境中特色小镇的民俗应用与影像表达》，《温州大学学报（社会科学版）》2020 年第 3 期。
② 桂胜、谌骁：《共谋与协力：节日类非物质文化遗产保护的资源化实践——以恩施土家女儿会为例》，《民俗研究》2021 年第 3 期。

下去，直接受到举办主体的制约及市场的限制。此外，真正良好的民俗文化保护实践，应该是在内价值与外价值之间寻求耦合路径。[①] 民俗主义改造过程中过度强调外价值易造成民俗文化的简略化、同质化以及庸俗化和娱乐化倾向等问题。民俗主义能吸引到民众的关键在于民俗文化本身是有内涵、有特色的。简略化的民俗主义本身就不具备足够的吸引力，同质化的民俗文化呈现会造成民众的审美疲劳，庸俗化和娱乐化则会让民众丧失对于民俗文化的深度理解和认同，削弱人们对于民俗文化的价值和意义的感知。

---

① 李向振：《作为文化事件的非物质文化遗产保护的内外价值实现》，《云南师范大学学报（哲学社会科学版）》2021 年第 5 期。

节日仪式

集体传承类非物质文化遗产传承的生命力研究[*]

——以传统节日为例

刘智英　马知遥[**]

摘　要

传承的本质是传承者对文化的延续，探究其传承的生命力，需从传承者主体与节日本体上探究原因。从传承者维度看，节日是一种活态传承，是通过集体记忆、实践与情感的参与实现生命力传续。从传统节日维度看，稳定时期，传统节日是一种完善而稳定的结构机制；危机时期，它是一种通过适应变异而获得常态式发展的自愈机制。二者相辅相成，互为体用，合力成为节日生命力的内生原因。从传统节日与传承者关系看，传统节日是一种满足传承集体全面需求的综合性事象。活态、结构、自愈与功能机制作为传统节日文化复合体传承生命力的四大机制，在不同维度与情境下发挥着作用，是传统节日永葆生机与活力的原因。

　　* 本文系教育部人文社会科学重点研究基地重大项目"京津冀协同发展与非遗区域整体性保护研究"（22JJD850010）阶段性研究成果、国家社科基金艺术学重大项目"中国文化基因的传承与当代表达"（21ZD01）阶段性成果。

　　** 刘智英，陕西师范大学文学院、陕西文化资源开发协同创新中心讲师；马知遥，天津大学教授、博士生导师。

关键词

集体传承　传统节日　生命力　非物质文化遗产

一、问题的提出

文化是由传递而普遍遗留下去的。

——［美］爱尔乌德《文化进化论》（钟兆麟译，世界书局 1930 年版，第 11 页。）

非物质文化遗产持续发展了数千年，这就说明了在这样的文化内部存在一种存续机制。《中华人民共和国非物质文化遗产法》规定非物质文化遗产是"是指各族人民世代相传，并视为其文化遗产组成部分的各种传统文化表现形式，以及与传统文化表现形式相关的实物和场所"①。条文中"世代相传"，即传承。所以说，传承是非物质文化遗产不证自明的内在规律与根本机制，传承性相对于非物质文化遗产的其他特质是先于与限于的关系，因为传承才有非遗并作为其特质共生，并且它并不会因为具体传承实践而消失，而其特质是因为非遗才产生特质。

既然非物质文化遗产的传承性是其天然、内嵌的特质，那么让其传承下去的作用机制是什么，换句话说，让其传承至今的原因是什么。关于此方面的思考是一种对传统文化生命力与存续力的思考。本文以传统节日为核心案例去思考其集体传承类非遗缘何传承至今。

而要探讨这个问题，首先要明晰本文中何谓集体传承类非遗。当前，我国学术界就非遗项目的分类提出了很多种方法。其中就有按照传承主体数量一与多的差异将我国海量的非遗项目分为两大类的观点。萧放将非遗项目分为单一属性的非遗与综合性质的非遗，前者指的非遗"具有与个人才智紧密结合、个性特征鲜明的特点，它不依赖群体合作，具有独立表现、独立传承的文化属性。如个性化很强的表演艺术：故事、歌谣、史诗、评书、音乐演奏、工艺技能等"。后者指的非遗"具有群体参与的属性，它依托较广阔的文化空间，文化传承与享用具有广泛的群众性。如节日、庙

---

① 信春鹰主编：《中华人民共和国非物质文化遗产法释义》，法律出版社 2011 年版，第 2 页。

节日研究

第二十二辑

会、群体仪式活动、社区信仰等"①。张兆林将非遗项目一部分归为"由一个社会个体即可独立掌握核心技艺的单一性项目，如民间文学类的各种传说、故事，民间音乐类的民歌，民间美术类的泥塑、木雕等，另一类是由多个社会个体共同掌握核心技艺的综合性项目，如民俗类的各种节庆习俗及文化空间等"②。从上述分类可知，传统节日实际上即是一种集体传承类综合性非遗，它是通过空间内所有成员集体参与、集体掌握、集体举办从而实现集体传承非物质文化遗产。

中国传统节日是流传至今的古老民族节日，在其长期的生产实践中经过不断传承形成丰富多彩的节日生态。据学者统计，中国 56 个民族从古到今有节日 1700 多个，其中少数民族民间节日有 1200 多个，汉族节日有 500 个左右。③节日数量之大，在世界首屈一指。许多传统节日早期并没有文字记载，为什么它能流传下来？答案是它具有传承性，而它为什么具有传承性却是被我们所忽视的内容。为什么有的节日甚至是远古时代的纪念仪式仍能延续至今？为什么有的传统节日传承较好，有的则被实践者所摈弃？至近代，中国传统节日面对西式节日的冲击并没有消亡，特别是传统节日所彰显的文化内涵以及民俗特征并没有消失，它们被完整地保存、延续和传承下来，那这种生命力来自什么？这一系列问题需要我们回答。目前关于传统节日传承的学术探讨，绝大多数是思考传统节日当下传承遇到的困境，以及如何去传承。而本文关注传统节日之所以能够传承的原因，通过探索其传承机制，理解传统节日的持续、断裂或消失的原因，为传统节日或者其他类非物质文化遗产在新时代更好、更优地传承，提升生命活力提供参考与思路。

---

① 萧放：《关于非物质文化遗产传承人的认定与保护方式的思考》，《文化遗产》2008 年 1 期。

② 张兆林：《非物质文化遗产集体性项目传承人保护策略研究——以聊城木版年画为核心个案》，《文化遗产》2019 年第 1 期。

③ 统计节日数目的标准有两种：一种是中国从古到今规定"今"之时限都过哪些节，一种是当今的中国都过哪些节。前一种方法可以说是纵向统计，后一种方法可以说是横向统计，只计当今仍然存在的节日，而不论它的年代是否久远，也不论它是土生土长的还是引进传入的。本文采用纵向统计法。参见洪尚郁：《中国传统节日的特点》，中央民族大学 2009 年博士学位论文。

二、传统节日传承至今的原因

传承的本质就是传承者对文化的延续，思考传统节日传承至今的原因，就是从节日与传承者传承方面入手。沿着这个思路，针对传统节日传承至今的客观事实，笔者从传承者、节日的稳定时期、非稳定时期、节日和传承者关系维度四方面去思考传统节日传承至今的原因。

（一）传统节日传承是一种活态传承

非物质文化遗产的传承和延续，不像物质文化遗产是一种"无人栖居"式传承，非遗作为一种"活文化"，传承依赖于"有人栖居"[①]式传承。同样，非遗有机组成部分——传统节日的传承亦是一种"有人栖居"式传承，即依靠传承者的活态传承。故此，笔者主要去分析在集体记忆、实践载体与情感参与下的节日传承为何具有旺盛生命力的原因。

1. 节日活态传承是一种口承式集体记忆传承

在壮、苗、布依、侗、白等无文字民族，记忆是传承者将传统节日一代代传承下去最为有效的方式。许多节日是采用口耳相传、身体力行的方式进行记忆，如苗族的苗年、四月八、龙舟节等，由于节日记忆信息的传递和交流采取了直接的面对面形式，并伴随着相当强烈的运动性和情感性，所以节日文化记忆一旦形成，就强烈地刻印在有关成员的脑海中，不会轻易地被抹去。[②] 即使在有文字的民族中，口承和文字也始终是一明一暗、一主一次，既相得益彰又相互排斥的两种交错并生的集体记忆类型。因为节日传承是集体参与的传承，在记忆维度自然也是一种集体记忆传承，相比个人记忆易失的特点，集体记忆除非特定民族文化的人们集体死亡，否则只要集体还有一个人存在，只要这个人还有记忆能力，他所属的那个特

---

① 扬·阿斯曼将回忆空间划分为有人栖居、无人栖居和保存式遗忘三种。其中有人栖居即指身体在场的回忆空间，无人栖居即身体不在场的回忆空间。物质文化遗产传承是依托器物来传承的，是一种身体不在场的传承，即无人栖居式传承。而非遗是依托身体在场的传承，即有人栖居式传承。

② 李波：《社会记忆下的少数民族传统文化传承载体探析：以黔东南苗族为例》，《贵州大学学报（社会科学版）》2013年第3期。

定民族的集体记忆就不会消失，也无法被剥夺。许多尚无文字的原始部落至今还保留着鲜明而生动的集体记忆就是明证。[①]

检视人类文化传承史我们看到，一个民族在千百年来生存实践中创造出了诸多文化成果，但在历史车轮的前进过程中，一些破坏记忆的因变量往往相伴而生，具有生命力的记忆在抽象的历史叙事的装置下被逐渐吞噬，使得大部分都随着历史长河的大浪淘沙流失了，只有很少一部分被流传。那为何节日记忆成为被传承集体所记住的"很少一部分"并流传至今呢？原因主要体现在：这种集体认知作为地方性知识是建立在共有的体验基础上的记忆，不是个体记忆的简单相加。它或者是同代人共有的体验，或者经过数代人的努力，形成一种相对固定而鲜明的文化标识，以区别于其他集体。它内化于个体之中，成为个体认同的标志。历次节日活动永远都会回归到这个稳定而确定的标志上，传统节日每年集体记忆的再现都是对其进行的一种记忆反刍。所以说，它并不是与传承某个个体甚至某代集体记忆的承接，故它的生命力自然也不受限于某个个体或某代群体的有限生命，节日集体记忆完成了与集体记忆本身实现的一种"超代际"承接，从而说明了节日具有一种集体记忆的稳固性。哈布瓦赫指出，假如关于过去的记忆不断地再次出现，那是因为每一时刻社会都有使之重现的必要方式。[②]节日在每个时代总是被回忆，说明个体总是能从节日集体记忆中汲取他们所需要的东西，可能是希望、情感、归属、认同，或者是某种不可名状的力量。

2. 传统节日活态传承是一种实践载体传承

传统节日是由物质载体、非物质载体与空间建构出来的。

第一，传统节日具有物质载体，如节日服饰、食物、图画、道具、工艺品等。民众依赖于物质，总是被或日常或具有更多私人意义的物所包围。这些物物化了诸如实用性、美观性与舒适性的地方性知识，反映着人自身延续的经验、知识体系等功能。尤其是节日中包含的实践、表演、表

---

① 如美洲的印第安民族。转引自张德明：《多元文化杂交时代的民族文化记忆问题》，《外国文学评论》2001 年第 3 期。

② 陶东风：《记忆是一种文化建构——哈布瓦赫〈论集体记忆〉》，《中国图书评论》2010 年第 9 期。

现形式、知识体系和技能有关的工具、实物、工艺品，它们的印痕可能来自那些令人敬畏的遥远故事，它们的形制可能是祖先民间智慧适应自然的观念。[①] 它们实实在在的现实存在不仅为传递提供了方便，也获得持续性叙事与传播，使得传承过程获得了超强的稳定性和生命力。第二，节日传承又有着非物质载体，表现为一种彼时彼刻到此时此刻的实践呈现，包括仪式、庆典、戏曲、体育、舞蹈等。而集体的活力就封装在这些表演中，通过多样、熟悉且精彩的方式与深度、沉浸、立体、互动的体验稳固人们关于某些过去的记忆，促进了当地的认同，加强了关系网络，形成在各种合理性"交往行为"的实践中完成"合理化"[②]的凝聚力，增强了参与者传承的活力。第三，传统节日作为一种文化空间，总是以一种文化表演的形式在具体的地理情境中展开，如祠堂、庙宇、乡村广场等。这些文化空间"不仅是单纯的物质空间"，它们"承载了人们认知空间的历史、经验、情感、意义和符号"，[③]这些共享、共识、共建的历史、经验、情感、意义和符号"体现了一种持久的延续，这种持久性比起个人的和以人造物为具体形态的时代的、文化的短暂回忆来说都更加长久"[④]。也即是说，地点本身就是一个存放美好回忆和辉煌成就的档案馆，它们"永久存留，为历史见证"，有着"为令众人普遍知晓"的效能，成为传统节日持久性的载体。节日传承载体形式丰富，极大地加快和提高了传承的速度、广度、效度和密度，同时还给予集体记忆永久保存的现实承诺与不断复活传统的现实支撑。

3. 节日活态传承是一种情感传承

传承过程的运行机制具体表现为：选择性注意、选择性理解和选择性传承。人们首先注意的是自己情感认同的事物，而把自己不喜欢的人或事排除在视野之外。其次是对这些事物加以理解，理解中既有理性的因素，

---

① 马知遥、刘智英：《非遗保护与传承的记忆阐释——以山东省莱州市非物质文化遗产为例》，《文化遗产》2019 年 5 期。

② ［德］尤尔根·哈贝马斯：《交往行为理论》（第一卷），曹卫东译，上海人民出版社 2018年版。

③ 程世丹：《当代城市场所营造理论与方法研究》，重庆大学 2007 年博士学位论文。

④ ［德］阿莱达·阿斯曼：《回忆空间：文化记忆的形式和变迁》，潘璐译，北京大学出版社2016 年版，第 344 页。

又掺杂很多情感的因素。经过理解，人们对事物形成一定的价值评价，评价低或评价高的事物往往对人的情感形成很大的震动和冲击，从而留下深刻的印象，这就会形成选择性传承。[①] 社会发生的事千千万万，只有那些深刻影响人们情感的事物才能在其脑海中留下浓墨重彩的画面，才能为人们所记忆、所保留、所珍藏、所传递。所以说，节日传承过程是人们情感不断选择的过程，人的情感意向全程参与了传承并通过三重选择左右着传承对象，传承过程总是嵌入情感体验的框架中，集体只会传承他们情感所认同的事象，传承情感维度上的主动性代表了长久传承的基本活力，没有情感维度的关照，即使传承也仅是一种冰冷与僵化的知识传递，可以说有情感的传承才是有生命力的，情感成为支配节日生命的精神能力。

丰富多彩的传统节日被看作是"中华民族的情感基因"，不同的节日记忆渗透着不同的情感判断与认同。这些情感体现为日常性情感、非常性情感与超越性情感，它们为节日传承提供了必要的心理基础，还为节日生命力强化与扩张提供了不可或缺的凝聚力和驱动力。

第一，日常性情感。建立在日常生活经验基础上的节日，它的情感没有自上而下的压迫感、由外入内的排斥感、从远及近的疏远感、阳春白雪与下里巴人的对立感。节日的情感是一种充满民俗韵味、具有朴素的日常性情感。它不仅通过特殊的节日句法、形式显现着一个家庭、社区或共同体古老的习俗，而且它的民俗化、生活化的情感叙事激起了复杂的感受和体验。这种情感体验是立体、亲切、契合与共享的。首先，它们呈现出目不暇接的节日画卷，传递出或呢喃或吆喝的节日声音，煽动着、裹挟着汗水与泥土的味道，它是以视觉为主导的多感觉参与的立体体验。此外，节日活动耳熟能详、喜闻乐见，节日狂欢化的情感表达呈现出鲜活自由、直白朴实、风趣俗气的风格，给人以喜庆、欢愉的情感体验。同时，这种民俗知觉、文化体验与人们参加节日的世俗化期望（如体验传统美好、观看文化表演、享受盛宴美味）是自然契合的。最后，日常性情感往往建立在集体的文化认同和加固的集体记忆上，所以，它是共享的。如国人对月亮具有共享的情感，对于这样一个自然天体，从古至今的人们一往情深，使

① 郭景萍：《社会记忆：一种社会再生产的情感力量》，《学习与实践》2006年第10期。

得月亮成为日常性情感中的一个共享的重要对象。对月亮情感形成纪念和庆祝的一系列节日，月望的元宵、中秋节，月半弦的七夕和腊月廿三，月朔的除夕和大年初一，等等，这一天民众共赏一轮明月，共同思乡与怀古。所以，日常性节日情感不仅产生了最佳的通达性，使参与者产生最强烈的亲熟感，而且因其具有阿维夏伊·玛格利特所说的"历史感"及其所产生的"深描"性，[①] 也激活了人们的情绪与想象，在传承的力度上也更为持久。

第二，非常性情感。与日常情感相对应的是一种非常性情感，所谓的非常性情感，是一种非常态下的神圣性情感。从发生学意义上看，我国传统节日起源有以下六种：历法节气、原始崇拜、禁忌迷信、祭祀、宗教信仰、多神信仰。[②] 其中五种起源都与神圣性有关，这些神圣性节日无论思想、人物、事物还是事件，都笼罩了极其崇高庄严的光环，令人崇敬、令人神往。这种神圣性具体表现为有着各种神圣意义的节日语言、祭祀、禁忌、仪式、面具等。它们是威严的、肃穆的、神秘的、不容有丝毫冒犯与亵渎的，面对它们，集体慢慢发展成对神秘而又威力无比的节日的依赖感、神圣感，而这些情感在节日中营造成互相激励、互相竞赛、互相效仿的氛围，从而实现集体对节日的绝对信任与无比忠诚，甚至在一些特殊条件下，非常性感情表现出的冲动与爆发是盲目、狂热、偏执的。总而言之，非常性情感让节日传承行为得到升华。尤其在古代，人们的真挚情感为节日长久传承固化与合理化奠定了心理层面的根基。虽然随着民众的开化与时代的昌明，节日选择变得多样化，但这种非常性情感并未消失，节日中的民间俗信依然存续。比如农历三月十八，晋南万荣县庙前村的后土祠仍然延续了古代春社的节日，对传统社神后土开展多样化崇拜。由于，中国民众的传统观念认为语言是具有强大神圣力量的工具，会对人们的行为产生作用。人们利用"鞋"与"孩"在方言中谐音的关系，偷"鞋"送给未生育的妇女，认为这样可以使其怀孕。[③] 因此，在节日期间，仍延续了"偷"后土

---

① ［以］阿维夏伊·玛格利特：《记忆的伦理》，贺海仁译，清华大学出版社 2015 年版，第 33 页。

② 牟元圭：《中国岁时节日的起源与演变》，《寻根》1999 年第 1 期。

③ 加俊：《节日仪式中的后土信仰与公共秩序：从后土祠农历三月十八传统庙会认识中国古代的春社传统》，《中北大学学报（社会科学版）》，2013 年第 1 期。

娘娘神像前的小鞋进行求子的习俗。可见非常性情感在当代持续传承中依然发挥着热量,这种非常性情感为节日传承提供了一种比功利主义逻辑更具经验性的解释力。

第三,超越性情感。传承过程中的情感,无论是日常抑或是非常性情感,它们往往皆有超越性,它是一种带有超越个体的情感追溯和生存缅怀的文化精神。它不仅超越个体生命的范畴,而且"超越生活之大"、超越社会范畴之上。以自东汉以后一直延续至今的端午节为例,它的主要内涵之一是因屈原沉水、百姓追念而形成一系列风俗活动。而人们愿意把端午这个与生活息息相关的节俗与屈原联系起来,以此来世代追悼和缅怀屈原,这是因为"屈原情结"在发力,这种情结是爱国情感,它是既神圣又朴素的,同时还有着一种最深层、最持久的力量。它让群体从中获得极大的震撼与冲击,有着很强的穿透性和感染力,情感成为对"沉睡的过去"最有力的招魂。又因为"屈原情结"是具有超越性的,所以,即使集体是一代一代变更的,情感仍让传承变得鲜活起来,后人对屈原的怀念之情在节日不断传承中得到无限延伸和契合。情感超越性还体现在当记忆中的情感含量达到一定的累积时还会产生一种抵御利益、潮流与实用的回忆力量,具有对于逝去的节日现象"乡愁"式的追怀心理,甚至在心之所系、所念的节日人物、事物、地点记忆已无关乎历史史实,只关乎情之所念。如七夕节的牛郎织女悲怆的爱情所带给人的震撼,虽然牛郎织女为传说人物,但因为有情感的嵌入,关于他们的节日活动至今充满活力,经久不衰。可见,情感犹如节日传承过程的抒情诗,保养着集体常绿的童心,重温着集体遗失的美好。

传统节日依靠集体来传承,集体是日常生活中的人的整体,人又是生命力的代名词之一,而生命力——作为充满宣泄性的生物学意义上的诗性词汇——是通过有记忆的、运动的、有情感的形式来体现的。集体将这种生命力以记忆、实践载体与情感深植于传统节日中,使节日以活态形式存在并流传,成为节日得以永葆生机与活力的力量源泉。

（二）传统节日具有完善而稳定的结构机制

传统节日是一种结构性的民俗文化,这种结构性成为节日传承至今

"不变性"的一种机制。所谓的结构性在传统节日中指的是节日体系框架性、节日分布的规律性，以及节日本身所蕴含的固定形式与表达等，也就是节日中相对"不变"的东西。它主要体现在一年之中节日体系的"大结构"、具体节日潜藏着"小结构"、节日内某形式与内容的"微结构"与节日"内结构"，四者互相嵌套，表里互助，形成节日结构系统。节日体系的"大结构"，指的是一年之内的节日体系分布的契合性与框架稳定性。如传统节日文化体系链，节日时期的分布与农业社会生活、生产规律的一种特殊契合性。与春种、夏锄、秋收、冬藏的生产性节律相应，民间节日中也就有春祈、秋报、夏伏、冬腊的岁时性节日。刘晓峰针对节日的"大结构"将其归纳为重前半年，轻后半年；重春秋，轻夏冬；重奇数月，轻偶数月；均衡，重阴的结构特点。①

节日"小结构"指的是具体的节日，如春节、中秋、清明等，有着约定俗成的结构。如中秋节形成了由祭月、拜月、团聚、"团圆饼"、祈婚嫁、求子嗣、燃宝塔灯、玩兔儿爷、听香等主要节日事象构成的结构。春节形成了辞旧迎新的结构等，其他传承至今的节日也形成特定节信、节事、节语、节物、节食和节艺并存同在的完整结构形态，所不同的只是具体表达。

具体节日的"微结构"指的是特定节信、节事、节语、节物、节食和节艺也有着约定俗成的结构，而具体节日中的节事在此方面是体现最为明显的。节事主要指具体节日中的仪式与活动。不论是何种类型的节日，它都会有一套成文或不成文的固定仪式。它们从仪式内容、程序、步骤、仪仗规范、祭祀顺序、宴会座次等各个方面特征都反映出一定的结构性。比如，广西壮族"三月三"节日仪式由约定俗成的唱山歌、抛绣球与祭祀祖先构成，构成要素间或串联或并联进行操演。再如过年，从进入腊月开始，吃腊八粥，到过小年，再到除夕夜，然后从初一到初七，每天干什么、吃什么，甚至在一些特殊的节点上（譬如在拜年时）互相应该说些什么，都有一套约定俗成的规矩。不仅活动的形式和程序都要事先经过专人的策划和导演，幕后要有人组织和安排。而且每个节日都有自己的一套程序化的节目。诸如此类，不胜枚举。可以说，诸多重要节日"大结构""小结构"

---

① 刘晓峰：《论中国古代岁时节日体系的内在节奏特征》，《河南社会科学》2007 年第 6 期。

与"微结构"的稳定性是普遍的，并不是偶然、个别的现象。

节日结构既是由特定的时间、空间、人和活动内容的相互关系构成了独特的外显结构，同时也由人与神、人与人、人与自然、人与社会以及人与自身之间的关系和作用构成了一个内隐结构。[①]节日的"内结构"，是一种深层次的结构，由心理意识、价值追求、道德情操、感情趋向、审美情趣等价值观构成，与节日其他结构系统比较起来，这种内隐潜存的节日价值或精神结构是最强烈、最持久、最深刻的，也是最稳定的，它是传统节日的"文化基因"。它深存于该集体的潜意识中，成为群体感情的黏合剂，深深镌刻于每个传承者身上；甚至遇到外力诱发与刺激，它还会强化，甚至还会逆反而恶性发展。[②]近代以来，中国传统节日受到西式节日的冲击越来越猛烈，甚至西式节日大有凌驾于中国传统节日之上的趋势，但是中国传统节日并没有消亡，特别是传统节日内隐其中的深层的精神和价值结构从未消失，并被完好地保存、延续和传承下来。例如团圆，它是中国人流淌在血液中的一种价值追求，像除夕夜的团圆饭、正月十五的元宵、八月十五的月饼、九月九日登高的"插茱萸"等无不昭示出团圆意识。随着经济发展，传统春节诸多元素发生改变，一些表象甚至被消解，但无论怎么改变，对团圆的追求却从未改变。这从一年一度如同候鸟南北迁徙似的春运潮中就能窥见一斑。时代不同，节日的种类和内涵不同，但超越时代性的内容如审美心理、社会观念、价值追求以及共同的社会行为方式等是本民族固有的，有些内容可能会随着时代的变迁有补充、修正，甚至是更新，但其本质是不变的。

节日结构性系统实现持久传承具有两个特殊的维度：一是它的规范化；二是它的周期性。

一方面，规范化又有两层意思，规范化的第一层意思指的是节日传承是以结构性展开，体现出在节日内容、物什、空间等时间维度下长久的模式化或范式化的倾向，这是稳定性的表现。以节日的"大结构"为例，张娜、季中扬将《四民月令》《荆楚岁时记》《东京梦华录》《宛署杂记》四

---

① 白红梅：《那达慕文化的结构功能主义理论阐释》，《中央民族大学学报（哲学社会科学版）》2009年第6期。

② 赵世林：《论民族文化传承的本质》，《北京大学学报（哲学社会科学版）》2002年第3期。

本书作为两汉、魏晋南北朝、唐宋、明清四个重要阶段的代表，通过图表形式纵向比较其所记载的主干节日来对节日体系的结构特点进行比较，发现在两千多年的历史发展过程中，传统节日框架不过是小修小补，并未出现大的结构性变化。① 规范化的第二层的意思指倾向背后渗透着权利与义务传递，它们令人严肃、庄重、虔敬，表现为程序、禁忌、咒语等，有着规范、控制、监督与制约的意识，这种倾向性反过来强化稳定性，使得我们的行动和思想都会自觉或不自觉地依照习惯。因为稍稍偏离约定俗成的结构就会遇到非常大的困难，即使与结构性相生的变异也总是立足于结构性基础之上，结构性作为一种"红线"规制，限定着变异的阈值。即使以千年为单位审视节日变迁，传统节日也还是稳定的、有秩序的，变迁也是缓慢进行的。这种结构的规范性甚至最后超越结构本身，即使在传统节日结构被打破时，依然存续着某种文化惯性。如山东省莱州市乡村过春节有着祭祀天地神的仪式，乡民一般会把中宫神的神龛砌在照壁北侧的墙体之上，俗称中宫屋或中宫窝子。而由于"文革"期间，这种祭祀空间结构受到巨大破坏，许多家庭的中宫屋消失。但民众依然会选择用红纸手写一张"中宫神在此"的字样贴在同样的位置，按期进行祭祀。

另一方面，所谓周期性，是指节日具有的有间隔地、周而复始地举行的这种特性，② 而这一特性使得各种节日结构在同一年度定时定期不断出现。从年初正月到年终腊月，一个个接踵而至的节日呈现出此节刚过、彼节又来的节日分布状态。这种此起彼伏的节日分布，使得过节成为广大民众不断重复的文化行为方式。同时节日又以年为周期循环往复，在同一节日时间里，人们年复一年地重复着与往年相同或大体相似的节日行为。结构性时间节点周期性发生可以使群体再次激活往年庆典的时空阀门；结构性仪式的重复"通过"、各种重结构性的身体姿势定时再现，通过身体的均质化获得长期延续，并内化为身体的自然组成部分；结构性节日言辞或以口传形式或以书面形式周期性重温，在无形中实现过去内容现实化。维尔弗雷多·帕累托曾说过："重复，尽管它没有半点逻辑—经验的价值，但

---

① 张娜、季中扬：《结构性传承：传统节日变迁的内在理路及其更新方式》，《中国农史》2021 年第 5 期。

② 金毅：《试析民族节日文化的特征》，《黑龙江民族丛刊》1998 年第 4 期。

比最好的逻辑—经验论证更为有效。"① 可见重复往往比经验论证对群体的影响更大，这就使得周期性重复发生的传统节日拥有了独特的引导性，抵消掉节日举行时的暂时性，通过反复强化，周期累积，产生常规效力，获得生命活力，形成一种传统延续的体验与维持社会现状的认同，并强化着具有共同历史起源、共同生活传统的民众的联系。

所以说，传统节日有着完善而稳定的结构，完善性体现在一个严密的系统，要素之间彼此勾连，它是稳定的基础；稳定性，体现在它是以规范化与周期性实现结构传承，规范化与周期性又从时空、表里共同强化着结构稳定，使得前后的节日结构之间有着继承性，现在与过去有着千丝万缕、割舍不断的联系，稳定性是结构性的目的。总之，完善而稳定的节日结构完善而稳定着传统节日的传承，成为传承至今的重要原因。

（三）传统节日具有一种适应变化的自愈机制

稳定是相对的，稳定并不等于绝对的静止。世界上没有完全不变的东西，正如著名学者潘光旦所言："纵观宇宙，上自星象的形成，下至人类的繁殖，自其动者而观之，无处不是'变'自其静者而观之，无处不是'异'，自然历史家名此种现象曰：'变异'。"② 变异无处不在，变异性作为传统节日的基本特质而存在。变异分为颠覆性变异与适应性变异，传统节日的变异性属于后者，它是在结构性稳定的基础上变异，变异为了更好地稳定，也即是一种通过适应性变异完成自愈而获得常态式发展。"自愈机制"这一术语由张举文教授在追索中华优秀传统文化长盛不衰的过程中所创造，并在学界引起广泛关注。它的逻辑前提是当中国传统文化遇到外在变化后通过本土化、遗产化与传统化实现的自我调适，变异触发开关为外变化，这种外变化可以是因经济、政治、宗教、生态、社会等良性或恶性变化而发生的变化，适应变化，渡过危机，获得新的生机，得到进一步的发展。③ 而作为传统文化之一的传统节日传承的生命力之一也源于节日

---

① ［法］雷蒙·阿隆：《社会学主要思潮》，葛智强等译，华夏出版社 2000 年版，第 298 页。
② 潘光旦：《潘光旦文集》（第二卷），北京大学出版社 1994 年版，第 64 页。
③ 张举文：《文化自愈机制及其中国实践》，《北京师范大学学报（社会科学版）》2018 年第 4 期。

整体结构和各文化要素在这个整体系统中结合生活需要，以及个人兴趣和利益等参照框架，应对外界调适，通过适应性变异后完成自愈，适应性变异具体表现为兼容、整合、替换、嫁接、翻新、微调等。

比如，替换。一些节日元素消失后，会有新的元素补充进来，如过年为"度阴"的信仰观念已经消逝，神秘的禁忌大多也已淡化，但以春联、年画、花灯、窗花、中国结等民艺物品装点春光融融的新年景象这种变异的情节不断补充进来。即使具体节日中的某几个节日情节与要素的消失且尚未有新要素补充进来，从更宏观的层面看那也是一种节日整体性适应时代变化的自愈。再如，微调。面对网络信息技术、通信技术的发展使得许多节俗做出具体形式微调，现如今以"数字化"为最显著特征。以过年来看，"压岁钱"调换为"电子红包"；"放鞭炮"以"电子鞭炮"的形式出现；除夕的主题不再是燃烛守夜，看春晚、集五福成了新节俗；"拜年"的形式多种多样，古人有登门拜年、"飞帖"等拜年形式，如今短信拜年、语音拜年、邮件拜年、视频拜年等占据了主流。2020年，"云过节"的现象不断增多，出现了如"云上过清明""云上过端午""云上过中元"等新形势。

同时，这种节日适应性变异实现自愈也给当下"节味"变淡提供一种阐释。关于当下传统节日的"节味"越来越淡的言论十分盛行，甚至形成一种强烈的"焦虑感"。这种社会心理其实是社会转型与经济转轨在民众心理上的投射。节味的浓淡标准不过是一种有着强烈时代色彩的概念而已。社会经济的转型必然也会伴随文化转型，节日形式与内容也在变，所谓"节味"更多的是对传统的一种集体记忆。当前中国社会经济的转型是一个从一元社会向多元社会、从传统社会向现代社会全面转化的过程，一些与现代观念不太相符的旧习俗可能会在快速社会变迁中为社会所抛弃，而这一过程却通常是在较短时间内完成的，以此会给民众，特别是年龄较大的民众造成一种强烈的忧虑心情与失落的心理，以至于在他们眼中"节味"变淡。然而某一代人的"节味"变淡并不等于"节味"本身变淡。与其说"节味"变淡了，不如说"我们"长大了。一部节日的传承史，就是其演变史。在这个过程中，节日有继承，有改变，有增减，有变形，也有变质；有消失，也有新生，所以，"节味"不是一种固定不变的味道。它会随着社会的发展出现新味道，如祭拜仪式简易化、年货商品化、拜年方式数字化、娱乐方式多元化、空间都市化，符合新味蕾。这些变化是节日面对多变的新时代，通过适应当代而进行的自愈，变化是中性的，不能用某一代去衡量与定性新时代，不能把适应而自愈的过程解读为消失与衰落。

传统节日通过一些适应性变异，完成自足性、自愈性机制系统。与此同时，传统节日的适应性"变"是进化，而不是后退，它作为能动的文化因子，其内涵和内容会随着社会的演进而不断发展变化，它传递出的传承是暗含着一种积累与进步的意识，会越来越丰富。每一种较之前"先进"，新要素与情节的出现都是以自然淘汰不适宜生存条件的旧要素与情节为基础，在数量上与质量上逐渐增加适应性更好的"成员"，最终在变的绝对性与不变的相对性交替演进中常态式发展，这也是它之所以延续不断地发展了几千年的原因之一。常态式发展是节日很强的生命力的天然彰显。例如"清明节"，本来就是单纯的生产性岁时节令，即"春分后十五日，斗指乙，则清明风至"（《淮南子·天文训》），"三月节……物至此时，皆以洁齐而清明矣"（《月令七十二候集解》）；后为纪念春秋时的介子推，又衍生出禁火寒食的"寒食节"；因相传介子推是个孝子，便激发了人们对亲人的孝念之心，从而形成了影响最大的祭扫祖先亲人墓冢的社会生活性节日"扫墓节"；至于植树与春游踏青等习俗活动，则是对这一岁时祭祀节日内容的进一步丰富。

将传统节日的结构性与变异性进行比较，一方面，结构性是在相对稳定的社会环境下实现传统节日存续与传承，那么变异性常常拯救传统节日于危难之时，这也是有着几千年的中国节日传统，缘何屡遇危困，却能化险为夷，且在危机后能重焕生机的原因。这种适应性变异暗合了"穷则变，变则通，通则久"的哲学规律，成为传统节日传承数千年并仍葆有持续生命力的密码。另一方面，结构性是对节日形式和内容的保持，变异性则是保持传承发展具有时代性的基本条件，是一种由简到繁、由低级到高级的过程。这两种特质虽或动或静、一阳一阴，却相反相成互为体用，并以此构成了节日存在和发展的内在机制：变异性变异出来的时代内容，愈合了时代，也愈合了自己，并经过筛选慢慢沉积为稳定的节日习俗，使节日文化得以存在，而节日系统的结构性则以其稳定给时代内容规范可变幅度，使文化与日俱新。

（四）传统节日是一种能够满足全面需求的综合性文化事象

功能主义的主要观点之一是一种文化能够保存或传承下来，是因为文化是一个整合的系统，在这个系统中，文化的每个元素都扮演特定的角色，都具备功能。[①] 诚然功能主义一直因为实用主义倾向受诟病，而诟病的根本并不是否认实用主义的存在，而是他们将文化所有现象皆归因于实用性需求。所以，文化传承至今重要原因之一是需求，在传统节日中亦然。

传统节日是一种综合性的文化事象。在传承过程中，节日整合进了越来越多的内容，一些大的节日，"几乎是政治、经济、生产、生活（衣食住行）、宗教信仰、文化艺术、社会交往、民族心理等的综合反映，具有全息性质"[②]。可以说，一个盛大的节日，恰如一个展示民族文化的舞台，是民族文化特色的浓缩和集中展现。整个传统节日生态包括宗教、商贸、游乐、庆贺、农事、纪念、生活社交等节日，除了整体节日具有综合性，节日整体也具有综合性，如清明节，有人把它划为农事节日，有人把它划为祭祀类节日，还有人划为游乐性节日，由此可见，虽然传统节日产生时可能是单一性的，然而具体节日整体在后世发展以及现实存在中它是综合性的。节日日趋综合性的生成机制是什么？

钟敬文先生说，民间节日是民族文化中不可缺少的部分。它是我们历代祖先在长期社会活动过程中，适应生活、生产及各种需要和欲求而创造出来并传承下来的。它凭借着现实的各种条件，发挥着众人的智慧、能力和想象，为人们的生存安宁、健康等要求服务。随着人们能力、智力等的发达和经历时间的长久，这种传统文化越来越显得丰富多姿。[③] 根据钟敬文先生的论述，节日是由各种需求产生，又因不断丰富的需求衍生得以长久延续。可见，形成当下传统节日的综合性来自个体和集体的需求满足，而个体和集体需求的满足是节日传承至今、生生不息的另一个重要原因。按照人类学家拉德克利夫·布朗所言，某种文化现象具有的特定功能主要

---

① 本观点来自功能主义代表人物之一马林诺夫斯基。参见［英］马林诺夫斯基：《文化论》，费孝通等译，中国民间文艺出版社1997年版。

② 陶立璠：《民俗学概论》，中央民族学院出版社1987年版，第187页。

③ 转引自李竹青、杜莹：《少数民族传统节日的功能及发展趋势》，《青海民族学院学报（社会科学版）》2004年第3期。

不是表现为这一现象满足了某种人的需要，而是表现为它满足了某种整体的需要。节日这一文化现象的需求满足即是一种群体需求的满足，而这种需求是基于传统节日综合性特质的一种全面的需求满足。

传统节日既包括物质层面的文化要素，如饮食、服饰、交通、居住等，也反映出民族的社会制度、体制、条约、法规等文化要素，同时又蕴含了民族的历史渊源、娱乐社交、道德伦理、崇拜信仰、礼仪习俗、人情风尚、艺术文学等要素。而传统节日的丰富要素又具有丰富的功能，"恰如以生物的每个器官在该有机体的生命中扮演某种角色一样"①，它的综合性是满足着群体的不同需求现实根基。文化人类学家马林诺夫斯基将人的需求分为基本需求、衍生需求与整合需求。综合的传统节日一是能实现传承群体基本需求的满足。基本需求又被马氏分为七种，包括新陈代谢、吃喝、繁衍、身体舒适、安全、运动、成长、健康。节日是对各民族社会生产生活的直观反映，它以特定的形式积累了丰富的生产经验和生活知识，并通过特定的文化回应满足了人的基本需求。仅以马氏提出的基本需求中的"健康"为例，健康长寿始终是人类的最基本需求，而人的健康需求在节俗中通过"卫生"给予回应。如腊月二十四扫房子，天贶节晒衣、晒书等节俗中表现出的家居卫生观；节日期间喝屠苏酒、菖蒲酒、插艾叶、茱萸、戴香囊、灭鼠等活动中表现出的季节性防疫措施；踏青、剃头、舞龙、荡秋千、赠鞋等节俗中体现出的养生行为。②上述文化活动以卫生回应了人的永恒的健康需求，为维持传统节日的生命力做出了贡献。

二是能实现衍生需求的满足。马氏称衍生需求是为了更好满足生物需求的社会需求，费孝通先生称其为"可以归根到基本的生物需要里的"需求，③它以经济、教育、法律与社会控制方面回应（满足）的二级需要，而落脚在综合性传统节日上则体现为节日直接或间接相关的惯制、组织、秩序、程序、禁忌、乡规民约等回应群体衍生需求。传统节日作为一种制

---

① ［美］E. 哈登：《人与文化的理论》，黄应贵等编译，黑龙江教育出版社 1988 年版，第214 页。

② 温长路：《传统节日文化中的健康话题》，《中医药文化》2007 年 6 期。

③ 费孝通：《从马林诺斯基老师学习文化论的体会》，载谢立中主编《从马林诺斯基到费孝通：另类的功能主义》，社会科学文献出版社 2010 年版，第 28 页。

度化的民俗，其实本身就是一种无形的约束。诸如进行时程序有先有后，辈分有长有幼，关系有亲有疏，性别有男有女，人们需要按照约定俗成的程序与关系进行。因为"谁都承认民俗对所有人的言行和思想具有控制力量，是一种规范和规范的依据"①。如果违背了这种集体的规范，就会得到集体的谴责或者排斥，因此内心就会不安，生活无法安定，进而在心灵上得到惩戒，从而促使人按照集体的规范去进行相关节俗的活动。

三是能实现一种知识、信仰、文娱、艺术的整合需求满足。仅以满足知识的需求来说，如元宵节的"猜灯谜"是满足获取各种社会知识的需求，清明节的"斗草游戏"是满足获取各种植物知识的需求，端午节的"抹雄黄酒""系五丝""插艾草"等是满足获得种防疫、健康知识的需要。其中仅满足生产知识需求就有着诸如石窟土家族女儿会、农历六初一至初六西北地区回、汉传统莲花山花儿会、锡伯族的祭地节、满族的虫王节、裕固族的青苗会、白族的"三月街"、傣族的关门节、蒙古族的兴畜节、赫哲族的二月二、鄂温克族的"米阔鲁"节、藏族的赛马会、白族的插秧节、苗族的种棉节、布依族的祭田节等，丰富多彩，不胜枚举。

基于综合性节日实现传承者全面需求的满足做出几点分析：一是全面满足不仅是层级的全面，还体现在时间的全面，传统节日随着时间不断增加与复合，传承者的需求也日趋多样化，传统节日不断丰富的功能完成了与传承者日趋多样化需求的供需式耦合，使得不同时代的节日能够驱动着不同的传承者完成节日的传承。同时，作为综合性的具体传统节日会满足的某种需求往往是跨时代的人性需要和本能满足的功能，如安全、娱乐、吃喝等需求，这是每个时代每个人的需求。二是满足某种需求但往往并不是仅满足一种需求。正如马氏在分析衍生需求上所言："事实是没有一种制度在功能上仅仅与一种基本需求相关，或是仅作为一种简单的文化需求的规则。"②如生产类节日，往往也有满足娱乐、知识等功能。再如节日的某些要素或情节也具有满足需求的多重性，如清明节的"打秋千""踏青郊游"，端午节的"放

---

① 万建中：《论民俗规范功能的历史与现实》，《广西民族学院学报（哲学社会科学版）》2003 年第 5 期。

② 惠嘉：《马林诺夫斯基的文化功能理论及其完善路向》，《内蒙古师范大学学报（哲学社会科学汉文版）》2015 年第 6 期。

纸鸢""赛龙舟"等活动满足着成长、交往、娱乐、学习等需求。这些同样得益于节日的综合性。反过来说，在传承者每种需求的名目下，也会有若干传统节日功能共同产生作用。三是传统节日不光满足传承者需求，同时也满足生产传承者的需求，这既是感性对象性关系的历史延续，也是仪式传承功能的内在逻辑。所以说，综合性使得传统节日具有满足群体全面的需求可能，而满足了全面的需求使得传统节日获得了更好地传承。

三、结语

传统节日的传承生命力不是某一维度、某一语境的生命力，它是复杂的、有机的，正如人类的生命力，不同时代、空间、肤色的生命力各不相同，只有综合考量才能发现其生命力的"文化基因"。中国传统节日能传承至今形成如此庞大的有机文化类群——一种"文化复合体"，这得益于复合体内部有着活态、结构、自愈与功能四种内置机制。作为以集体传承为核心的节日，活态机制是从人本维度去解密节日活态传承的生命力原因，结构机制是去思考传统节日在稳定时期传承的生命力原因，自愈机制是回答传统节日在非稳定时期传承的生命力原因，功能机制是从传承者与节日关系回应了传统节日传承至今的原因。它们共同回答了传统节日传承至今的原因。这四种机制就如同人的内脏器官，构成一个彼此关联中存在分布状态（人类学家赫斯科维茨语），有着高度的渗透性与耦合性，相互包含、相互作用、相辅相成，共同维系与支撑节日传承，成为传统节日传承至今的生命力所在的密码。新时代，传统节日继续强化生命力可以从如何强化其活态、稳定、自愈与功能方面下功夫，这是传统节日永葆生命力的关键与抓手。

中元节祭祀习俗的社会学分析

——基于湖南省邵阳市五花村的田野调查

王友云 夏韵琴 伍 娟[*]

节
日
研
究

———

第
二
十
二
辑

摘 要

中元节祭祀习俗具有丰厚的社会学意涵,彰显着本地民俗、人际联结的独特文化底蕴,而学术界目前对于中元节的地域风俗与仪式研究较少,因此具有较大的探索空间与价值。中元时节,由于历史承继与老辈信奉,湖南省邵阳市五花村节日氛围浓厚。对五花村中元节接送老客的习俗,以其祭祀仪式为焦点、人际联结为纽带,进行社会学分析,探讨中元节俗仪式背后的深层意涵。该地中元节节俗活动主要包括三个内容,分别是:迎祖先仪式的顺序与禁忌、祭祖先仪式的内容要求及行为约束、送祖先仪式的时间节点与仪式意义。其中,包烧纸、放鞭炮、制食物等一系列节俗仪式的背后是鬼神信仰、祖先崇拜、群体记忆、人文情怀的文化蕴含,有着独特的社会功能、符号价值与变迁融通。

关键词

祭祀习俗 中元节 社会学分析 七月半 田野调查

———————

* 王友云,怀化学院法学与公共管理学院教授;夏韵琴,怀化学院法学与公共管理学院本科生;伍娟,怀化学院法学与公共管理学院讲师。

中元节，是道教的说法，这一天是农历七月十五，即中元地官清虚大帝赦罪之日。在佛教，它被称为盂兰盆节，有"目连救母"的神话传说，即佛教徒目连通过供奉神明解救在地狱受饥渴之苦的母亲，这也是中元节蕴含孝文化与祭祀习俗的来源。五花村位于湖南省邵阳市，从《邵阳市志》中的记载中可以知晓，当地的中元节在20世纪50年代逐渐衰微，80年代又开始复兴盛行。[①] 在民间，中元节有"鬼节""七月半"等通俗的称号，而该地将此节称为"月半节"，意为时间上的阶段性——七月过去一半，这一时期，恰好是农作物丰收时节，村民进行秋尝祭祖仪式。

社会学要求人们不断跳出自己当前的思维框架，跳出社会之外，去重新看待和考察社会内的一切。在这种社会学想象力的指引之下，便可以将社会中所有细微的行动、仪式、意向与整个社会架构相联系，能够看清一些社会现象并且有自己的观感、思考与理解。针对传统的中元节文化内涵演变及传承，本文将从结构功能论、符号互动论以及社会冲突论三种主流社会学理论入手，立足于湖南省邵阳市五花村中元祭祀习俗的田野调查，通过描述中元节祭祀习俗的仪式轨迹，分析节日祭祀仪式本身内涵及其信仰文化背后的社会学意涵。

一、问题的提出

国内对于中元节的相关学术研究集中体现在中元节祖先崇拜的内涵演变、节日的现代意义分析、中西鬼节比较研究及其他学科视域方面。

首先是祖先崇拜的内涵演变分析。朱雄君探索结构变迁的动力与趋势，指出结构内部要素的动态联结、祖崇结构与外部环境的动态联结、村民适应性实践是推动祖先崇拜内涵演变的三大动力。[②] 陈丽媛以云南大理南村的中元节日所举行的洞经音乐谈演仪式为切入点，探讨中元文化内涵和文化意义

---

① 邵阳市地方志编纂委员会：《邵阳市志》（第六册），湖南数字方志馆，http://218.76.24.115/hunan/index.html，1997年8月6日（2022年12月10日）。

② 朱雄君、乔亨瑞：《农村地区汉族祖先崇拜变迁的社会学解读——以湖南石村为例》，《求索》2007年第5期。

融入世俗社会的演变路径。^①以上学者均致力于中元节在发展的过程中，其"祖先崇拜"的核心主题由于时代的进步以及国民文化素养的提高（自身能力得以强化）而发生的更加符合现代化社会主义核心价值观的内涵演变。

其次是中元节节日的现代意义分析。刘道超通过挖掘中元传统习俗中的"仁孝"观念及人文关怀的现代价值，得出其值得被善加利用的核心观点。^②傅功振与樊列武两位学者指出，中元节是关怀贫困人士的体现，可以助推慈善事业的发展。^③马福贞倡导，中元节所体现出来的"孝"文化这一积极内容及中外节日文化交流的成功经验，应当予以弘扬。^④以上学者立足中元节的现代意义价值，进行该节日有利于现代社会道德、文化交流等论据的论证分析。

再次是中西鬼节的比较研究。李明华以福建泉州举行的"鬼节"与日本冲绳开展的"盂兰盆节"的比较分析为切入点，展现中日两国在文化上流传、交流痕迹及汉文化在异域流变的过程。^⑤王紫怡、叶文静、杨家琴与李晓雪从中国的中元节与西方的万圣节比较分析出发，探索其中的异同点，呼吁国人重视中元节乃至中华民族传统节日文化。^⑥张浩、王奕祯通过节俗文化、节日内涵及节日传播三方面的对比，指出可以借鉴万圣节的狂欢性与包容性，淡化中元节的敬畏性与封建性，改变节日氛围，增加本民族各年龄段的认同感，使这一节日文化能更好地与其他文化交融。^⑦以上学者通过比较在中西两种不同的文化背景下孕育出来的"鬼节"，展现出基于中元节的文化交流与碰撞、借鉴与交融画面。

---

① 陈丽媛：《中元节大理南村洞经谈演仪式的文化内涵与自我呈现》，《民族艺术研究》2021 年第 2 期。

② 刘道超：《我国中元习俗之现代价值及其利用》，《广西师范学院学报（哲学社会科学版）》2014 年第 1 期。

③ 傅功振、樊列武：《浅析"中元节"及其现实意义》，《寻根》2008 年第 2 期。

④ 马福贞：《"七月望"节俗的历史渊源与形态特征》，《郑州大学学报（哲学社会科学版）》2008 年第 3 期。

⑤ 李明华：《福建闽南"鬼节"与冲绳"盂兰盆节"的比较研究》，《广西民族研究》2017 年第 2 期。

⑥ 王紫怡、叶文静、杨家琴、李晓雪：《跨文化视角下万圣节与中元节价值内涵对比研究》，《文化创新比较研究》2022 年第 6 期。

⑦ 张浩、王奕祯：《试论中西鬼节的节俗文化内涵及传播发展现状》，《文化与传播》2020 年第 9 期。

最后是其他学科视域分析。张小军从宗教的视角分析中元节，指出其是与鬼魂进行沟通的日子，采用马林诺斯基描述美拉尼西亚鬼节的相关观点，即鬼节是阴阳两界之人团聚的时期。[①]郭玮钰、胡晓红与肖文娟基于交际翻译理论，探究中元节文化意象翻译策略以提高中国民俗文化之可读性，促进我国传统文化走向世界。[②]何其亮从符号学的视角揭示中元节等节日所蕴涵的象征与指代、转变、精神性与务实性符号文化。[③]以上学者从不同的学科视域对中元节进行分析，促进国民更加全面认识与理解其深刻的文化意象与现实蕴涵。

国外的相关研究，以敏锐的视角分析中元节的相关话题，具有较为丰富的参考价值。伏木香织、毕雪飞通过观察新加坡中元节搭建帐篷这一民俗活动，探讨社区与人群的互动关系。[④]韩国学者노성환以台湾地区的中元节为研究对象，从反映了祖先和饥饿幽灵的仪式入手探究，指出该节日维护了社区和亲属关系的和谐，实现了财富的社会分配。[⑤]美国学者太史文（Stephen F.Teiser）立足于"目连救母"的佛教传说，在中国中世纪家庭宗教的历史背景下，对中元节的仪式文化进行历史性与共时性的分析。[⑥]以上学者均对中国的中元节产生了极大的兴趣，并以其局外者的身份呈现了具有特色的、节日理论与实际探究的另一面。

综上，学术界相关学者在该领域的研究取得了较为丰硕的成果，为我们进一步的研究奠定了坚实的学术基础。但进一步对中元节进行深入社会学分析的相关文献及著作较少，多数只停留在事实的罗列，诸如某某地中元节仪式记载等，仍然缺乏从理论的角度进行细致深入的分析，且对于节日的社会学分析多从单一的角度进行探析，难以窥得全貌。中元节祭祀习

---

① 张小军：《驯鬼年代：鬼与节的文化生态学思考》，《民俗研究》2013 年第 1 期。

② 郭玮钰、胡晓红、肖文娟：《交际翻译理论下中元节文化意象翻译策略探究》，《现代交际》2020 年第 4 期。

③ 何其亮：《中西方相似主题的节日符号学解读》，《长春理工大学学报（高教版）》2009 年第 2 期。

④ ［日］伏木香织、毕雪飞：《帐篷下的中元节：新加坡的社区仪式与娱乐》，《节日研究》2019 年第 2 期。

⑤ Sung Hwan Noh, "A Study on Taiwan's Chung Yuan Festival", *Journal of North-east Asian Cultures*, 2013, p.34.

⑥ ［美］太史文：《中国中世纪的鬼节》，侯旭东译，上海人民出版社 2016 年版。

俗的具体仪式有哪些，运用社会学的想象力浅析仪式背后的深层意涵等问题目前没有定论，因此，运用社会学分析的视角对节日进行探寻、分析，存在较大的研究空间与价值。

二、五花村中元祭祀习俗仪式素描

将节日视为仪式，尤其是对于社会所看重的仪式进程，可对事件的全貌理解得更为深入，这是美国普林斯顿大学太史文教授的观点。

总体说来，五花村中元节的仪式可以分为三个阶段：一是迎老客（先人），二是祭老客，三是送老客。家家户户都会在农历七月十五前后举行相关祭祀仪式，诸如烧纸包、制作月半团子以及荐老客等。村民会对自己的祖先进行祭祀，以求护佑平安健康，祖先崇拜与孝文化是祭祀习俗的核心要义。

（一）接老客

"接老客"是整个祭祀习俗的起点，即后人迎接先人回到家中，亦称"归宗"。

村民提前四天（以七月十四日为坐标原点，有些地方是七月十五），即农历七月初十开始，设香案三餐，烧香点灯，迎接祖先回家。

其中，"香"是迎接、祭拜祖宗时非常重要的东西，且"烧香"大有讲究。

"我们在祭祀的时候一般会烧三炷香，这个是一直沿袭下来的传统。也有人说这是佛道传统，在民间，它分别表示的是'天、地、人'，一敬天，我们是靠天吃饭的，祈求风调雨顺；二敬地，在农村，没有什么比土地更重要的了，祈求无灾无难，来年大丰收；三敬先人，我们总是觉得先人会在另外一个地方保佑着我们，有时候也会'托梦'告诉我们一些事情；有时候遇到麻烦事儿了，请示先祖，还真就迎刃而解了，能够感觉到与先人之间存在着联系。"①

---

① 访谈对象：夏卫东，男，1971 年生，当地教师；访谈人：夏韵琴；访谈时间：2022 年 12 月 24 日；访谈地点：湖南省邵阳市五花村。

由此可见，中元节的"烧香"与以往祭祀（五花村村民常常在月中，即农历十五进行）并无不同，且三炷香之间代表着不同的类属，有不同的涵义，彰显着人与社会、人与自然、人与祖辈之间的联系与祝愿、祈祷情节。

"接老客"这一仪式较为简单，内容主要是：每家每户在离家较近的路边烧点纸钱，然后请示说"××，××回家了"；再将大门打开，并在堂屋点燃香火与蜡烛，为的是方便引导、迎接祖先进屋；然后在桌子上面放祭品，并做好饭菜进行招待。有的地方会放鞭炮，民间传说这是为了吓走那些"陌生的鬼"，也有一种说法是祖先会顺着那些烟雾回到家中。

（二）祭老客

在将祖先迎接到家中之后的三天左右的时间里，需要每日做好饭菜招待自己的祖先，早中餐都是要祭祀的，即"祭老客"。

这一仪式来源于秋尝荐新。古时候，在秋天这一丰收的季节，为了报答祖先的恩情，是用丰盛的餐食招待自己的祖先，与其共享收获果实。

"'敬老爹'是我们这里的民间俗称，中午、晚上都要祭祀，着重中午在堂屋桌上准备三个菜（不等）、三碗饭（每碗一勺就可以，象征性），等祖先吃完我们才能上桌，那个碗里的饭要倒回锅里面去再装出新的出来。祖先回来我们不得好好供奉一下，让他们知道我们过得很好、子孙后代也都有出息（成就），他们在那边也安心。"[1]

还需要注意的是五花村这一仪式独有的禁忌：敬奉祖先不能用丝瓜做水菜，因为丝瓜像蛇，可能会吓着祖先，这是对祖先的不敬；这几天的夜晚不能出门，因为那时候的外面是鬼魂的世界。

"我们常常吓唬孩子，不要到外面去走，外面很黑，鬼魂们（孤魂野鬼）都喜欢在这个时间点出来觅食；其实我们也害怕会发生什么意外，好在孩子们都听话，而且他们也长大了，了解一些禁忌，所以会安安静静地待在房间里。"[2]

———————

① 访谈对象：李秋香，女，1992 年生；访谈人：夏韵琴；访谈时间：2022 年 12 月 23 日；访谈地点：湖南省邵阳市五花村。

② 访谈对象：李秋香，女，1992 年生；访谈人：夏韵琴；访谈时间：2022 年 12 月 23 日；访谈地点：湖南省邵阳市五花村。

在仪式进行的过程中，主持祭祀的村民一边烧纸一边与祖先进行对话，对话的内容大致是请祖先享用餐食与祈求保佑，例如"有请祖宗进门来，您老人家吃好喝好。""您在那边过得好吗？有什么缺少的，到时候给您烧一些衣服、电视机过去，钱您也拿好，到时候买一些什么东西。""您的玄孙最近要考大学了，我让他多给您磕几个头，保佑他考上。"用这样的方式与话语表达对祖先的纪念与自己的祝愿。

（三）送老客

该地村民都会在农历七月十四日化冥包送老客，此时又称"月半"，是老客回到另一个"家"的日子。在《邵阳市志》中有此记载："农历七月十五日以前的四天，俗称七月半，又叫鬼节。有'清明人找鬼，中元鬼找人'的民谣，说是已故祖先，这时要回来，应于初十傍晚，在堂屋摆上供桌，并到大路上烧纸迎接，称作接老客，嗣后每日奉祀三餐酒饭，到十四日晚，才烧纸封冥财送行，称为烧包。"[①]

"到了十四傍晚，天刚擦黑，就要送祖宗们回去，这一天，我们都会准备丰富的食物，比如水果、零食，还会准备用糯米做的老客粑粑。到黄昏时分，让老客们吃完东西后，在原来接他们的地方送他们回去，把包好的纸钱烧给他们。还有一些鬼司令、孤魂野鬼之类的我们会在另外一边烧一些纸，让他们也会有钱收，这样不至于去抢我们供奉给祖先的东西。"[②]

与其他日子烧冥钱不同，中元节重点烧的是纸包。纸包正面有祖宗名讳，背面写有一个"封"字，纸包内是打好的冥钱，根据各位祖宗关系远近，包也分厚薄。首先，村民要准备烧纸（可以自己去店里买现成的，也有村民为了体现自己的虔诚，先买黄纸再裁好）；然后扎成一团，再在其中夹上一张纸——送钱表文，纸上主要是已故先人姓名、×氏宗门（先人姓氏），阳上人要写孝子、孝女、孝孙子、孝孙女等，最后写上烧纸当天的农历日期（一般为七月十四）。写上先人的信息是希望已故亲人能在

---

① 邵阳市地方志编纂委员会：《邵阳市志》（第六册），湖南数字方志馆，http：//218.76.24.115/hunan/index.html，1997年8月6日（2022年12月10日）。

② 访谈对象：曾苗，男，1996年生；访谈人：夏韵琴；访谈时间：2022年12月26日；访谈地点：湖南省邵阳市五花村。

另一世界准确地收到，从而避免它们误入其他鬼魂之手；最后的成物称为冥包。

除冥包之外，各家还会准备月半团子（由糯米和梧桐树叶制作而成，有些地方也称之为"斋粑"）给祖先享用，也有"让祖先在回'家'路上吃"的意思。一般以一个家族为单位，有时一个院子里的邻居会一起到宽阔的路口，共同举行送老客的仪式：摆祭品，放鞭炮，烧冥包。在此过程中，村民也会对祖先说一些恭送祝福、祈求保佑的话语。待冥包全部焚尽后，整个送老客的仪式也就结束了。

三、祭祀习俗的社会学分析

运用"社会学的想象力"，以中元节祭祀习俗仪式为分析焦点，结合结构功能论、符号互动论、社会冲突论，对其进行多角度的社会学阐释分析。

（一）习俗的社会功能：联结与规范

从宏观层面观察，祭祀习俗包含祖先崇拜、人际联结、观念传承及社会规范的功能与作用。

1. 祖先崇拜的信仰

殷登国认为，人死后变成鬼魂，往来于天地之间，是中国人原有的宗教信仰。[①] 中元节这一天，五花村村民将祖先邀请至家中，一定程度上就是期望显赫威望的祖先能够重新加入家庭的体系当中。人们相信，尽管自己的祖先已经去世，但是他们会在另一个世界默默地观察自己家族的发展状况并给予保佑。[②] 在最无助的时候，什么神仙都叫不灵时，心中最后的依托只有祖宗，他们是永远不会抛弃子孙的，他们拥有那份对后代最原始、最无私的爱护：

> 村里流传着这样一句话，我十分认同：父母对孩子好天经地义，

---

① 殷登国：《七月十五中元节：鬼月谈祭鬼与中国人的鬼怪观》，《紫禁城》2010 年第 8 期。
② 王景琳：《中国鬼神文化溯源》，农村读物出版社 1992 年版，第 233～234 页。

但是孩子孝不孝顺那可就难说了。感觉父母的付出会更多、更纯粹一点，这也可能是为什么我们觉得祖先一定会保佑我们的原因。①

祭祀仪式体现出乡民通过祖先崇拜，安顿心灵的精神诉求。

我反正是不信鬼的，其实世界上哪有什么鬼魂，人死后就变成一堆泥土了；以为有鬼的，或者是被鬼魂缠身的，只是心理作用而已，法师驱鬼后，心里好受一些，没有负担，自然就好了……虽然我不信鬼，但是我信祖先有灵。家里边有好菜时，我会先盛出来，让祖先享用，与此同时，会说让祖先保佑孩子考上大学、家人身体健康的话，总感觉把这些话说给祖先听，心里就踏实了。②

在举行仪式之时，和已故的亲人说说话，表达想念之情，寻求保佑，也是一种慰藉。同时，借此机会表达子孙的孝敬，在共同祭祀时交流情感。

2. 人际关系的联结

仪式举办时的群体记忆、宗族认同感加强，做相关祭祀准备时邻居之间的互帮互助，都体现了祭祀仪式进行时人际关系的联结作用。

首先，书写夹在冥包上的纸条（送钱表文）时，会写到很多人的名字，细究起来可以发现他们是同宗族的人。而这一点，正是人际关系联结最好的证明。书写名字的过程，更是一次将现存社会关系进行梳理与复盘的过程，借此将联结的纽带扎得更紧、更实。

"我会让自己的孩子去写这个表文，因为他不会写的可以去问他大伯。我们村一个好处就是宗亲基本上住在一块儿，平常也好有个照应，比如包月半团子的叶子不够了，直接和邻居说一声立马就有了。另外，在孩子写的过程中，我也会去引导他如何记住自己祖先的名讳以及其他祭祀的内容，这样，在他以后能够独当一面之时便可得心应手了。一边写，一边去记忆同辈、祖辈之间的联系，也是一个不错的过程。"③

其次，村民在这一天一般都会到自己家乡的路口去送老客，这一众人

---

① 访谈对象：夏卫东，男，1971年生，当地教师；访谈人：夏韵琴；访谈时间：2022年12月24日；访谈地点：湖南省邵阳村五花村。

② 访谈对象：邓立香，女，1969年生；访谈人：夏韵琴；访谈时间：2023年1月24日；访谈地点：湖南省邵阳市五花村。

③ 访谈对象：邓立香，女，1969年生；访谈人：夏韵琴；访谈时间2023年1月24日；访谈地点：湖南省邵阳市五花村。

的集合地，便于进行交流，加强了原本不太紧密的联系。如同清明节时有很多人一起去祭扫同一个墓碑，就一个共同的话题展开对话，在交流中维持着现有的关系。五花村有一位在外地居住的村民，这一天会尽量回到自己的家乡，与宗族的人一起，祭祀自己共同的祖先。

"平常在工作的时候，也会祈求祖先的保佑。中元节嘛，祖先好不容易回来一趟，刚好今天周末没啥事，自己回来又挺方便的，还可以和家人待在一块聊聊天，挺好的。"①

"共同祖先"这一媒介，便成了联结人际关系的坚实纽带。

3.平等观念的传承

祭祀时，为了让自己的祖先不受欺负，或者说吃到一口"食物"，不仅是孝敬自己的祖先，也会祭祀在人世间没有亲人的"孤魂野鬼"，因为他们有吃的便不会与自己的祖先争食。这一行为与放河灯（为转世投胎的鬼魂照明的"慈善"行为）类似，平等的观念自然蕴含其中。

在五花村，家家户户的男女老少可以参与到整个仪式的进程中，无阶级、地位之别，这在一定程度上彰显了众生平等的传统观念。关于女性地位，在古时候女性不能够参加大型集会，更别说祭祀这等庄严的场面；而从目前的节日习俗中可以发现，无论男女老少，所有的人都会去参与祭祀仪式，无性别之分。社会等级阶序的无差别化，这是祭祀习俗象征意义上的平等。但我们需要注意的是，这里所说的平等，并不是绝对意义上的平等。一位村民谈到祭祀排序时这样说道："在祭祀的过程中，尽管家中所有的人都可以参与，但是我们会让其中比较有威望的男子主持这个仪式，按照辈分有序完成仪式内容。"②

4.社会秩序的规范

祭祀习俗背后所隐含的民众性格与心理，正表示了传说中的鬼神信仰、崇拜等文化对人们的思想与行为的影响与制约作用。人们对于鬼魂有着复杂的情感，一方面，他们对祖先崇拜，信仰他们的力量；而另一方面，他

---

① 访谈对象：羊金花，女，1972年生；访谈人：夏韵琴；访谈时间：2022年12月21日；访谈方式：微信访谈。

② 访谈对象：孙盈颖，女，2001年生；访谈人：夏韵琴；访谈时间：2022年12月21日；访谈方式：电话访谈。

们对陌生的鬼恐惧、害怕与疏远。① 这是他们建构起来的文化意识，也反映了人世间的差序格局。

五花村流行着这样一种说法："我们最终会和祖先相聚，但受苦还是享福是另说的；再者，不做亏心事，不怕鬼敲门。我们在日常生活中保持对祖先无比的敬仰，绝不敢做出什么出格的事情惹祖先不高兴。供奉好了祖先，他们才更有力量为我们驱赶不幸，保佑我们。"②

随着神话的广泛流传，涉及"善恶终有报"的观念会对民众产生行为上的规范与约束力。为了自己在另一个世界的处境与前途着想而积德行善，即通过做善事来积累自己的功德，将成为最好的选择。我们所生存的社会，仅仅依靠法治远远不够，还应有德治，两者相结合，才是真正的社会治理。将鬼神信仰诉诸祭祀习俗的仪式之中，为德治注入推动力，形成对于自身的道德约束机制以及和谐社会秩序的规范与引导。

（二）习俗的符号互动：互惠与归属

从微观层面（如符号互动论）出发，探索祭祀习俗的作用，它们又包含社会整合、双向情感及生死联结的互惠与归属。

1. 社会的整合，共同的话语

在中元节这一天，五花村村民对逝去的亲人表示怀念，也可以和他们诉说自己目前遭遇的痛苦或尚未解决的困难，从而希望得到祖先的庇佑以寻求心灵的安慰。中国自古以来民间就流行鬼神之说，也有习俗传说认为，若最近诸事不顺，可能是被"鬼"附身，那么就会请师傅（法师）作法驱鬼，以求自己能够摆脱厄运的纠缠，生死观念在此也会得到淋漓尽致的展现。

"我的孩子在接近月半节的时候一直说床底下有一头狼，很害怕，而且持续了几天我想着可能是有什么在孩子身上，所以赶紧找村里的师傅（法师）为孩子驱赶。按照师傅说的，宰了一只公鸡，买了烧纸、香，祭祀了祖先以求保佑。师傅给孩子画了几张符，点上鸡血，然后编了一串手

---

① 王景琳：《中国鬼神文化溯源》，农村读物出版社 1992 年版，第 233～234 页。
② 访谈对象：邓立香，女，1969 年生；访谈人：夏韵琴；访谈时间：2022 年 12 月 21 日；访谈地点：湖南省邵阳市五花村。

链给孩子戴上……结果第二天就好了，真的很神奇。"①

　　中元节在各国各地仪式、称呼有些许差异，按当地习俗进行，无定式之说；但是同一地区的习俗仪式却十分相似，这是因为人们生活在共同的社会文化环境当中，受到文化的约束以及环境氛围的熏陶。且一般以家庭为单位进行祭祀，家庭成员共同参与到祭祀仪式中，进行良好的互动。如共同筹备祖先的饭食，到路口敬送祖先等，通过祭祖仪式的落实将组织成员团结在一起，以此增强社区的凝聚力与其对社区的归属感。

　　2. 双向的情感，互惠的互动

　　鬼节，宛如一面透镜，透过它可以看出不同民众对节日的不同理解，种种不同理解赋予节日多重意义。这是他们理解的，有自己的想法、自己赋予的意义在里面。②日常生活中的互赠情节反映在赠送礼物给祖先，祖先保佑后代平安顺利，与此同时也是帮助祖先脱离禁制；在举行仪式之时，希望自己的祖先能够在那边过得好，且希望能够得到祖先的庇佑。

　　赠礼即准备让祖先带回去的东西，如月半团子等吃食，一些"衣服""电视机"等象征性的用物。让祖先能够感受到现代的变化与时代的进步，一起享福。在五花村流传这样一种说法，祖先"吃"过的月半团子不会"酸臭"（变质）。等祭祀仪式过后，便可以拿回家去，既不会浪费，家里人吃过之后又可以得到祝福与保佑。③这是后人对先人的基本礼节。

　　3. 生死的边界，联系的纽带

　　生与死的话题，两边可以进行联结，没有截然的分隔：生者与死者常常以特殊的交感方式进行对话与沟通。④生与死的世界联系，在祭祀时借助香火（或者更确切的祭祀仪式）这一中介可以实现与祖先的联系，表达对祖先的思念与缅怀、感恩与祈祷。"王师北定中原日，家祭无忘告乃翁。"从古诗中我们也可以看出来，人们相信在阳人的世界（阳间）与鬼魂的世界（阴间）可以通过某种仪式，取得联系，建立连接，而这种仪式便是祭

---

　　① 访谈对象：邓立香，女，1969 年生；访谈人：夏韵琴；访谈时间：2022 年 12 月 21 日；访谈地点：湖南省邵阳市五花村。

　　② ［美］太史文：《中国中世纪的鬼节》，侯旭东译，上海人民出版社 2016 年版。

　　③ 访谈对象：邓立香，女，1969 年生；访谈人：夏韵琴；访谈时间：2022 年 12 月 19 日；访谈地点：湖南省邵阳市五花村。

　　④ 萧放：《亡灵信仰与中元节俗》，《文史知识》1998 年第 11 期。

祀，这也是中元节的主题内容。

在这一天，生与死的世界无比地拉近，以至于融合，鬼魂们会跑出来，有子孙后代的会被接到自己的家中进行供奉，而没有子孙的则会在世间游荡。在访谈的过程中发现，五花村的村民平常也会进行祭祀，但是中元节是最正式的一次。与祖先述说自己内心的愁苦，希望能够得到解脱，其实也是内心负面情绪的一个宣泄。

（三）习俗的成长衍变：冲突与调适

从社会冲突理论视角出发探析祭祀习俗的作用，它还包含仪式变奏与时代整饰的双重社会功能。

1. 习俗仪式的变奏

社会在冲突中进步，由于经济、政治、文化等各方面的发展，原有的一些仪式不再适应现在人们的观念，那么就需要进行适当的调试，来缓解这个冲突，获得进步与发展。有学者指出，节日是应某个时代、某个社会群体文化需求而生的社会文化创造，是时代的产物，因此，打上了时代烙印的节日文化也必然随时代的发展而发生演变。《邵阳县志》中记载："20 世纪 90 年代后，情人节、圣诞节等西方节日风俗开始在城镇青年中流行。"[1]节日一旦形成，便会具有自身的稳定性与继承性。[2]但是，这也是相对的，随着时代的发展与变迁，节日的形式与内涵会发生变化。我们祭祀祖先，一部分原因是出于自身力量的薄弱与对于超自然力量的敬畏，而现在随着科学技术的发展，有了更深层次的文化的熏陶，更倾向于通过知识解决实际问题，着力于自身能量的强化，这是原本将希望寄托于祖先力量这一祭祀仪式的变奏。

2. 社会时代的整饰

现代青年进城务工，加之现代化的变迁以及生活的快节奏变化，导致习俗传承受到明显的阻力。农村一般是老人和小孩的"天下"，老人因为经验丰富较在意仪式的行为举行模式，但是小孩子的学习、记忆能力以及

---

① 邵阳市地方志编纂委员会：《邵阳市志》（第六册），湖南数字方志馆，http：//218.76.24.115/hunan/index.html，1997 年 8 月 6 日（2022 年 12 月 10 日）。

② 牟元圭：《中国岁时节日的起源与演变》，《寻根》1999 年第 1 期。

文化意识是否充足还是一个问题。现在的传承问题逐步凸显：一是青年人进城务工常年在外，没有参与到仪式中来；二是烧纸对环境的危害，有些地方清明严禁明火；三是破除四旧的实施，封建迷信逐渐被取缔，带有鬼神之见的中元节的发展也受到影响。

以上的不适与冲突，使得"网络祭祀"这一全新祭祀形式应运而生。现在的青年人在外打工，除春节外的其他日子难得回到家乡一趟，随着网络技术的发达，他们也有解决之道，即进行网络祭祀。这一形式的出现意味着传统的习俗仪式更加方便、快捷与环保。那么，它们是否会取代传统的中元祭祀仪式？对于这一问题，学术界目前仍存在争议。笔者认为，现代社会极力倡导乡风文明，出于环境保护的考虑，这一方法的确行之有效，且是一种创新，符合社会在变迁中对节日仪式的整饰。且这种形式更多地流行于城市，而在乡村，传统中元祭祀仍处于主流地位，代代相传。

四、结语

在行文的过程中，笔者深感本文仍存在较大不足：一是在实地进行考察时，未能进行深入的探访调查，很多细节信息由于处于"局内"地位而被忽略，因此前期收集资料的充实度没有充分保障；二是笔者社会学知识储备不足，对各理论的解读工作有待进一步加强与完善；三是本文所用理论比较有限，其他社会学理论亦可对中元节的祭祀习俗加以阐释与分析，可能会有更加全面的发现与感悟。

中元节，是全国各地共同的传统祭祀节日，其风俗又各具特色。中元节祭祀习俗在社会学上具有多种深刻的意义：通过祖先崇拜的信仰和人际关系的联结，起到了联结和规范社会成员行为的作用；强调了群体记忆和人文情感，突出了社区认同感和凝聚力等。中元节中蕴涵的中华传统孝文化，在时代的变奏中始终彰显着其独特的价值。总之，在结构功能理论、符号互动理论与社会冲突理论等具有深厚社会学意涵的分析之中，可以更加深刻地把握诸如中元节背后所蕴含的联结与规范、互惠与归属、冲突与调试等深层意蕴的核心内涵。

乡村振兴中的"叠滘扒龙船"：习俗变迁与社区赋权*

胡玉福**

摘 要

在当下，非物质文化遗产参与乡村振兴，促成非遗保护研究的新视角。当跳脱乡村振兴过程中非遗功能判定与保护路径的辨析，转而考察非遗的生产时，会超越"本真性"的探问，专注于非遗如何在乡村振兴的行动场域中塑造新的意义。广东省佛山市南海区叠滘扒龙船活动，作为地方性端午庆祝活动的文化标志，在当代以文化资源的形式纳入地方乡村振兴实践过程中，出现了传统地域性节日习俗弱化、龙船活动竞赛性明显、龙船参与群体扩大以及体验创造新的扒龙船意义等习俗传统的嬗变。同时，这种嬗变亦显现出非物质文化遗产保护的相关行动，也为地方的社区赋权带来积极的促进作用。

关键词

乡村振兴　叠滘扒龙船　社区赋权　习俗变迁

---

* 本文系 2021 年广东省普通高校特色创新类项目"广州非物质文化遗产产业化存在的问题及对策研究"（项目编号：2021WTSCX018）、2023—2024 学年华南师范大学科研立项金种子培育项目（项目编号：23CWKA08）的阶段性成果。

** 胡玉福，华南师范大学城市文化学院讲师。

2017 年 10 月 18 日，习近平总书记在党的十九大报告中提出实施"乡村振兴战略"，开启了乡村发展建设的新篇章。2018 年 1 月 2 日发布的《中共中央国务院关于实施乡村振兴战略的意见》（以下简称《意见》），提出乡村振兴各方面的操作思路与指南。其中，乡村文化振兴是重要的一个方面。《意见》中明确提出"传承发展提升农村优秀传统文化。立足乡村文明，吸取城市文明及外来文化优秀成果，在保护传承的基础上，创造性转化、创新性发展，不断赋予时代内涵、丰富表现形式"①。此表述一方面强调保护传承村落传统文化，另一方面又在传承的基础上对村落文化赋予新的时代内涵。于此期间，作为村落文化重要构成的非物质文化遗产（以下简称非遗）被挖掘出来，成为各地赋能乡村振兴的文化资源。②

随着非遗保护工作的推进，在挖掘潜在遗产项目进行各级非遗名录申报的基础性工作的同时，更强调对遗产的可持续性利用与弘扬。亦即在新的时期，发挥非遗资源的积极价值，使其融入现代社会。其中，非遗与国家经济社会发展战略的结合就是取向之一。2021 年 8 月，中共中央办公厅、国务院办公厅印发《关于进一步加强非物质文化遗产保护工作的意见》，在"提高非物质文化遗产保护传承水平"部分明确提出，"融入国家重大战略。……在实施乡村振兴战略和新型城镇化建设中，发挥非物质文化遗产服务基层社会治理的作用，将非物质文化遗产保护与美丽乡村建设、农耕文化保护、城市建设相结合，保护文化传统，守住文化根脉"③。

在国家政策的引导下，在乡村振兴战略实施过程中，地方性的非遗项目作为文化资源成为构筑地方经济、社会、文化发展的内容，促成了乡村振兴视野下非遗保护研究的新视角④。纵观既有研究，非遗在乡村振兴中

① 新华社：《中共中央国务院关于实施乡村振兴战略的意见》，《社会主义论坛》2018 年第 2 期。

② 黄永林：《乡村文化振兴与非物质文化遗产的保护利用——基于乡村发展相关数据的分析》，《文化遗产》2019 年第 3 期。

③ 中共中央办公厅、国务院办公厅：《关于进一步加强非物质文化遗产保护工作的意见》，《中华人民共和国国务院公报》2021 第 24 期。

④ 黄永林、任正：《非物质文化遗产赋能乡村文化振兴的内在逻辑与实现路径》，《云南师范大学学报（哲学社会科学版）》2023 年第 2 期。

的保护、功能、价值①，非遗赋能乡村振兴的路径和策略②，非遗在乡村振兴中的双创③等议题，成为诸多学者的研究重点，为非遗助力乡村振兴提供学术指导。然而，乡村振兴是一个多重主体参与的行动④，多重实践构成了一个多元力量共同作用的行动场域。当论及非遗参与乡村振兴的实践研究时，植根于地方社会的非遗，其在乡村振兴的行动场域中如何被塑造，亦是值得探究的议题。

有鉴于此，本研究以广东省佛山市南海区叠滘社区非遗项目"叠滘弯道赛龙船"为例，探究当村落传承的"扒龙船"活动从过去地方性的端午庆祝活动，在被作为乡村振兴重要内容成为公共文化资源时，是否会带来相关习俗的变迁？是否也为地方社会带来影响？换言之，本研究着眼于乡村振兴过程中非遗的社会生产，即非遗被作为文化资源融入乡村振兴过程中的文化塑造。当我们脱离非遗功能判定与保护路径的辨析，转而考察非遗的生产时，常见的保护议题，像是非遗有哪些功能，哪些非遗才有保护价值，以及保护和再利用路径等，会超越"本真性"的探问，专注于非遗如何在社会行动场域中产生出新的意义。

本研究首先呈现叠滘扒龙船所具有的活动特色，及其成为非遗项目，成为叠滘社区乡村振兴重要文化内容的理由。其次探讨近年来乡村振兴工作中扒龙船习俗的变迁。最后探究叠滘扒龙船的振兴实践对地方社会的影响，从而讨论在乡村振兴过程中非遗对地方社会可能带来的推动作用。

一、地方节日传统成为非物质文化遗产

叠滘，又名"双溪"，现为广东省佛山市南海区桂城街道所辖，分为

---

① 王瑞光：《乡村文化振兴与非物质文化遗产的价值呈现》，《济南大学学报（社会科学版）》2021 年第 2 期。

② 肖远平、王伟杰：《非物质文化遗产助力乡村振兴的"西江模式"研究》，《文化遗产》2019 年第 3 期。

③ 杜华君、张继焦：《文化遗产的"传统—现代"转型与乡村振兴的内源性动力——基于新古典"结构—功能论"的人类学分析》，《广西民族大学学报（哲学社会科学版）》2020 年第 6 期。

④ 麻国庆：《乡村振兴中文化主体性的多重面向》，《求索》2019 年第 2 期。

叠南、叠北两个社区。据传自建中靖国元年（1101），水上居民温金木和许胜娣（世称"温许二公"）泊岸开村以来，叠滘村至今已有 920 余年的历史。叠滘原有 24 个村，称为"二十四坊"，1951 年分为叠南、叠北两乡，下辖 15 个自然村。①

叠滘因为处于两溪交叉处而得名，这一地名显现了叠滘的地方特色，即河网纵横交错，水系发达，河道浅窄且多弯，房屋沿河而建，村落交错，形成依河成村、村落交织的岭南水乡特色。特殊的地理环境和人文生态孕育了叠滘"扒龙船"形式。叠滘本地人把龙舟竞渡这项民俗体育活动称为"扒龙船"，就是"划龙船"的意思。叠滘历代祖辈在狭窄多弯的河涌上扒龙船，已有数百年历史。清代叠滘教学先生易瑞瑜将叠滘美景总结为《叠滘十馨》，其中"七龙竞渡"这一景观所呈现的"双溪涌曲，端阳吊屈，龙船竞渡，明兴清盛"② 就体现了叠滘扒龙船的盛况。

在传统农业社会，叠滘人形成了包括扒龙船在内具有地方鲜明特色的地方文化传统。那么，叠滘扒龙船活动在当代被认定为非遗项目是否具有实质的文化价值呢？本研究认为，形塑叠滘龙船文化与地方传统的独特内涵的，正是扒龙船所具有的如下三种独特文化特色：

（一）独特的龙船比赛形式

叠滘地区特殊的地理环境形成当地独特的龙船漂移。其他地方的龙船赛事多在宽阔的水面上进行，多支队伍直道同时竞速，速度快者获胜。叠滘地区河道水浅弯多，最窄处不超过 6 米，而当地龙船长达 25 米，复杂的河道环境决定了龙船赛道天然蜿蜒曲折的特点。当地龙船赛事经过多年发展，现在片区内有 4 条分别为 S 型、C 型、L 型、T 型的天然水道作为每年龙船赛的固定赛道（见表 1）。比赛都是单艘龙船轮流出赛的计时赛。龙船的起点和终点设在同一地点，龙船从"起点"出发到达折返点，选手们转身折返，继续前往"终点"。龙船需要在狭窄河道上甩尾通过弯角，宛如赛车漂移。观众在起点就可以感受到"扒仔"③ 的紧张。折返点则能让

---

① 叠滘乡志编纂领导组编修：《叠滘乡志》，内部资料，2012 年，第 1～2、19～22 页。
② 叠滘乡志编纂领导组编修：《叠滘乡志》，内部资料，2012 年，第 500 页。
③ "扒仔"即指划龙船的队员。

观众看到运动员快速闸水停船、再转身向相反方向行进的一系列动作。转弯点则是最精彩的观赏地点，龙船漂移就是发生在转弯处。转弯时，明明看到龙船将要撞岸，但龙尾却以贴岸毫厘之势，横扫观众脚下而转过去，再慢慢回到正常航道里向前疾行，场面精彩异常。有时候为了提高赛事的观赏性，除去划入天然的转弯地势作为赛道外，当地人还在各拐角处打上木桩、垒上石角，以提高比赛的难度系数。

表 1　叠滘四个赛区情况简表

名称	举办时间	举办地点	水道形状	长度（M）	比赛特点
东胜杯	五月初五	东胜村	S 形	648	蜿蜒曲折，单程有三个弯道
潭头杯	五月初五	潭头村	C 形	480	桥侧弯位处有大木桩，加大出入弯难度
圣堂杯	五月初五	圣堂村	L 形	628	弯位处有石角，比赛时龙船头或船尾紧贴石角划过
茶基杯	五月初五	茶基村	T 形	488	水道中有暗弯，增加难度

龙船比赛比拼的重点除竞速之外，更考验的是龙船队员在控制龙船过弯及避让障碍时的技术与默契。因为只要稍有差池，便易撞船，甚至翻船，场面异常惊险刺激。要顺利通过，实则考验队员的反应能力和队员之间的默契配合度。一般而言，每条龙船有 40 人，包括鼓手、掌舵者、划船者，分坐在不同位置，各司其职。鼓手位于龙船最中间，会根据航道各个进程敲出对应的鼓声；划船者则根据鼓声节奏作出反应并用力扒船；掌舵者有 6 位，分坐在船头、船尾，他们需要精确把握入弯、出弯的角度与时机，才能完成精彩的"漂移"。掌舵者并非全程扒船，而是专门负责在龙船甩尾过弯时，用船桨控制龙船的方向。若入弯时掌舵者对航道情况判断失误，就有可能造成撞龙船的后果，故掌舵者对龙船航道的把控、掌控船桨的力度、两端掌舵者的默契配合都是龙船过弯的关键。

叠滘关于扒龙船，盛传一句"宁可煲烂，不可扒慢"的俗语。"煲"为当地方言，意为龙船发生碰撞或翻船。在当地人眼中，龙船漂移获胜的是冠军，"煲"龙船导致翻船后，还能从水中将龙船翻起后再冲向终点的，自然是英雄。也正是因为这些因素，叠滘的龙船竞渡精彩有趣，让人亢奋。

近年，随着媒体对传统赛事的推广，叠滘的龙船竞渡更被称为"叠滘龙船漂移赛"和"叠滘龙船弯道赛"。叠滘龙船也成了当地人代代相传的精神文化符号。每当谈及龙船，当地人对其中的奥妙和乐趣都津津乐道。

（二）丰富的在地端午节文化

龙船漂移赛是叠滘地区端午节的重头戏。除此之外，当地围绕着龙船比赛还保留了丰富的端午节日文化，包括起龙、游龙、埋龙等等一系列与龙船相关的民俗传统。

叠滘人在每年端午节后，便将龙船深埋于河沙之下，待次年农历四月初八，再把深埋在涌底里的龙船挖起，洗净、风干，准备参加端午节的游龙和比赛，这被称为"起龙"。龙船出水之后，要对龙船进行相应维护，之后对龙船进行装饰，把龙船和藏在祠堂中的龙头、龙尾重新加添色彩，整理罗伞旗帜，等待端午节的到来。

传统上，在农历五月初五端午节这天不进行比赛，而是开展名为"游龙"的活动。游龙即龙船巡游，各村都会出尽法宝来吸引观众的注意。龙船巡游的路线为20多公里的叠滘河道，巡游龙船经过每一个村庄都燃放爆竹，接受两岸村民的围观欢呼，直到游完叠滘的24个村坊才算结束。叠滘地区的游龙是一年之中最热闹的日子，比过年还隆重，故而当地有"端午大过年"的俗谚。

巡游结束后再比赛，时间一般定在农历五月初六、初七，到初八时，整个游龙节俗活动就全部结束了。巡游就是沿着河涌逐村拜访，一般是先锣后鼓，为了答谢岸上人们的厚意相迎，龙船队员会突然加速或者上下颠簸龙船。在欢送的爆竹声中，前往其他村庄去拜访。龙船游遍全乡的各条主河后，龙船队员回到村子围坐一起吃龙船饭。龙船巡游更多是一种礼仪性和表演性的活动，叠滘乡民通过龙船巡游互相来往、联络感情，缔结乡村间联盟，获得较好的村际关系，生发出更为密切的情感，以此来构建稳定的社会关系，在礼的层面上维持"乡土社会秩序"[①]。

端午节之后，最晚到农历五月十八日，各村的龙船赛就陆续偃旗息

① 费孝通：《乡土中国》，人民出版社2015年版，第59页。

鼓了，这时候传统的老龙船就要重新回到河涌洼地中，这就是"埋龙"。"埋龙"仪式也是要挑选吉日进行，将船身这部分重新藏进水底的淤泥中保存。

（三）广泛的社区参与及信仰传统

每年端午节，外出的叠滘人不管工作多忙、距离多远，都要赶回来参加一年一次的龙船赛。龙船赛没有丰厚的物质奖励，更没有明星参与，吸引着年轻人回来的正是那生生不息的乡土文化。对于叠滘人来说，龙船比赛不仅仅是一个比赛，更是一场将乡内各村村民聚集的盛会。与其说他们是带着激动的心情观看比赛，不如说是龙船满载着他们对各自村落的热情。

前文提及的游龙活动，充分显示龙船与人际互动关系。龙船经过的村庄皆准备好鞭炮和龙船饭，并参与游庄活动，共同的游龙活动促成各村围绕龙船所形成的仪式联盟关系。游龙时每个村的龙船装饰的彩旗，上面写着这个村当年出生孩子的姓名，当地人以此作为对新生儿的祝福。张敏在对澳门花地玛圣母巡游的研究中指出，巡游具有凝聚地域社会群体的功能，参与巡游的个体与区域群体在巡游中成为一个整体。[①] 对照花地玛圣母巡游，叠滘游龙在一定程度上展现出将家庭与地方群体联系起来的功能。游龙往往成为龙船文化的教育场所，没有在龙船上的人被鼓励出来观看，特别是孩童，逢节假日几乎无不参与。在轻松的游龙气氛中，不断出现村与村之间的仪式互动，也不时谈论着游龙旅程所发生的故事点滴，无形中传递了与龙船相关的知识与经验。

最重要的是，叠滘地区仍保存着传统地域性信俗的特色，当地龙船头胡须颜色所代表的祭祀圈，最能呈现此地方性活动的重要意涵。叠滘地区龙船头虽然不是龙船在比赛中制胜的关键部位，却是龙船最引人注目的地方。龙船头的最大特点是胡须在颜色上有白、红、黑三色之分。这与地方性的信仰有关。龙船开始比赛前会到地方的村庙进行祭祀，祈求顺利和祝福。陈丰村龙船头胡须是白色，因为是在土地庙祭祀龙船，而当地土地神的胡须为白色。庆云村的龙船头胡须是红色，其祭祀的是叠滘开村的始祖。

---

① 张敏：《族群文化融合：澳门花地玛圣母巡游仪式考察》，《文化遗产》2017 年第 2 期。

据《叠滘乡志》记载，温金木、许胜娣二人于 1101 年在叠滘定居，成为叠滘古乡的始祖先民。为了纪念其功勋而建立临海庙，世人相传先祖的胡须是红色。除这两个村以外，其他村都是在北帝庙祭祀，北帝的胡须为黑色，因此，其他村落龙船头胡须均为黑色。

龙船头胡须凸显了龙船文化地域性的传统特色。龙船胡须颜色所代表的祭祀圈对整合当地村落具有重要的象征意义，也就是说通过地方神灵信仰与地域性联盟的龙船活动而形塑此社群祭祀圈。在传统社会结构向现代转型，传统社会功能与关系不断弱化、群体边界日益模糊的今天，作为龙船所属社会群体身份认同的重要标志，龙船头依然发挥了巩固身份认同、增强社区凝聚力的重要作用。叠滘龙船活动清楚地呈现了地方节日传统，不仅通过祭祀仪式整合祭祀圈内村落，也整合境内各庙宇与社区的关联，更重要的是为社区居民提供了文化的认同感与延续感。

二、变迁中的龙船传统与习俗实践

时至今日，叠滘端午民俗活动仍是存续的传统，是活态遗产。然而，叠滘扒龙船活动自 20 世纪 80 年代以来进入不断成长的历史演化，近年又经历遗产化，参与乡村振兴的更迭，它的习俗实践产生了极大的变化。本部分尝试从整理扒龙船相关的变迁出发，梳理叠滘龙船传统变迁的地方文化脉络。

（一）地方传统的消失与弱化

最明显的是前文提及的游龙活动的消失，这成为当地社区提起龙船时的最大遗憾。1983 年端午节比赛结束后，当地举行了最后一次游龙，这成为当地人难以忘记的景象。正如当地龙船队的资深队员 A1[①] 回忆时所言：

> 叠滘龙船漂移确是一张明信片，大家最怀念的却还是最传统的游龙，游遍二十四坊，这是最地道的叠滘人的回忆。何时能重现？ [②]

---

① 遵循学术研究伦理，文中涉及访谈对象均以匿名形式表示。

② 访谈对象：A1；访谈人：胡玉福；访谈时间：2023 年 5 月 24 日；访谈地点：南海区桂城街道江头村。

无论是在叠滘当地进行访谈，还是看网络评论，当地人都表现出对游龙的怀念和留恋。时隔 26 年，2009 年农历五月初九，有 8 个村组织了游龙活动，尽管没有游遍二十四坊的盛况，但是对于当地人来说，是久违的感动。2020 年，因为相关管理限制，期待已久的龙船漂移赛没能举办，当地社区重新组织游龙活动，祈愿村民平安健康。此举得到了极大的关注，叠滘当地居民异常激动，纷纷到河岸观赏这久违的活动。

游龙活动的弱化也影响到其他与之相随的习俗。首先，游龙是当地年轻人的社交场域。叠滘有"叠滘龙船真阵势，老公扒俾老婆睇"的俗谚①。每逢游龙之日，年轻的男性在龙船上，年轻的姑娘则在岸边观看，这实际上是一个遍布叠滘的相亲盛会，很多夫妻都是参加龙船活动结成姻缘。现在已经没有这样盛大集会的场面。其次，游龙时洗龙船水的习俗消失。游龙的龙船经过之后，妇人就携带着孩子来到水边，用新毛巾蘸龙船经过的水给孩子擦洗身体。当地人相信，洗过龙船水之后，儿童会身壮力健、天真活泼、读书聪明。随着游龙活动消失，河道污染严重，洗龙船水的活动也成为部分儿童成长中的记忆。最后，游龙所联系的村落关系发生变化。传统游龙成为联系叠滘各个村落的纽带，村落之间以兄弟村相称，呈现紧密相连的关系。龙船比赛兴盛以来，各个村落呈现为竞争的关系，虽然较少有龙船碰撞争吵的事情发生，但是各个村落之间有了冠军争夺的较量。此时，每个村在经济、人力、影响力等方面的强弱就通过龙船比赛的成绩得以显现出来。

此外，龙船队员的培养随着时代发展也呈现出令人担忧的状况。按照以前的传统，龙船队员不用刻意培养，因为叠滘儿童就生活在龙船的氛围中。端午节前后一听到鼓声就向河道跑去，总能看到游动的龙船，好奇的少年则追着龙船跑。在游龙时有的家长也把自己的孩子带在身边，让他们提前接触龙船。在这样的环境力，长大后的孩子自然而然会接替父辈。然而当下，独生子女一代，家人保护有加，学习压力大，加上智能手机和游戏兴起，参与龙船活动的人越来越少。此外村中的原住民的搬离，对于家

---

① 叠滘乡志编纂领导组编修：《叠滘乡志》，内部资料，2012 年，第 504 页。"阵势"在当地方言中有"活泼"的意义。

乡习俗的继承也受到一定的冲击，很多儿童对龙船没有兴趣。这引起一部分当地关心龙船传承的人的担心。"以前叠滘中小学的老师们，在端午节的时候很忙的，因为学生听到敲鼓就逃课去看游龙、扒龙船，拦都拦不住；现在老师们却要想尽办法引导学生划龙船，像非遗进校园、龙船研学等，现在的孩子听到敲鼓还嫌吵。"就像 A1 所说的，以前每到端午老师得去做逃课学生的思想工作，不让他们去看龙船；而现在，老师则要做思想工作，请学生看龙船。近些年来，"龙船漂移"渐渐声名远播，从媒体上的关注度来说，叠滘龙船确实比以前更出名了。但是身处叠滘地区，从龙船队员的培育上来说，能够感受到热闹背后的危机。

（二）龙船活动的竞赛性日趋明显

在 2012 年出版的《叠滘乡志》中，编纂者将叠滘龙船比赛划分为"建国前至建国初期"与"1981 年以后"两个时期。本研究结合叠滘龙船发展的新特征，尤其是近年来"龙船漂移"的独特形象，在《叠滘乡志》的基础上将叠滘龙船比赛按照特点划分为三个时期：第一阶段是 1966 年之前，这个时期的龙船赛多是比较扒术的精巧，获胜后也没有多少物质奖励，更多的是精神激励。因为白天有游龙活动，比赛安排在晚上进行，入夜乡民们围绕在河道两畔欣赏龙船的精彩表演。第二阶段为 1981—2007 年，叠滘龙舟赛由表演赛变成计时赛，分名次奖励，并且随着当地一些企业的赞助，奖金丰厚而且还逐年加码。1996 年，比赛改为在白天进行。[①] 第三阶段为 2008 年之后，比赛仍为计时赛，但漂移的技巧被突出，并形成东胜村、潭头村、茶基村、庆云村四个固定的赛区。现在为大众熟悉的"龙船漂移"一词，也诞生于此时。在与当地居民的访谈中，笔者得知，之所以会称为"龙船漂移"，是因为 2008 年端午节期间一位龙船发烧友在论坛网站上发布的帖子——《漂移过 S 弯的龙船　端午节好去处！2008 年叠滘赛龙夺锦》[②]。"漂移"一词，自此与叠滘龙船紧密结合。而让"叠滘龙船漂移"广为大众熟悉的则是 2011—2013 年端午节期间，佛山电视台、广东电视

---

① 20 世纪 90 年代，叠滘曾有"大明杯""工业杯""劲牌杯""超霸杯"等由当地企业冠名的赛事。叠滘乡志编纂领导组编修：《叠滘乡志》，内部资料，2012 年，第 503～504 页。

② 因为"叠滘龙船论坛"网页版于 2021 年停更，目前已无法在公开网页中发现此篇报道。

台以及中央电视台对龙船比赛的转播。在转播时，各大电视台都不约而同使用"龙船漂移"一词，从而让"龙船漂移"成为叠滘龙船的新形象。可见，在龙船比赛发展的不同阶段，比赛的重点发生了明显的变化，以前是强调技巧，后来注重时间，到现在是追求快的同时也关注漂移的技巧。在这其中，对于速度的追求是越来越明显的。

为了追求速度快，制作龙船所用的材料也不断朝轻便发展。龙船制作材料经历了"坤甸木—柚木—杉木—玻璃钢"的转变。传统龙船一般选用坤甸木制作，这种木材厚实、耐用，常达4吨重，但是在水中划行速度比较慢。20世纪90年代，流行柚木龙船，有2000斤重。这两类木材比较重，限制了划行的速度，且在过弯时容易翻船。2007年的端午节比赛上，茶基村首次使用杉木制作龙船，其轻便的船身成为最大优势，茶基村借此获得冠军。2008年，参赛的所有队伍全部换成了杉木龙船，比赛速度有了质的飞跃，快速入弯后留下水痕，入弯痕迹便形成了类似赛车漂移的动作效果，缔造了传统习俗与现代流行词的结合——"龙船漂移"。2019年，有村子引进了使用玻璃钢制作的龙船，这种现代龙舟比赛常用的龙船更轻快。不过，因为与传统龙船差异较大，遭到当地老人的强烈抵抗，最后不得不被舍弃。

龙船训练和组织形式也发生变化，外地的龙船教练带来标准龙舟赛的训练方式。过去龙船队员的训练都是当地人自己组织，在龙船赛开始前的一个月进行。在追求速度之后，现在叠滘各村几乎都请了专业的龙船教练进行训练。外面的专业教练也带来了新的龙船知识。在游龙的时期，龙船队队员坐在船舱里划船，外地教练带来了站姿、单脚跪姿、双脚跪姿等新的划龙船姿势，适应不同的环境而变。"双跪容易扭着腰，上身不灵活，经过多次试验后改为单脚跪姿，扒左边就跪左边腿，扒右边就跪右侧，什么时候使用、多长时间，要视教练安排。"[①]跪下的腿成为中心，上身能够灵活发力，船只速度更快，但这种姿势很耗体力。

在训练上，外面的教练特别强调体能，他们认为比赛的时间安排相同，

① 访谈对象：A4；访谈人：胡玉福；访谈时间：2023年6月12日；访谈地点：南海区桂城街道千灯湖。

比赛到最后，比拼的是体能，所以在训练队员配合度的时候，更注重训练体能，有时还要求队员去健身房训练。而当地老人对此不置可否，老一辈的龙船队员则认为经验技巧是最重要的。"在叠滘，要当掌舵手，一要时间，二要胆量。因为入弯道时速度快，稍有差池，就会撞船，掌舵手的位置最危险，并把整条船带入险境甚至翻。所以一头一尾舣手[①]要配合默契，少一方都会发生碰撞，这要靠感觉。"[②]伴随着龙船比赛形式的变化，特别是龙船训练、龙船材质的变化，叠滘龙船比赛的性质也发生了变化。以社区节日文化传统为主的龙船比赛已经接近当代体育运动的文化内涵，并已具备了现代体育比赛的某些特征，追求速度日益成为特色，建构了新的龙船文化体系。

（三）龙船参与群体的扩大化

首先是女性参与划龙船。据《叠滘乡志》记载，过去，绝对不准女性扒龙船的，认为女性对扒龙船不吉利，龙船一定会沉。甚至妻子当年怀了孕，其丈夫也不得扒龙船。[③]1953 年端午节，陈丰村龙船引导先河，开创了历史上首次妇女扒龙船的先例，震惊了全叠滘甚至邻近四乡。随后，该地各村的妇女也纷纷举行了妇女扒龙船活动，展现飒爽英姿。

现在，叠滘女子游龙已发展成一个固定的项目。在叠滘四大杯赛结束之后，农历五月初九这一天，叠滘各村都会自发组织女子登船游龙，向人们展示叠滘女子阳刚的一面。女子担任扒丁和鼓手是必须的，有的村更是将舣手重任同样委托给女将执行，有胆大的女将更是站上船头，担任舣手威风凛凛。在每年龙船赛时，男性队员每晚艰苦夜练，背后默默支持的正是女性，或许身体里都是流着叠滘龙船的血液，当女性亲自上阵时，一招一式，也颇有一番豪气与英姿，体现出女性划龙船的魅力。

其次，比赛中出现外地龙船队。传统上参加叠滘龙船游龙、比赛的都

---

① "舣手"即掌舵手，是指坐在龙船头、龙船尾掌舵的队员，一般需要有经验的队员来担任。

② 访谈对象：A2；访谈人：胡玉福；访谈时间：2023 年 5 月 24 日；访谈地点：南海区桂城街道江头村。

③ 叠滘乡志编纂领导组编修：《叠滘乡志》，内部资料，2012 年，第 501 页。

是叠滘地区的龙船队伍，没有外面的人参加。2012年的龙船赛上，出现了叠滘之外的龙船队伍参加龙船比赛。随着各村请到外面教练训练龙船队，叠滘龙船的比赛队伍也发生变化。叠滘划龙船虽仍保存地方的节日传统，外地龙船运动员的参加，不免也容纳了外地人带入的知识，使得地域性节日传统渗入去地域化的性质。最明显的就是近年来举办的单人艇龙船赛。为了提升叠滘龙船队员的水平，推动叠滘龙船的影响力，宣传叠滘水乡文化，2020年开始，叠滘引入近年来比较流行的单人艇龙船赛，到2022年已经连续举办3年，外地人员参加的人数越来越多。2022年比赛在3月6日举行，有90人参加，比赛分为本地组和公开组两个类别。其中公开组53人，本地组37人，可见叠滘之外的龙船运动员要多于本地人员。比赛形式仍为计时赛，在比赛中可以发现，专业运动员要比叠滘龙船队员更有耐力，但是在转弯或控制平衡等需要技巧的方面却不及本地龙船队员，专业运动员翻船的比率要高于本地龙船队员。这也与本地龙船队员划龙船时对技巧的重视有关系。单人艇龙船赛的引入，将本来是集体活动的龙船分割成个人性的表演，具有个人实践色彩，往往因个别差异而存在多元的实践方式。

（四）体验创造新的扒龙船意义

虽然扒龙船对于个体家庭与叠滘社区群体具有强化凝聚力的宗族信仰意义，但对某些参与者而言，去扒龙船只意味着参加了一个团体性的娱乐活动，不必然涉及任何宗族血缘上的认同感与文化意义。2017年以后，龙船比赛中不乏经常参加专业龙船比赛的常客，他们有的通过龙船锻炼身体，有的认为这是体会叠滘地方文化的好机会，还有的就是喜欢龙船漂移所具有的独特运动魅力。更有一些年轻的学生，无论是学校组织的非遗体验活动还是应家长的特别要求，实地体验龙船的意义是他们的具体目标：至少可以用自己的双脚走过龙船经过的各村，或亲自经历龙船在河道中穿行的过程，或体会现实生活中看不到的人与人之间的关怀互动。无论是哪一种体验，它都为人们收集非日常的生活经历与新的体验提供了新的文化场域。

叠滘扒龙船参与到乡村振兴实践以来，体验龙船的模式进一步受到肯定与发展。自 2017 年以来，桂城街道推出"一元游桂城"徒步体验活动，叠滘龙船水道即是重要的焦点路线。叠滘龙船组织派出有经验的龙船老人配合活动，在岸边和龙船上传授叠滘龙船民俗的基本知识。活动强调亲身参与划龙船，将体验确定为划龙船的目标，其次才是对节日文化的深刻认知。对当地的中学生而言，龙船体验活动带领他们走出校园，实地体会划龙船，不仅让他们更加了解乡土的节日文化，无形中也加深他们对乡土的认同与依恋。

　　无论是外来龙船运动员、游客、青少年体验还是政府组织的体验活动，均创造了叠滘龙船的新意义。当体验成为划龙船的主要目标，节日信仰不再是主要的考量。在地方组织与外来者的推波助澜下，确认了"体验"作为划龙船的新意义，不仅邀请外地人与青少年进入龙船场域，亲身感受民间龙船文化的内容，也教育当地年轻人学习地方文化传统，培育年轻学子对故乡的情感与认同。然而如果说，乡村振兴的实践协助创造了体验龙船的新意义，那么文化遗产所欲保存的还是原初的地方传统吗？

三、以龙船参与乡村振兴为中心的叠滘地方脉络重塑

　　以下将检视叠滘龙船参与乡村振兴对叠滘地方社会的影响，包括地方政府的反应、龙船组织的遗产实践以及当地青年与地方社团的成长等方面。

（一）地方政府举办的文化活动

　　当龙船被冠上"非遗"的头衔，反应最积极的是地方政府。南海区政府近年来持续关注龙船活动，从 2017 年开始年年派出城市公益志愿者，在龙船比赛期间为观众做指引服务。桂城街道对扒龙船活动的投入最多，主要表现在每年端午节举办的龙船文化节活动上。比赛期间，桂城街道提供经费支援，所主办的龙船文化节活动大多以民俗才艺表演、传统戏剧、音乐演出与晚会等形式开展，并配合四个比赛地点，以增加龙船比赛的热闹气氛。当龙船比赛成为非遗项目后，龙船文化节活动开始增加文化讲座、摄影比赛、徒步等活动内容，将展演活动内容深化，期望贴近叠滘的地方

传统。

当叠滘龙船成为可资利用的文化名片，地方政府也将其纳入乡村振兴的行动中。为了进一步扩大叠滘龙船的影响力，桂城街道通过在图书馆、商场等公众场所展出包含龙船比赛的叠滘水乡文化节美图，出版龙船文化书籍，拍摄龙船纪录片，举办龙船实物展览及墙面涂鸦等渠道推广叠滘龙船文化。为了让叠滘文化传统得到更好的延续，2020 年桂城街道制订叠滘社区规划改造方案，其中叠滘龙船是规划的重点。对叠滘龙船历史研究总结，提炼出风俗活动、文物古迹、文化历史三个方向，作为龙船景观的主题故事线。正如 A5 所说："叠滘龙船越受欢迎，它对乡村振兴所带来的积极意义愈发深远。传统龙船文化早已有了新的生命力，对社区居民产生强大的向心力和凝聚力。叠滘龙船将所有不同姓氏、不同地方的人凝聚在一起，它是人与人之间联系的纽带，传递着团结、友爱、凝聚的力量。"①

推广叠滘龙船文化现在成为当地政府重要的活动，尽管村里人认为活动内容大同小异，留下深刻印象的均是热闹的晚会。然而，政府主办的多项活动多以公开招标、项目委托的方式进行，活动最终交由特定的文化公司来举办。文化公司往往不太在意活动与地方的联系，而当地龙船组织也只是纯粹地配合活动。因此，原本是强调挖掘地方文化、注重社区居民参与的活动，结果只是集合了一群外地人来参加龙船文化节，而与本地居民的互动并不明显。例如龙船摄影比赛，最后得奖的都是外地的摄影师，而本地人及他们的生活却成为摄影师的拍摄对象，大大降低了社区民众的参与热情。对于文化演唱会，当地人尤其是老人们评价最多的是"喧闹"或者"没有龙船好看"。由此可见，政府部门的实践仍较多关注于遗产项目本身的经济效益，也即考虑推广龙船文化所带来的旅游经济价值，一定程度上对文化持有者的社区利益有所忽略。

（二）地方治理的社会实践

龙舟在水上划行，与之相伴最重要的是水。但是，长期以来由于疏于

---

① 访谈对象：A5；访谈人：胡玉福；访谈时间：2023 年 5 月 26 日；访谈地点：南海区桂城街道叠北社区居委会。

管理，生活排污量增大，龙船比赛的水道淤积严重，脏、乱、臭、黑现象十分突出。由于河涌严重污染，河涌充满油污和恶臭，扒龙船之后要用汽油清洗身体，有的船队翻船后，队员会发生呕吐。扒龙船习俗受到严重影响，很多年轻人都不愿意参加这个活动。"我在乌黑的河道里划了 7 年。很怀念河水清澈的时候，划完龙船直接跳到河涌里。"[①] 在龙船漂移还未出名之前，叠滘被外地人熟知的是在黑水里划龙船，当地的龙船也被称为"黑龙"。龙船漂移出名后，叠滘龙船为越来越多的外人所知。当地人开始意识到，与龙船文化相伴的自然生态环境也是非常重要的。于是，当地人开始推动污水的治理行动。

事实上，从 2005 年开始叠滘地区就被列入为佛山市污水治理范围，市政府工作重点在于污水处理厂、管道铺设等基础设施建设。但是，叠滘地区社会环境复杂，居民生活污水排放是主要的水污染来源。部分村民随意排放的行为，显然是缺乏保护环境的意识。尽管政府多年努力，但收效有限。

直到 2017 年"叠滘龙船"成为非遗项目后，当地开始重视污水治理问题。"龙船漂移赛很出名，外面的人到我们这里一看，龙船比赛很精彩，但是环境很差，水黑还有恶臭，对我们的印象肯定不好，所以我们必须治好污水。"[②]

现在，叠滘成立了三支由龙船队员组成的护水队伍，强调发扬叠滘龙船精神，做到文化保育与环境保护相结合。同时，南海区政府也日渐意识到叠滘水污染治理的重要性，终于在 2020 年，由政府出资进行彻底清理。多管齐下，2022 年端午节期间，经过治理的叠滘水道终于再现出清澈的水文样貌。

叠滘龙船及其习俗是当地人与自然互动过程中创造的文化现象。在传承文化的实践中，自然环境的保护同样重要。通过申请政府认定的文化遗产，龙船将分散的社区民众凝聚到一起，叠滘龙船成为地方在与政府沟通

[①] 访谈对象：A1；访谈人：胡玉福；访谈时间：2023 年 5 月 24 日；访谈地点：南海区桂城街道江头村。

[②] 访谈对象：A5；访谈人：胡玉福；访谈时间：2023 年 5 月 26 日；访谈地点：南海区桂城街道叠北社区居委会。

时的文化资本和交流中介。如果说扒龙舟仅仅只是一种习俗，而以龙船队员为核心的叠滘人通过文化与自然保护将新的理念赋予传统习俗，表面看来似乎是"新"的东西，但其背后传统的、结构性的要素并没有改变，依然是传统划龙船的精神和信仰，即人与自然和谐共生的关系，只不过这种关系曾被工具化地利用，如今通过再结构化的过程，回归到原有的人类世结构关系之列。

（三）地方青年崛起与成长

青年在维系非遗的存续力方面有重要作用，尤其是青年的直接参与是非物质文化遗产可持续发展的核心指标。[1]曾经追着龙船奔跑的叠滘少年，成年后继承了父辈划龙船的角色，同时他们做出了与父辈不同的努力，用多元的方式传承叠滘龙船，为传统龙船赋予了新的时代意义。

首先，用文化创意传承龙船。2020 年，茶基村的 A6 和 6 位志同道合的青年人成立了"廿四坊"文创社，专门做龙船文创产品。文创社采用叠滘人熟悉的"廿四坊"为名字，以此来纪念曾经游龙游遍二十四坊的传统。文创社 7 名成员有 4 人大学毕业，各有所长。到 2022 年，他们已经开发出龙船文创产品 30 多种，除了龙船、罗伞、锣鼓等缩小版的模型，还有 T 恤、钥匙扣、靠垫等一系列龙船主题的周边产品。他们在龙船模型的制作方面尤其用心，特意请教制作龙船的老人，按照 1∶25 的比例手工制作龙船模型，一一记录复原龙船的制作工序和组装过程，这让一直以来缺乏记录的叠滘龙船制作技艺有了文字内容。文创社成员平时的身份，或者是某个公司的职员，或者是企业的经营者，但在工作之余总爱回到叠滘，心无旁骛地造龙船，用强大的文化创意力量为传递叠滘龙船赋予新的活力。

其次，用新媒体记录叠滘龙船发展。成长在数字化时代的叠滘青年也发现新媒体在非遗传承中的重要作用。2009 年开创的"叠滘龙船"论坛，聚集了许多龙船发烧友。关注论坛的龙船爱好者通过文字、图片和视频，分享龙船的种种乐趣。年少的 A7 也是其中一员，他专门学习图片处理和视频制

---

① 孟筱筱、李耘耕：《"新媒体"何以装"旧文化"？——"上海非遗青年"的媒介策展实践研究》，《当代青年研究》2022 年第 5 期。

作技术，记录每一年端午节期间的龙船赛。由于论坛服务商停止服务，"叠滘龙船"论坛于2020年底宣布关闭。不过，随着交流通信平台的迭代更新，论坛负责人早在2017年就已注册微信公众号"叠滘龙船"，在论坛日渐式微时接过了宣传的接力棒，以公众号推文的形式在网络空间继续讲述龙船的故事。微信公众号要传递关于叠滘龙船的最新信息，几乎所有盛会A7都在场，对赛事风云了如指掌。微信公众号还会追溯叠滘龙船的前世今生，对赛制变迁和风俗历史也能如数家珍。到2022年，"叠滘龙船"微信公众号共发布了246篇原创推文，完整地记录了叠滘龙船的当代传承与发展过程。

再次，创办龙船主题咖啡店展示龙船文化。A6曾经是追着龙船跑的少年，现在已经是村里龙船队的骨干队员。他在当地的另一个身份是咖啡店店主，曾经在外经营品牌服装的他于2019年辞职回到叠滘，开办了一家以龙船为主题的咖啡店，致力于传播叠滘龙船文化。咖啡店的所在为二层楼房：一层用于咖啡销售运营，同时陈列店主在不同村落收集到的龙船纪念物，摆放着有代表性意义的龙船龙头模型。每当有游客进入咖啡店，A6总会进行龙船文化的相关介绍；咖啡店二层则为叠滘龙船展示。展出物包括龙船比赛的摄影作品、叠滘龙船的历史介绍。咖啡店还与"廿四坊"文创社合作，营造充满龙船文化的氛围。整个咖啡店和龙船展示厅都是店主自己负责，尽管目前还没有明显盈利，但是店主充满信心。如果说咖啡代表时尚新潮，而龙船代表的则是地方传统，两种完全不同的文化载体在龙船咖啡店直接碰撞和融合。咖啡店运营的四年间，吸引了更多的年轻人前来了解龙船，更好地传承龙船文化。

非遗可以帮助青年人建立与自己根源和身份的联系。无论是做文创、办自媒体、开主题咖啡馆，还是直接当龙船队员，近年来叠滘龙船新的文化表现形式不断涌现，这是由当地青年人直接推动的结果。这不只是童年旧梦的重温，更包含了他们对本土传统的深沉情感和自觉的文化传承。正如A6所说，"龙船才是我们的传统，希望通过文化产品的沉浸式体验，让更多都市年轻人有机会亲近传统"①。在他们的参与下，叠滘龙船也获得

---

① 访谈对象：A6；访谈人：胡玉福；访谈时间：2023年5月24日；访谈地点：南海区桂城街道江头村。

了赓续、再创造和可持续发展的活力。当然，要让青少年成为非遗保护的生力军，还需依靠文化职能部门、媒体乃至整个社会各界对社区再次赋权，在文化实践和传播实践中将当地青少年人群整合为一个行动主体，从而为他们有效参与社会公共生活并塑造可持续未来，创造适宜的扶持条件。

结　论

陈志勤曾以香林村的案例揭示从"'政府介入'到'乡村自救'、从'旅游经营'到'村民参与'、从'文艺展演'到'村落认同'"的视角转换，从而讨论非遗参与乡村振兴所形成的"文化客体化"，以及由此所唤醒的内发性发展的可能性。[①] 可见，在乡村振兴的行动场域中，非遗与地方社会之间的关联性进一步被强化，地方社会的主体性也得以凸显。

（一）非遗融入乡村振兴过程中的地方社区赋权

对照香林村的案例，叠滘扒龙船在 2000 年以前仍是扎根于叠滘社区的乡村活动，因为当地河道污染，甚至还被外地人贬抑。进入 2007 年，由于媒体的报道，龙船宣传登上网络电子媒介平台，扒龙船开始受到外界社会的注意，并逐渐发展出"龙船漂移"的形象定位。2017 年凭借非物质文化遗产的荣耀而聚集人气。随着叠滘地区乡村振兴工作的开展，叠滘扒龙船也成为一张名片。换言之，叠滘龙船蕴含地方节日文化的特色，成为外地人认识叠滘传统文化的焦点，叠滘龙船名气的提升也促进了地方社区赋权，凝聚了一批因龙船而缔结的地方社群。事实上，即使没有非遗项目的头衔，龙船队伍也会随着当代强调本土文化认同的需求而成长。不可否认的是，2007 年以来叠滘龙船因数字媒体传播以及"非遗"的标签已成为被外界广泛关注的焦点，更是加深了当地人的认同感。

乡村振兴的过程代表的是政府的文化治理，也是国家与地方直接沟通的一种文化策略。究竟该如何评量这种国家政策与地方社会的互动现象？英国学者迪夫·亚当森（Dave Adamson）在探讨英国威尔斯社区公

---

① 陈志勤：《非物质文化遗产的客体化与乡村振兴》，《文化遗产》2019 年第 3 期。

民参与政策计划的障碍时，曾旗帜鲜明地提出"社区赋权"（community empowerment）的概念，指出在公部门政策推行的同时，地方居民的参与情形、技艺能力、知识、自信心等均为重要的考量。尤其是社区赋权的指标在于居民是否具有决策的权力，是否扮演影响外来政策计划的角色，是否具有观点与能力改变外来专业计划的意识形态与假设。[①] 采此标准来衡量，亦可对照检验乡村振兴对于地方社会的影响。

很明显，非遗项目为地方社区带来知名度与曝光度，使得过去偏远落后的乡村变身为地方政府手中的文化瑰宝。在叠滘扒龙船被融入地方的乡村振兴实践过程中，多由政府的文化部门筹办龙船文化节，社区参与程度有限，至多是提供场地与配合布置事项。然而政府部门的乡村振兴政策很难与地方社会的节日活动产生更为实际且直接的交集，因此社区通过文化传统来直接参与乡村振兴实践的空间并不大，多数情况下处于较为被动的状态。

与之形成鲜明对比的是，地方组织在乡村振兴的实践上其实可以拥有相当的自主权。如龙船组织成为地方重要的文化领导者，一方面面对政府公共部门，进行民俗协商，另一方面具有整合各村龙船队资源的组织结构功能。2017 年，龙船组织准确地把握了龙船可以作为政府在实施乡村振兴工作中的文化资本价值，他们甚至有能力通过自主举办活动来争取政府补助。更重要的是，龙船组织意识到龙船文化传统的活态保护与自然生态环境保护协同展开的重要性。社区民众自觉地通过强调遗产的历史文化价值，促使地方政府加快污水治理的行动步伐，同时也重新唤起了社区成员保护水体环境的自然人文生态意识。换言之，今日传承龙船的叠滘地方组织相较于过去的被动与沉默已不可同日而语，充分彰显地方的能动性与自主性，可以说当地居民今日更有能力与信心与政府单位协商，呈现社区赋权的行动力。

振兴乡村文化的目的为地方社区带来名气与人潮，带动了地方经济的发展，也活络了地方组织力量，促进地方青年群体的成长，提高社区保护

节日仪式

---

① Dave Adamson, "Community Empowerment: Identifying the Barriers to Purposeful Citizen Participation," *International Journal of Sociology and Social Policy*, vol. 30, no. 3（2010）, pp. 114–126.

文化遗产的意识。这个现象说明社区的成长是通过节日文化的内生力量来实现的。因此，不能说龙船融入乡村振兴对于地方经济没有贡献，同时，乡村振兴不仅促进地方社区的非遗保护工作与民俗协商能力，更有带动社区青年力量成长的社会文化功能。

（二）地方传统的嬗变与创造

不可回避的是，叠滘扒龙船习俗在参与乡村振兴的过程中也面临变迁的问题。不仅原有的游龙传统出现弱化的情形，也因为外来教练的加入，使依靠经验的划船技艺难以继续传承。"非遗"的标签导致龙船组织调整了部分习俗，不仅为了更加突出龙船比赛的竞技性，也为了提高外来龙船队员的参与感，增加多元的龙船比赛形式。进入乡村振兴领域的龙船活动具有了公共性质，既然是大家均可参与、社区广泛共享的龙船活动，容纳多元的实践方式应是自然的发展。只是一旦形成这种社会网络张力，龙船活动开始从地方传统的弱化发展到容纳去地域化的多元实践，那这个结果还是非遗保护工作以及乡村振兴所期许的目标吗？

另一方面，当地女性加入划龙船的队伍，并获得在农历五月初九进行表演的固定时间，这为当地未来举办女性龙船比赛埋下了极具潜力的伏笔。当龙船因乡村振兴而号召新人群跨越原本的社区关系限制加入其中，人群原有的保守化、传统化特性与新的龙船展演相融合，产生了关于扒龙船的文化再生产实践。这就是说，女性的加入打破了原本地方习俗的限制，同时也反映出地方致力于延续或创新龙船展演所做的种种时代调适。实际上，这种动态的发展历程，恰恰反映了地方龙船群体在扩充与重组后的新生性，是遗产项目可持续发展的具体呈现。

此外，无论是冲着非遗项目，还是对叠滘地方文化持有怀旧心态，龙船水道徒步或者龙船体验活动成为当地端午节日传统与地方人情关系的重要生产场域。当代龙船可以不全然为了地域性祭祀的目的，也可以是为了满足游客体验的需求。不论是收集叠滘风土民俗、锻炼身体、提升龙船竞技水平，还是现代社会个体对自我内在的探索，均构成当代龙船体验的目的追求。

（三）谁的传统？谁的龙船？

如前文所分析，叠滘划龙船以其独特的比赛特色而成为非遗，参与乡村振兴的实践目标是维继此龙船文化。但是，实践结果却带来更多外来的习俗渗入与新的文化诠释，它们甚至与地方传统形成竞争关系。这意味着，围绕龙船而形成的地方传统信俗实践在慢慢弱化，也使得节日传统向体育赛事改变，甚至出现创新的体验意义。问题就在于，当扒龙船从地方节日传统转变为去地域化的体育赛事已是不可逆的历史时，我们今天所言的非遗保护的对象究竟是谁？当重要传统的参与者向外地专业龙船运动员开放，活动中的龙船究竟该视为谁的龙船？一旦扒龙船脱离具有保卫地方平安意义的游龙传统时，划龙船还能否视为地方传统吗？如果说视为地方传统依旧如此理所当然，那它又该被认定为谁的传统呢？

尽管"叠滘龙船漂移"自列入地方非遗名录以来至今不过短短数年，但成为遗产项目意味着原本被视为"迷信"的地方传统已然被提升到中华优秀传统文化的序列，且被作为地方文化资源又重新融入乡村振兴。无疑，扒龙船已为地方社区发展带来积极的促进作用，但同时又不得不改变传统的实践形式。同时，短时间内的观察是否能真正呈现作为非遗的扒龙船在乡村振兴过程的重要影响与意义，实为本研究的一大挑战。这也就是说，非遗是新的时代观念，若乡村振兴是促成叠滘划龙船变迁的"加速器"及"转辙器"，它对地方社会的影响自是不容忽视。虽然遗产的标签以及乡村振兴的实践短时间内扭转了叠滘地方的边缘性地位，当下确实极大地促进了地方的社区赋权。然而它能否如诸方所愿保持文化活力，继续推动地方传统的可持续性发展，则并非眼下就能简单说清的议题，还需要学者们持续保持关注，也更需要时间来加以检视。

民众主体视角下乡民艺术的文化建构

——以青海湟中黑嘴子村的社火文化为个案 *

孙瑶琦 **

摘 要

社火是乡土社会春节期间的民间文艺表演活动，社火中有丰富的文化意涵，它兼具艺术、信仰、组织的特质。社火的文化特质借由民众主体的建构而实现。同时，民众主体的日常生活因社火参与更为立体化和丰富多样，在青海汉族村落黑嘴子村，民众在社火活动中以不同的形式塑造了多样化的自我，如实现了个体生活的调适，成为知识丰富的"民俗能人"，获得民众认可的组织者，同时，他们的亲身参与也是对社火文化的传承与重塑，为社火文化注入了灵魂与活力。

关键词

社火 乡民艺术 青海 民众 主体

* 本文系国家社会科学基金重大项目"海外藏珍稀中国民俗文献与文物资料整理、研究暨数据库建设"（项目编号：16ZDA163）的阶段性成果。

** 孙瑶琦，中山大学中国非物质文化遗产研究中心、中山大学中国语言文学系博士研究生。

节
日
研
究

第
二
十
二
辑

一、问题的提出

"乡民艺术"是民俗学者张士闪近年来研究艺术民俗学时提出的一个概念。从字面理解此概念，可总结出三个要点：一是"乡"，"乡"指的是艺术的语境问题，将艺术界定于乡土社会之中，而乡土社会的具象空间就是村落。20世纪30年代，费孝通以开弦弓村为个案写成《江村经济》，民俗学延续这一传统，将村落作为民俗传承的生活空间①。二是"民"，"民"指民众主体，强调艺术由乡土社会中的人运作而成，或者说通过民众的不断努力达成一种文化共识，在对乡土社会中的艺术进行关注时要有民众主体的意识。三是"艺术"，这种"艺术"作为一种活态的社会生活与文化现象而存在，既有一定的现实功用，又具有超越现实的艺术本体性意义。②

通过这三个要点的阐释可知，"乡民艺术"主要指乡土社会中由民众主体所进行的艺术文化活动。此概念提倡"中层理论"的建构，探索艺与乡、民之间的关系，摆脱了以往艺术研究的宏大叙事模式，将艺术重置于具象的生活语境，探索乡民手中的艺术文本如何在乡村社会中一再被表演、重复、传承的过程，以及在这一过程中的意义显现。③

此外，"乡民艺术"并非固定不变，而是具有流动性特征。从乡民艺术知识的形成来看，它在艺人与乡民的磋商中不断被形塑，磋商具有即时性与群体性特征，这导致乡民艺术知识具有可变性；从乡民艺术知识的传播来看，随着时代与地域的不同，乡民艺术有所差异；从乡民艺术知识本身来看，它掌握在艺人与乡民手中，他们在传承过程中受自身知识结构、经历的影响，因此对乡民艺术意韵阐释是多元的。因此要以流动性的眼光看待乡民艺术。④

可以说，乡民艺术概念兼具艺术学与民俗学的视角，"艺术学视角意

---

① 刘铁梁：《村落——民俗传承的生活空间》，《北京师范大学学报（社会科学版）》1996年第6期。

② 廖明君、张士闪：《艺术民俗学研究：将乡民艺术"还鱼于水"——张士闪教授访谈录》，《民族艺术》2006年第4期。

③ 刘铁梁：《村落生活与文化体系中的乡民艺术》，《民族艺术》2006年第1期。

④ 张士闪：《乡民艺术民族志书写中主体意识的现代转变》，《思想战线》2011年第2期。

味着这是一村之民从其所处的村落时空背景出发，为了生存和表达文化的需要而采用多种艺术手段，并对已有的艺术传统予以评估、选择或创新；而且，"民俗学的视角则是将乡民艺术作为村民的一种生活实践活动，关注它在村落生活中的具体运作与实际作用，以及它与其他村落知识如何交织成一个相对自足的村落文化体系"①。

"乡民艺术"概念提出后，很多学者对这一学术概念进行了深化实践。如李海云通过考察鲁中东永安村"烧大牛"仪式活动，揭示乡民借助仪式文化建构村落集体情感，实现村落公共性传统的文化生态②。张兴宇以冀南北杨庄梅花拳为例，说明"玩拳""亮拳""动香火"等梅花拳的习俗中蕴含着灵活自洽的时间制度，利于地方生活文化的接续并为地方文化传承提供动力③。张春对鲁中地区"周村芯子"进行田野考察，发现"芯子"表演组织随着时代的发展发生流变：从地方乡绅主导下的乡民主体，到20世纪80年代的村委会，再到如今"村改居"后突破传统边界，朝向地方节日空间实践主体的转变。④秦承泽以鲁南郑家庄八仙灯为例，探讨"非遗"理念嵌入这项"乡民艺术"后所保留的时代印记。⑤这些研究均是在村落语境中关注"乡民艺术"，有的挖掘乡民艺术背后的文化之于村落共同体的意义，有的揭示"乡民艺术"与村落变迁、非遗语境之间的关系。总之，学者们将"艺术"重置到生活语境中，依托村落整体生活认识艺术本身，是对艺术民俗学视域下"乡民艺术"概念的践行。

社火可以说是乡民艺术的一种，王杰文《民间社火》一书中将其概括为"中国乡土社会节日庆典当中的民间文艺表演活动"⑥。在社火的已有

---

① 廖明君、张士闪：《艺术民俗学研究：将乡民艺术"还鱼于水"——张士闪教授访谈录》，《民族艺术》2006年第4期。

② 李海云：《信仰与艺术：村落仪式中的公共性诉求及其实现——鲁中东永安村"烧大牛"活动考察》，《思想战线》2014年第5期。

③ 张兴宇：《乡村武术组织的节日传统与时间制度——以冀南北杨庄梅花拳为例》，载王加华主编《节日研究》第13辑，山东大学出版社2019年版，第250页。

④ 张春：《离乡之艺：村落语境中乡民艺术表演的组织流变——鲁中地区"周村芯子"的田野考察》，载王加华主编《节日研究》第二十辑，山东大学出版社2021年版，第225页。

⑤ 秦承泽：《"非遗"嵌入与乡民艺术的传承发展——鲁南郑家庄八仙灯调查报告》，载王加华主编《节日研究》第19辑，山东大学出版社2022年版，第215页。

⑥ 王杰文：《民间社火》，中国社会出版社2006年版，第1页。

研究中，大致有以下几种类型：社火历史溯源研究^①、对社火中文化元素的分析^②、对社火在特定地域范围内文化功能的探究^③、城市化与现代化语境下的社火文化变迁^④、社火中的民间组织与乡土社会秩序的建构^⑤。这些研究从不同角度切入社火文化，有利于我们认识这种民间艺术的历史、传承与发展过程。值得注意的是，社火文化传承至今的一个重要因素是民众的积极参与，那么社火对民众个体的意义体现在何处？促使他们延绵不断地组织、参与这项民间艺术的动因是什么？"乡民艺术"概念中包含"民"的要素，"民"是艺术的持有者与传承者，只有搞清楚艺术文化与个体之间的逻辑关系才能对社火的生存与发展有更深刻的认知。这也是民俗学的研究旨趣，民俗事象混融于日常生活实践中，"通过民俗"实现从生活文化到行动意义的转换是民俗学的研究路径。^⑥

笔者自 2020 年起多次到青海省湟中县黑嘴子村进行田野调查。在田野调查过程中谈及民俗文化的话题时，人们首先会想到社火，作为一种春节期间的集体表演活动，几乎村中的每个人都曾参与社火表演。黑嘴子村的社火活动由"火神会"组织，每年会从村落中选举两名办事能力强的大会头，负责社火活动总的指挥与协调，各个小队中选举出两名小会头，负责本队的社火事宜。社火中还有本村人扮演的"灯官老爷""报子""胖婆娘"等社火身子以及各种民俗表演中所需要的演员。无论是管理组织者还

---

① 如赵世瑜：《明清华北的社与社火——关于地缘组织、仪式表演以及二者的关系》，《中国史研究》1999 年第 3 期；李智信：《社火溯源》，《青海民族研究》2008 年第 4 期；王琼：《关中民间社火与宗教祭祀源探》，《河南社会科学》2012 年第 11 期。

② 如田荣军：《社火文化研究——以宝鸡县天王镇社火为个案》，西安美术学院 2008 年博士学位论文；王丽丽：《社火脸谱艺术探析》，辽宁师范大学 2010 年硕士学位论文。

③ 如霍福：《春节社火的文化功能——以青海社火为分析对象》，载李松主编《节日研究》第 3 辑，泰山出版社 2011 年版，第 222 页；李国华：《民俗体育活动的农村社会治理功能——以关中地区民间社火为例》，《理论导刊》2018 年第 5 期。

④ 如张迪：《城市化语境中的社火流变》，华东师范大学 2014 年硕士学位论文；沈旭：《关中区域现代化进程中的社火研究》，陕西师范大学 2017 年硕士学位论文。

⑤ 如朱振华：《村落语境中的艺术表演与自治机制——以鲁中地区三德范村春节"扮玩"为例》，《民俗研究》2017 年第 2 期；马岩芳：《仪式、信仰与乡土社会秩序建构——以青海湟中葛家寨村的社火表演为研究个案》，《青海师范大学学报（哲学社会科学版）》2010 年第 5 期；邢涵、康保成：《略论"会首"在民间社会中的作用及其变迁——兼说河南浚县民间庙会、社火中的会首》，《文化遗产》2018 年第 3 期。

⑥ 李向振：《"通过民俗"：从生活文化到行动意义的摆渡——兼论当代民俗学研究的日常生活转向》，《云南师范大学学报（哲学社会科学版）》2018 年第 1 期。

是社火的演员，他们的参与都是社火活动得以顺利进行的必要条件。结合乡民艺术概念内涵与社火的已有研究，本文以黑嘴子村为例，探讨在特定村落语境中，民众主体与艺术文化传承与展演之间的关系，注重从民众主体视角看待文化之于个体的意义。

二、村落地理空间与文化语境

黑嘴子村社火直接的生活语境就是村落，社火发生在村落空间内，因此对村落的描述可为理解民众与社火文化之关系提供文化肌理。黑嘴子村是青海省西宁市湟中区多巴镇下辖行政村，位于西宁市以西20公里处，属于河湟流域的西纳川一带。当地人将西纳川一带的村落分为脑山、浅山、川水。脑山地区多为山顶台地、高寒地带，小麦不易成熟；浅山多指山间峡谷，大部分是山旱地；川水则是谷地台阶地带，地势低而平坦。黑嘴子村就属于川水地带，适合农业耕种。2000年以前，黑嘴子村属于传统的农业型村落，村民主要以农业劳作为生，种植的农作物包括小麦、青稞、玉麦、胡麻、洋芋等。农忙时节一般是农历的二月到八月，其余时间的农业劳作负担较小，人们的生活也较为悠闲，呈现出一种松弛有度的生活节奏。

黑嘴子村的社火在农闲的春节期间举办，人们从腊月就着手准备社火的展演。社火的举办蕴含着驱邪纳吉、春祈秋报、集体狂欢的意味，因此在以传统农业劳作为生的阶段，民众参与社火的积极性较高。2000年以后，黑嘴子村的农业耕地被政府和企业陆续征用。以农业为主的生计方式发生转变，很多村民选择外出打工，原本的生活节奏被打破，已无农忙、农闲的时间划分，很多人一年四季都在为生计奔波，这一局面也造成社火活动组织的不畅与困难。

社火不仅具有民间艺术表演性质，还包含信仰元素，黑嘴子村的社火活动依托于村中的信仰空间——三官庙。三官庙，又名火神庙，庙内供奉天官、地官、水官。春节期间耍社火时，社火中的"大身子"[①]装扮完毕

---

① 所谓的"大身子"指的是社火中灯官、报子、哑巴、胖婆娘等角色。

后首先到达三官庙内，向庙内神仙进行禀告，之后才能开始社火的表演。三官庙不仅在社火中具有重要作用，在日常生活中也承载着民众的祈福心愿。每月的初一、十五，有的村民一大早就到庙中点灯、上香、磕头，以此方式求得神的庇佑。三官庙建于何时已无历史资料可考，但在黑嘴村的历史变迁中，三官庙经历过一次庙址的变化。20世纪20年代天主教传入黑嘴子村以后，天主教神职人员与村中乡绅协商决定，将三官庙旧址卖给天主教做教堂修建使用，此后三官庙迁移至现今村落广场旁。

庙宇的重建表明它对村民生活具有重要意义。据村中老人讲述，以前黑嘴子村有三官庙、观音庙、关帝庙。但只有三官庙保存至今，其他庙宇因各种原因被损毁后便不复重建。可以说，三官庙是凝聚黑嘴子村集体性的信仰空间。天官、地官、水官虽然是常见的道教之神，但在黑嘴子村的村落语境中，村庙中的三官是护佑村落之神，是村落民众信仰的寄托。在黑嘴子村，有三个较为重要的信仰空间，分别为三官庙、山神庙、天主堂。山神庙并非黑嘴子村的村庙，而是西纳川一带十八大庄子共同祭祀之神，天主堂则主要服务于信奉天主教的村民。因此，只有三官庙具有村庙性质，这与社火护佑村落地域的范畴相吻合。

黑嘴子村内部的组织单位与社火的组织形式是相对应的。民国时期的保甲制度实行之时，黑嘴子村以甲为最小单位出社火；到了人民公社化时期，保甲制度被废除，取而代之的是村落之下生产队的设置，因此社火在村落中的组织形式也转变为以生产队为单位；到了20世纪80年代，黑嘴子村实行土地包产到户，生产队作为农业生产的单位失去其基本功能，为便于管理、协调，生产队作为村落之下的行政事务管理单位被保留，而这一组织形式也继续在社火活动中沿用。每年社火举办时，各个小队都要选举会头、出高台、演节目。在黑嘴子村人的日常生活中，"队"还发挥着互助与情感交流的功能。若是同一队中谁家有丧事，全队的青壮年男性都要在下葬的时候去帮忙。下葬当天早晨会有唢呐声作为通知的信号，人们听到唢呐声就会到办丧事的人家集合。同一队的人们因为住处距离较近，在日常事务的往来上也会更加频繁，聚集在巷口聊天，饭后一起去附近散步，互相赠送食物，这些都可以加深邻里间的情感。因此，以"队"作为社火的最小组织单位具有一定的基础。

三、黑嘴子村社火表演的基本情况

黑嘴子村的社火于每年正月十四、十五、十六三天举行，当地人称之为"耍社火"。前已述及，"耍社火"有专门由村民自发组织而成的"火神会"。每年社火结束后就要选举出下一年社火"火神会"的大会头，大会头一般选举经济实力较好、组织能力较强、在村中有良好声誉的成年男性。待大会头的人选确定后，正月十七的早上，村中有舞狮队舞狮子，敲锣打鼓，放着鞭炮，拿上红布、馒头到新会头的家中，进行会头的任命仪式。当地人解释说，之所以要舞狮，是因为狮子象征着神，是神指派了下一届的会头，此说法为会头的职责增添了神圣之意味。此外，还要选出各个队的小会头。这样，"火神会"就建立了完备的组织架构。每年社火举办的前一两个月，会头就要展开准备工作，如资金的筹集、演员的确定与邀请、节目排练等事宜。

正月十四的清晨，演员们首先要进行装扮，村中的王玉超老人对"打脸子"①非常熟悉，很多社火角色的面部妆容都是由他完成。社火中的主要角色有"灯官老爷""报子""哑巴"和"胖婆娘"。"灯官老爷"头戴乌纱帽，身穿红袍，腰围玉带，脚蹬朝靴，一手持笏板，一手持笤帚或鹰翅，就如古代县官的打扮。"报子"在社火中是负责传信的角色，因此"报子"总是骑马走在社火队伍的最前面。报子头戴草帽，帽子左右两侧插有黄色的表袎，戴着黑色墨镜，胡子呈八字形，反穿羊皮袄，腰间系红腰带。"胖婆娘"头戴花色头巾，前额和两鬓间插花，脸颊用胭脂涂红，嘴角和脸颊均有黑色的痦子，上身穿花大襟的长衫，下身是花裤子，脚穿绣花棉鞋，怀抱自己的儿子"火神保"。"哑巴"也叫"丑公子"②，是"胖婆娘"的丈夫。"丑公子"一般头戴黑色礼帽，戴着墨镜，画着八字胡子，反穿羊皮坎肩，扎红腰带，一手握柳木拐杖，一手持吊挂有旱烟袋的长烟杆。

---

① "打脸子"指的是社火中根据角色的人物特征、性格特点在装扮者的脸上画上相应的脸谱。

② 据当地人解释，这与一个历史典故有关，大概就是皇帝为了逃避敌军，故意穿着破烂，由此混过敌军的眼睛。丑公子实际上是逃避敌军的皇帝。

"丑公子"和"胖婆娘"穿着打扮十分怪诞，他们在社火中主要负责逗笑前来观看社火的村民。

演员装扮完成后，一齐出发到火神庙拜神，由灯官进行一番说辞，表明社火中各角色的职责。拜神过后，由村民扮演的角色便脱离常人身份，具有了神性。[①] 最后下令全体队伍出发，此时锣鼓震天、鞭炮齐鸣，热闹非凡。黑嘴子村的社火队伍还要向燕尔沟村[②] 送社火。灯官率领社火表演队伍一行向燕尔沟村出发，燕尔沟村民要接社火，准备酒肉、茶水等放置在演出场地上方的供桌上，社火队伍一到就燃放鞭炮、敲锣打鼓，予以迎接。之后双方队伍共同到燕尔沟村的火神牌位前告知村神社火队伍的来临，完毕后两个村落的社火队伍则出发前往黑嘴子村开始正式的社火表演。

黑嘴子村村落广场是主要的社火表演场地，广场上有一个负责"点秧歌"的人，相当于节目主持人。"点秧歌"的人在每个节目开始和结束后都会说大量吉祥话，因此"点秧歌"的人必须口才极佳。他会根据每队所报节目列出一个表演节目单，各队按照他排列的顺序演出节目。黑嘴子村有六个队，每个队都有固定的节目，分别为"丑公子"、"八大光棍"[③]、抬花轿、藏民舞、现代舞，以前还有蒙古舞、新疆舞、"八仙家"等节目，由于没有专业的老师教授，人们表演的质量参差不齐，因此只能改为简单易学的现代舞。除固定节目外，每队还要出两个高台、一个车台。高台上的人物扮相多出自故事传说，比如梁山伯、祝英台、白素贞、许仙、孙悟空、牛魔王、福禄寿三星、观音菩萨等。村落中还有诸多助兴的鼓乐队，如太平鼓队、舞狮队、威风锣鼓队。

浩浩荡荡的社火队伍要按照既定的路线在村落中巡游，既定的路线由阴阳先生提前看好。巡游中的一大亮点是各式各样的高台，在村落中巡游

① 霍福：《春节社火的文化功能——以青海社火为分析对象》，载李松主编《节日研究》第3辑，泰山出版社2011年版，第229页。

② 燕尔沟村与黑嘴子村是相邻村落，据村中老人讲述，以前燕尔沟村与黑嘴子村是一个村，因为一部分人的土地距离黑嘴子村太远，那部分人为了耕地方便干脆将庄廓搬到了距离自家耕地更近的地方。随着时间的推移，村落规模逐渐扩大，形成了如今的燕尔沟村。燕尔沟村中的许多姓氏，如王、常、贾等家族与黑嘴子村都是同出一脉的。

③ "八大光棍"是青海汉族具有代表性的民间歌舞。关于"八大光棍"的论述，参见中国民族民间舞蹈集成编辑部编：《中国民族民间舞蹈集成·青海卷》，中国ISBN中心2001年版。

有两层含义，一是为了娱人，让所有村民都能够看到精美的高台；二是为了降福于村落与村民，高台上的人物扮相代表着神，高台所到之处即神之所在，人们可以向高台上的人物祈福，村落由此得到庇佑。

从社火的活动过程来看，其内容十分丰富。首先，社火具有信仰的文化属性。人通过角色的装扮向神禀告，实现了从人到神身份的转换，由此"神"来到了村落，来到了民众的中间，人们可以近距离地与"神"接触，并在接触过程中向"神"祈福纳吉；其次，社火中存在高度自治的民间组织。大会头、小会头、舞狮队的狮王在活动组织过程中获得了某种权威，他们在社火中实现了人与人之间关系的建构；最后，社火还是一场民间艺术的狂欢。无论参与者还是观看者，他们在社火中获得了精神的愉悦、内心的放松，是一种个体日常生活的调适。可以说，社火中蕴含着人与神、人与人、个体自身的复杂关系。张士闪认为艺术民俗学关注的是人在民俗实践中如何实现自我的问题，注重民众通过艺术的主动建构与自我调适能力。[1] 此种观点也可解释社火文化传承之内在动因。社火尽管经历了形式与内容的变迁，但随着历史的动态性发展，民众依旧能从中找到与自身契合的需求，继而积极参与、传承、发展社火文化。那么，黑嘴子村的民众是如何通过社火实现自我建构的？本文通过田野调查的方式探究黑嘴子村民众在社火文化中自我认同的逻辑，以此了解民俗在民众日常生活中的作用。

四、社火中的个人叙事

要对社火文化背后民众的行动逻辑与文化建构进行研究，个人叙事是重要渠道。通过民众的个人叙事可以了解到他们对于社火的认识、体验、感受，了解他们行动背后的意义。

（一）个体生活的调适

霍福认为，青海社火具有民俗调节功能。在社火活动中"人"通过扮

---

① 张士闪：《眼光向下：新时期中国艺术学的"田野转向"——以艺术民俗学为核心的考察》，《民族艺术》2015 年第 1 期。

演"神"的角色，脱离日常身份，日常生活结构获得转变，从而进入到反结构中，平时无法实现、无法满足的愿望在反结构中得以实现。① 黑嘴子村的钟添财扮演社火"报子"角色多年，他说道：

> 我演过好多年的"报儿"，因为我口才好，村子里面的人就推举我做"报儿"。后来就开始跟村里当过"报儿"的人学习，这也是个人的才华，不是每个人都能干这个事情的。当"报儿"威风得很，可以骑马，在社火队伍的最前面通风报信。我平时哪能骑上马，平时都得在蔬菜大棚里面忙活。这几年我再没当"报儿"，我父亲前几年去世了，我们这里是家里有人去世三年不能耍社火。②

钟添财对自己社火扮演"报子"角色的讲述首先从肯定自身能力开始。他具有"口才好"的优势，这一点必须依赖于黑嘴子村"熟人社会"的属性，正是在与村里的人们长久、重复的接触中，他的"口才"优势为人们熟知，因此才会被推选扮演"报子"。他跟随村落中经验丰富的"报子"学习相关的社火说辞，在这个过程中社火文化得以传承。同时，钟添财的"口才"通过社火角色扮演得以展现。提及角色扮演的感受，他首先想到的是"威风"，因为在社火中可以骑马走在队伍的最前端，这在日常生活中是无法实现的。钟添财在讲述社火时勾连到他的日常生活，在蔬菜大棚忙活是他的常态，其中蕴含着稳定不变的生活节奏，社火则是对他生活节奏的一种调适。在社火中，他不再是那个弯腰于蔬菜大棚的形象，而是队伍中骑马的先行官，角色的转换颠覆了日常结构，个人的情感在其中得到宣泄。钟添财最后还提到因为父亲去世自己已好几年未参与社火活动的情况。若家中有人去世，则三年内不能耍社火，这是黑嘴子人们共同的知识背景。因此，个体必须在特定的文化框架下进行日常生活的调适，而非突破一切的任意狂欢。

---

① 霍福：《春节社火的文化功能——以青海社火为分析对象》，载李松主编《节日研究》第三辑，泰山出版社 2011 年版，第 222 页。

② 访谈对象：钟添财，男，黑嘴子村村民；访谈人：孙瑶琦；访谈时间：2020 年 11 月 1 日；访谈地点：黑嘴子村钟添财家中。

（二）文化自觉的传承

在社火表演中，需要一些"民俗能人"担任特定的角色，完成特定的任务。比如扮演"灯官老爷"就需要熟练掌握一套灯官的说辞，在降香朝拜和各种场合下进行祈祷，还要对社火的一整套流程烂熟于心，明白角色的含义与要求。村中的王玉超老人扮演社火中的"灯官老爷"已有十几年的历史，可以说，他是村中的"社火通"，他通过何种方式习得关于社火角色扮演的知识？又是何种动力驱使他参与社火活动这么多年？他讲述道：

> 我们从小就看社火，看的多了也就会了，这些灯官说辞都是我自学的，我没有师父，有的是看到书上有就记到本子上，有的是听村里的老人讲下的，还有的是从别的庄子学下的。我专门有一个本子，上面记得都是灯官词、报子词、社火小调这些的。我演了灯官老爷以后，村子的人都觉得我演得好，后来这些社火的大会头们每年都拿上帖子专门来请我，这也是个神事活动呗，保佑我们黑嘴子村平平安安，我也愿意参加。①

"从小就看社火"，说明王玉超身处文化传承的村落共同体，年复一年的社火活动对他来说是一种习焉不察的文化熏陶和影响。王玉超不仅是社火的旁观者，更是社火的表演者与参与者，这些都是他认同社火文化的知识背景。他传承灯官词的方式是多样化的：从书本资料中摘抄，听村里老人讲述，在别的庄子的社火中习得。他将口头的、文本的两种素材一同汇总为文本，从而获得更全面的、更丰富的社火知识，这些社火知识可以为他在社火展演中提供参考。虽然王玉超主要讲述自身的社火参与经历，但他的叙事体现出个体与村落的联结。村落是他认同社火的场域，习得社火知识的源泉。村落中的村民也是他获得认可的群体基础，他在村落中实现了自我重构，成为"民俗能人"。同时，他也是村落文化的自觉传承者，为黑嘴子村社火文化的延续作出了贡献。谈及参加社火的原因，他认为这

---

① 访谈对象：王玉超，男，黑嘴子村村民；访谈人：孙瑶琦；访谈时间：2020年10月25日；访谈地点：黑嘴子村王玉超家中。

是"神事活动"，可以保佑村落平安，这一表述其实体现了王玉超将个体与村落进行同构的逻辑。这是一种文化自觉的生态系统，正是这种村落认同、文化认同才让黑嘴子村的社火活动源远流长。

（三）集体荣誉的责任

社火活动中除"大身子"外，组织者的角色也十分关键，组织、协调是保证社火活动顺畅进行的重要环节。黑嘴子村的社火有很多组织，比如舞狮队、威风锣鼓队、太平鼓队，还有各个小队的高台、固定节目等。每个组织都有领导者，负责团队的表演事宜。贾国才担任黑嘴子村舞狮队的"狮王"多年，他深谙"耍狮子"的文化内涵和动作要领，在舞狮队的活动组织过程中是举足轻重的人物。他说：

> 耍狮子是黑嘴子村社火的脸面，这几年疫情，社火没耍着。但是耍狮子一直都有，那是因为狮子是给我们村子带来吉祥，带来平安的一种象征，意思就是把村子里面那些不干净的，所谓我们人眼看不见的东西——妖魔鬼怪驱除掉。我现在是舞狮队里面的元老级人物，我们这个圈子里面现在大概有 15 个人，有的人负责后勤，有的负责召集人员，我负责动作，还有的人负责打鼓，等等。我们组织里面为了维持纪律，还有一定的规矩。比如今天晚上要练习了，如果说定的六点，你六点没来，就要罚一瓶酒，或者是 50 元、100 元，做啥事都是这样，没有规矩不成方圆。[①]

贾国才首先解释了舞狮对于黑嘴子村的意义：舞狮不仅是一种艺术表演，更是为村落祈福的信仰仪式。这是舞狮活动存在于社火活动中的根本性原因。无论是组织者还是"大身子"的扮演者，他们都能认识到社火对村落福祉的重要性。这一神圣、崇高的使命必须落到实处，那就是管理好整个舞狮队伍，舞狮表演的背后其实是团队努力的结果。贾国才提到的人员召集、打鼓伴奏、动作指导，缺一不可。在排练阶段，还必须立规矩、整顿纪律，以此规范团队成员的行为。贾国才还表示："我负责舞狮的时

---

① 访谈对象：贾国才，男，黑嘴子村村民；访谈人：孙瑶琦，访谈时间：2022 年 4 月 6 日；访谈地点：黑嘴子村贾国才家中。

候经常自己垫付个一两千，那个时候条件不好，没有办法，但是为了团队排练得更好，演得更好，我也愿意付这个钱。"[1] 贾国才将团队置于自身利益之上，这是作为组织者的责任感，于他而言，垫付钱财远远不如舞狮在社火之中完美呈现重要。

有类似经历的还有2019年春节担任五队社火会头的山成全，山成全提及自己当会头的经历时说：

> 我当会头的时候自己垫了3000多块钱，为了处理社火上的事情，我三个月没有出车。会头不好当，啥都得管，要负责任，一个队出社火要两个高台，一个车台。我们队还要演抬花轿，这些都得会头去找人，人缘不好的话还叫不上人。我们队的人既然把我选举出来了，我肯定得弄得好，让我们队的社火在村里长脸。[2]

山成全是一名货车司机，平时从青海西宁往四川、西藏送货。当他被选举为队里社火的会头时，他便一心一意地负责社火上的事情，放弃了外出跑车。因为社火中事物繁杂，"啥都得管"，赚钱和当会头是不能兼顾的。会头的身份并非只意味着权力，更是一种责任，是全队人对会头人选信任的表现。前已述及，会头一般选举办事能力强、人品好的男性。因此，被选举为会头是对个人能力与人品的肯定。个人在获得肯定之后，会产生集体责任感。山成全的表述中出现了"我们队""村里"两个群体范畴，这体现了一种层级的文化认同，在这个语境中，"五队"是他认同的集体，他要让"五队"在村里长脸，获得荣誉。

以上呈现了社火中个人叙事所体现的三种个体行动逻辑。无论是个体生活的调适、文化自觉的传承还是出于集体荣誉感的责任，在他们的讲述中，从来都不只是自我的言说，而是自我与文化、集体的互构。村落是社火发生的实际空间，村落中的个体会受到社火文化记忆的塑造，他们在年复一年的社火文化旁观或参与下熟知社火文化。"正是通过组织和表演社火，人们展示和交流了自己的信仰观念、对于传统的理解、对于集体的理

---

① 访谈对象：贾国才，男，黑嘴子村村民；访谈人：孙瑶琦，访谈时间：2022年4月6日；访谈地点：黑嘴子村贾国才家中。

② 访谈对象：山成全，男，黑嘴子村村民；访谈人：孙瑶琦；访谈时间：2021年8月22日；访谈地点：黑嘴子村山成全家中。

解、对于村落关系的理解以及对于欢乐的理解。"① 有了基本的文化认知，个体以不同的角色参与社火活动，他们延续、传承已有的知识框架，并加入自身的经验与情感。比如王玉超对灯官说辞的文本性搜集整理，贾国才对舞狮队规矩的订立，山成全出于集体荣誉积极筹备社火表演，不同个体基于自身的行动，是社火文化得以流传的重要原因。

当然，这并非否定客观环境对社火文化的影响，黑嘴子村的社火在过去也曾因为各种原因停办。村里老人回忆："1955 年从初级社转为高级社的那年没有耍社火，1959、1960、1961 年上是闹饥荒，也没有耍社火。"② 社会环境、物质因素都会影响社火的举办。如今，黑嘴子村被纳入多巴新城的城市规划范围，按照规划，黑嘴子村要实行整体搬迁。从 2021 年开始，已有村民搬到了不远处的安置小区。黑嘴子村逐渐被分割为两部分，一部分人已"上楼"，一部分人留守在村中。在此境况下，人们对社火的前景有不同的看法。有人认为，以后这个社火还会继续耍，村子拆了庙还在，庙在社火就能耍起来；还有人认为，以后社火怕是很难继续办下去了，上面的人在上面住，下面的人在下面住，再加上村子里面人和人之间没有信任，社火再不好办了。③ 两种说法的侧重点有所不同，一种观点认为村庙具有凝聚力，庙在社火就可以存续发展，另一种观点则注重村落中人心的团结对社火的重要性，对拆迁造成的人心涣散持悲观态度。另外，人们对社火的心态经历了很大的转变。"现在人们耍社火的兴头没有以前大了，必须得叫人来演，我们年轻的时候都是自己愿意演社火，年轻人压力大得很，得赚钱啊。"④ 人们对社火心态的变化是由于社火依存的乡土社会发生了转变⑤，黑嘴子村的人们不再以农业劳作为生，农忙时生产物质资

---

① 安德明：《认同与协商：街子乡春节期间的社火表演》，《温州大学学报（社会科学版）》2012 年第 6 期。

② 访谈对象：颜某，男，黑嘴子村村民，曾担任黑嘴子村的党委书记；访谈人：孙瑶琦；访谈时间：2020 年 9 月 4 日；访谈地点：黑嘴子村颜某家中。

③ 根据笔者于黑嘴子村田野调查期间通过与村民交流了解情况所得。

④ 访谈对象：柴友全，黑嘴子村村民；访谈人：孙瑶琦；访谈时间：2020 年 9 月 7 日；访谈地点：黑嘴子村柴友全家中。

⑤ 这一观点可参考张士闪在《村落语境中的艺术表演与文化认同》一文中，关于"正在远离村落语境的小章竹马"部分的论述。参见张士闪：《村落语境中的艺术表演与文化认同——以小章竹马活动为例》，《民族艺术》2006 年第 3 期。

料、农闲时进行艺术活动的生活节奏已被打破。如今的人们只能靠在外打工谋生，生活场域的转移使得乡土社会从"熟人社会"转变为"半熟人社会"[①]，村落的集体性与凝聚力同时也大打折扣，因此人们才会认为现在的社火难以组织、不够红火，黑嘴子村社火文化的传承与发展面临困境。

结　语

通过以上分析可知，传统的社火活动对于民众个体的日常生活具有建构意义。个体生活于村落之中，生于斯长于斯的文化环境赋予个体对社火的认知框架。在民俗实践中，个体从自身诉求出发，以不同的方式参与社火活动，社火借由无数个个体的文化动力得以存续。但是当"村落"作为一种稳定的社会结构发生变迁时，社火所依存的土壤便出现了危机。由此可看出，村落集体民俗对于村落语境有很强的依赖性。村落语境不仅指的是村落物质空间，更是一种文化空间及基于共同文化背景之下的集体心理与集体凝聚力。

如今，在城市化背景下，越来越多的村落面临消失，附着于村落之上的集体文化活动和记忆也有可能逐渐消逝，民众失去认同的依托会造成集体感与归属感的缺位，这一状况不利于村落文化的可持续发展。因此，在城市化发展的浪潮下如何维持个体、村落集体与文化之间的良好关系是亟待解决的难题。

---

① 关于"熟人社会"特点的相关论述最具代表性的是费孝通的《乡土中国》，其中写道："乡土社会在地方性的限制下成了生于斯、死于斯的社会。常态的生活是终老是乡……这是一个'熟悉'的社会，没有陌生人的社会。"参见费孝通：《乡土中国》，北京大学出版社 2012 年版，第 13 页。"半熟人社会"由贺雪峰提出，他总结出"半熟人社会"的三个特征，分别为："第一，村庄社会多元化，异质性增加，村民之间的熟悉程度降低。第二，随着地方性共识的逐步丧失，村庄传统规范越来越难以约束村民行为，村庄中因信息对称而带来的搭便车行为，加速了村庄内生秩序能力的丧失。第三，村民对村庄的主体感逐步丧失，村庄越来越难以仅依靠内部力量来维持基本的生产生活秩序。"参见贺雪峰：《未来农村社会形态："半熟人社会"》，《中国社会科学报》2013 年 4 月 19 日。

二十四节气

阳气、籽粒、江河：小满文化涵义新考

宋英杰　张永宁　隋伟辉[*]

摘　要

通过追溯节气体系初创时的思想体系，研究发现"小满"一词在初创和传承过程中产生了三个维度的含义，即阳气小满始于汉代，籽粒小满始于唐代，江河小满，始于明代，这体现了人们思想、生产生活及社会认知的变化。由于从阳气小满到阴气始生的过程是一个瞬间，非一个完整节气时段，所以"小满之后无大满"。以"芒种"命名小满之后的节气，是对我国最重要农候时令的指征。

关键词

小满　大满　二十四节气　阴阳　阳气

小满，是夏季的第二个节气。关于其称谓的内涵，和芒种节气一样是学界争论最多的。与小暑和大暑、小雪和大雪、小寒和大寒等节气的成对出现不同，小满之后紧接着的是芒种而非大满（见图1）。

---

　　* 宋英杰，中国天气·二十四节气研究院正研级高级工程师、副院长；张永宁，中国天气·二十四节气研究院副研级高级工程师、人文科学研究室主任；隋伟辉，中国天气·二十四节气研究院副研级高级工程师、自然科学研究室主任。

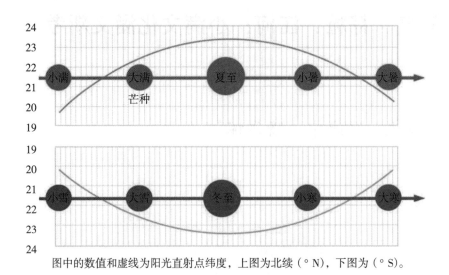

图中的数值和虚线为阳光直射点纬度，上图为北续（°N），下图为（°S）。

图 1　节气体系同构中的对称之美

由图 1 可知，在节气体系中，代表阴极的冬至两侧，是小雪、大雪，小寒、大寒；代表阳极的夏至两侧，则应是小满、"大满"，小暑、大暑，才能使节气体系呈现出同构的对称之美。但在节气体系中，小满之后的节气却是芒种。

为什么只有小满而没有大满？我们要从"小满"一词的含义开始追溯。

"满"的含义为"全部充实；达到容量的极点"[1]，《说文解字》释为"盈溢"[2]。目前学界对于"小满"的解读，通常有两个维度，即"籽粒小满"和"江河小满"，如"麦之气至此方小满，因未熟也"[3]，说的是小麦等作物籽粒开始饱满；"小满大满江河满"，说的是南方降水频繁，雨水开始丰盈。但是，到底哪个能代表小满的真正含义，学界并无定论。

一、农事物候之"籽粒小满"

以我们目力所及，小满被解读为籽粒小满，最早见于唐代孔颖达的

---

[1]　中国社会科学院语言研究所词典编辑室编：《现代汉语词典》（第 7 版），商务印书馆 2016 年版，第 874 页。

[2]　〔清〕许慎撰：《说文解字》，中华书局 1963 年版，第 231 页。

[3]　〔宋〕马永卿撰：《懒真子》，中华书局 1985 年版，第 40 页。

《礼记正义》，即"小满者，言物长于此，小得盈满"①。根据孔颖达的说法，"满"指的是农事物候，后世很多学者沿用孔氏的说法，宋代陈元靓《岁时广记》、明代高濂《遵生八笺》均原文引用。元代吴澄在《月令七十二候集解》中说"小满，四月中。小满者，物至于此小得盈满"②，仅"长"和"至"一字之差，基本也是沿袭孔颖达的说法。

关于"满"的具体所指，虽然学者的解读存在争议，但基本都是围绕农事物候。例如宋代马永卿和明代郎瑛的解释是这样的：

> 襄、邓之间多隐君子。仆尝记陕州夏县士人乐举明远尝云："二十四气其名皆可解，独小满、芒种说者不一。"仆因问之，明远曰："皆谓麦也。小满，四月中，谓麦之气至此，方小满而未熟也；芒种，五月节，'种'读如'种类'之'种'，谓种之有芒者，麦也，至是当熟矣。"仆因记《周礼·稻人》："泽草所生，种之芒种"。注云："泽草之所生，其地可芒种种稻麦也。"仆近为老农，始知过五月节，则稻不可种。所谓芒种五月节者，谓麦至是而始可收，稻过是而不可种矣。古人名节之意，所以告农候之早晚深矣。③

> "二十四气有小暑、大暑、小寒、大寒、小雪、大雪，何以有小满而无大满也？"又见《詹曝偶谈》解二气皆指麦言，然应答难于入人，而刊行于书，误人大矣，因复辨之于此。夫寒暑以时令言，雪水以天地言，此以芒种易大满者，因时物兼人事以立义也，盖有芒之种谷，至此已长，人当效勤矣。节物至此时小得盈满意，故以芒种易大满耳。④

由这两篇文献可知，马永卿《嫩真子》的观点是本该设定"小满"和"大满"的时节所涉的农事物候为麦子和稻，而郎瑛《七修类稿》的观点是本该设定"小满""大满"的时节正是谷物由将满到全满之时，小满、芒种之名是"皆指麦言"，指的都是麦子。

---

① 〔汉〕郑玄注，〔唐〕孔颖达正义：《礼记正义》（第一册），上海古籍出版社 2008 年版，第 284 页。

② 〔元〕吴澄：《月令七十二候集解》，中华书局 1985 年版，第 5 页。

③ 〔宋〕孔平仲、马永卿：《珩璜新论·嫩真子录》，上海书店 1990 年版，第 116 页。

④ 〔明〕郎瑛撰：《七修类稿》卷二"小满芒种"条，上海书店出版社 2009 年版，第 23 页。

我们认同《嬾真子》小满后设置芒种节气是"告农候之早晚深矣"的观点。小满和芒种之名涵盖麦子和稻。因为麦熟麦收的特性是"九成熟,十成收;十成熟,一成丢",即麦子熟到九成的时候就赶紧收割,等到麦子完全熟了,熟到"大满"的时候就太迟了。因此,如果以"大满"来界定麦子完全成熟的时间,不具有指征意义和预测价值。如表1:

表1　月令和七十二候中的主粮物候

月令·孟夏之月	小满三候	月令·孟秋之月	处暑三候
麦秋至		禾乃登	

从表1可知,在《礼记·月令》和《逸周书·时训解》七十二候所记载的月令体系和候应体系中,已经有了对于次要的夏收和主要的秋收的平衡性提示,于是就没必要再设立一个专门提示夏收的节气,而芒种之名比"大满"之名更具有时序之令的意义。小满是收麦的"未来时",芒种是收麦和种稻的双重"进行时"。小满之名侧重提示收麦,芒种之名侧重提示种稻。如果小满之后是大满,就很容易使人忙于麦而疏于稻。所以设置小满和芒种两个节气,体现了人们对于麦和稻这两种主粮的平衡性重视。当然,在刻画农事物候的维度时,小满中的"满"可特指麦子,也可泛指谷物的籽粒即将饱满。芒种具有麦须收、稻当种的双重指向,这显然是农耕社会首要的农候时令,为其设定一个节气,乃农耕社会之当然。

然而,古人最初设置小满节气时,这个"满"字是指麦子的籽粒吗?未必如此。虽然麦子在我国的种植历史最早可追溯至商代,但因麦子需水量最大的时段为北方"十年九旱"的春季等原因[1],其种植量一直较小,直到西汉晚期至东汉以后,小麦才得以大面积推广。[2]直到宋代,小麦才逐渐成为我国举足轻重的主粮。[3]也就是说,在节气框架定型到节气称谓确定的春秋至西汉时期,麦子并非最重要的粮食作物。在社会地位并不高的情况下,麦子很难成为小满节气的物候意象。

---

[1] 陈文华:《中国古代农业科技史讲话(一)》,《农业考古》1981年第1期。

[2] 李成:《黄河流域史前至两汉小麦种植与推广研究》,西北大学2014年博士学位论文。

[3] 孙刘伟:《北宋东京饮食文化研究》,郑州大学2019年博士学位论文。

二、气候表征之"江河小满"

　　小满的"江河满"之说晚于"籽粒满",其气候认知始于南宋,"江河小满"的说法始于明代中期。虽然南宋时期的文人笔记中就已出现"当小满而润泽丰"①之类的气候认知,但并未明确提出在水文层面小满与"江河满"的关系。江河小满之说,最早见于明代正德十二年(1517)的地方志中。明代正德年间江西《建昌府志·卷一》记载:"立夏小满日宜雨,谚云'立夏不下,高田放罢;小满不满,芒种不管'。"②之后,明清时期南方部分地方志收录的民谚中多有"江河小满"的含义。如明代嘉靖年间福建《惠安县志》卷四记载:"立夏日有青气见南方,吉;否则,灾。是日及小满日俱宜雨,故曰'立夏不下,高田莫耙;小满不满,芒种莫管'。"③明代万历年间湖南《桃源县志》卷上记载:"立夏、小满日宜雨,谚云'立夏不下,高田放罢;小满不满,芒种不管'。"④清代嘉庆年间广东《新安县志·月令》记载:"四月谚云'小满池塘满,不满天大旱'。"⑤因此,相对来说,"江河小满"是很晚近的认知,且仅流传于气候相契合的江南南部和华南地区。在南岭附近地区,"立夏小满,江河水满"(海南)⑥,小满时节已进入多雨的"龙舟水"时段,于是有"小满大满江河满"之说。

　　小满"江河满"具有显著的地域性,并不适用于节气体系起源的黄河流域,与其他节气称谓所刻画的气候并不匹配。在节气体系起源的黄河中下游地区,雨热同季,通常是在小暑、大暑时节降水达到鼎盛状态,进而水体达到小满、"大满"的状态。所以小满的"江河小满"之说,属于节气文化传承过程中在南岭附近地区的本地化新解,并非节气体系创立年代关于"满"的本义。

　　综上,小满"籽粒满"和"江河满"虽然广为流传,但这仍不能反映

----

① 〔宋〕真德秀:《西山先生真文忠公文集》,上海书店出版社1989年版,第1989页。
② 〔清〕夏良胜纂修:《建昌府志》卷一,明正德十二年刻本。
③ 〔清〕张岳纂修:《惠安县志》卷四,明嘉靖八年刻本。
④ 〔明〕郑天佐、李征等纂修:《桃源县志》,明万历四年刻本。
⑤ 〔清〕舒懋官纂修:《新安县志》,清嘉庆二十四年刻本。
⑥ 中国农业博物馆编:《二十四节气农谚大全》,中国农业出版社2016年版,第237页。

节气体系创立时的含义。

三、五行之"阳气小满"

基于以上分析，我们认为，小满之"满"的本义，还要上溯至节气体系初创时，也就是先秦至西汉，从当时人们的思想体系入手进行追溯。大体言之，我们认为小满节气中的"满"，可能指的是阳气。

早在先秦，节气体系的含义中已经有"阳气"之义。春秋时的《管子·幼官》将一年分为三十节气，每一节气十二天，春秋两季各八个节气，冬夏两季各七个节气。其中夏季的七个节气分别为：小郢至、绝气下、中郢、中绝、大暑至、中暑、小暑终。与二十四节气相对，小郢至对应立夏，是夏季的第一个节气（见图2）。何如璋、刘师培认为，"郢"与"盈"或"赢"读音相同①，盈或赢均可训满②。郢是指阳气满盈③，小郢至象征此时阳气小满，阴气将尽。

二十四节气

立春	雨水	惊蛰	春分	清明	谷雨	立夏	小满	芒种	夏至	小暑	大暑	立秋	处暑	白露	秋分	寒露	霜降	立冬	小雪	大雪	冬至	小寒	大寒

春秋时期·三十节气
（见于《管子·幼官》）

地气发	小卯	天气下	义气至	清明	始卯	中卯	下卯	小郢至	绝气下	中郢	中绝	大暑至	中暑	小暑终	期风至	小卯酉下	白露下	复理	始前	始酉	中酉	下酉	始寒	小榆	中寒	中榆	寒至	大寒之阴	大寒终

图2 二十四节气与三十节气的对比

小郢至、绝气下、中郢、中绝这四个节气刻画的是"气"，表示阳气逐渐盈满、阴气逐渐气绝而消的整个过程。

二十四节气体系从创立、发展到完善，经历了漫长的过程。先秦时期先有"二至二分"，即夏至（日永）、冬至（日短）、春分（日中）及秋分

---

① 郭沫若、闻一多、许维遹撰：《管子集校》（上），科学出版社1956年版，第141～142页。

② 《说文解字》中对"满"的释义为"盈溢也"。

③ 李零：《〈管子〉三十时节与二十四节气——再谈〈玄宫〉和〈玄宫图〉》，《管子学刊》1988年第2期。

（宵中），后又增加了立春、立夏、立秋、立冬四个节气，用来表征季节。到西汉时期，节气的数目、称谓、次序基本定型。最终，体系完备的节气在《淮南子·天文训》中初创完成。二十四节气在发展过程中吸取了先秦时期的各家说法。已见于三十节气的清明、白露、大暑、大寒等节气名在二十四节气系统中依然沿用，那么同样见于三十节气的刻画阳气将满的"小郢至"存在与"小满"内涵相合的可能性。

完整的二十四节气体系在西汉早期最终成熟定型，并在公元前104年被纳入《太初历》，开始进入国家历法。也就是说，当时人们对阳气盈满于何时的理解可能影响着节气的称谓及理念。

首先，一年中阳气最强的时间是何时？以日尺度和月尺度来衡量有不同的答案。

以日尺度来衡量，阳气最强日在夏至日。例如最早完整记载二十四节气的《淮南子·天文训》中记载："日冬至则斗北中绳，阴气极，阳气萌，故曰冬至为德。日夏至则斗南中绳，阳气极，阴气萌，故曰夏至为刑。"①

以月尺度来衡量，阳气最强有两种理念：一种是以阳气强度来衡量，在农历五月；一种是以阳气趋势来衡量，在农历四月。例如《淮南子·天文训》中记载的"日冬至则水从之，日夏至则火从之，故五月火正而水漏，十一月水正而阴胜"，以及"阳生于子，阴生于午……阳生于子，故十一月曰冬至……阴生于午，故五月为小刑"②，就是从阳气强度来衡量的。农历五月阴气已乍现，始有轻微的杀气，所以在农历五月来临前的孟夏之月需要"决小罪，断薄刑"③与之相呼应。

以趋势论，在立夏、小满所处的农历四月之后，阳气逐渐收敛，阴气逐渐萌生。西汉董仲舒的《雨雹对》写于汉武帝元光元年（前134），与《淮南子》成书年代（约前139）④相近，文中关于四月阳气的记录如下：

> 阳德用事，则和气皆阳，建巳之月是也。故谓之正阳之月。

---

① 〔汉〕刘安撰，〔汉〕许慎、高诱注：《淮南鸿烈解》，明万历八年刻本。
② 〔汉〕刘安撰，〔汉〕许慎、高诱注：《淮南鸿烈解》，明万历八年刻本。
③ 〔汉〕刘安撰，〔汉〕许慎、高诱注：《淮南鸿烈解》，明万历八年刻本。
④ 根据杨栋、曹书杰的整理分析，学者一般认为《淮南子》的成书年代为汉武帝建元二年，即公元前139年。参见杨栋、曹书杰：《二十世纪〈淮南子〉研究》，《古籍整理研究学刊》2008年第1期。

建巳之月为纯阳，不容都无复阴也。但是阳家用事，阳气之极耳。

四月纯阳用事。自四月以后，阴气始生于天上，渐冉流散，故云息也。阳气转收，故言消也。①

据此文可知，人们认为农历四月阳气增长达到鼎盛状态，于是称农历四月为"正阳之月"。在西汉易学家孟喜创制的刻画一年十二个月阴气阳气消长、生息规律的十二消息卦②中，我们可以看到立夏、小满节气属于农历四月（巳），辟"干卦"，对应六阳爻，为正阳之月，是阳气"满格"之时。③如图3：

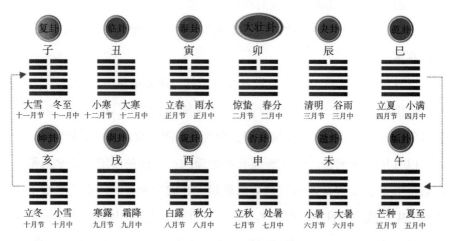

图3　周易·十二消息卦图

《汉书·五行志》认为，《春秋左氏传》中"唯正月朔，慝未作，日有食之"的正月"当夏四月，是谓孟夏"，并又进一步补充说："说曰：正月谓周六月，夏四月，正阳纯乾之月也。慝谓阴爻也，冬至阳爻起初，故曰复。至建巳之月为纯乾，亡阴爻。"④根据《汉书》的记载与分析可知，此处的正月，并非农历正月，而是农历四月。《诗经》中有同样的用法。《小雅·正月》"正月繁霜，我心忧伤"中的"正月"也指的

①　〔清〕严可均辑：《全上古三代秦汉三国六朝文》，中华书局1958年版，第256页。

②　也称作"十二辟卦"。"消息卦"代表一年十二个月的阴阳消长，其中"息"为生长，"消"为消退之意。

③　〔汉〕孟喜：《周易孟氏章句·孟氏易图》，载〔清〕马国翰辑《玉函山房辑佚书四》，光绪九年长沙嫏嬛馆补校刊。

④　〔汉〕班固：《汉书》，中华书局1962年版，第1496页。

是农历四月。秦汉时期的毛亨注曰："正月，夏之四月。"东汉郑玄笺云："夏之四月，建巳之月，纯阳用事而霜多急恒寒，若之异伤害万物，故心为之忧伤。"[①]也就是说，农历正月出现繁霜很正常，不足以忧伤，但农历四月是正阳之月，本该是郁郁葱葱之时，繁霜降临伤害万物，所以令人倍感忧伤。

以上分析说明，与十二月对应的十二消息卦是月亮历视角，而在二十四节气完整序列问世的西汉时期，有着阴阳流转趋势与月份对应的浓厚的月令思维。总之，基于西汉时期人们所用的阴阳流转体系，可以得出以下初步判断：第一，立夏小满所处的农历四月（巳月）是阳气趋于盈满的时段；第二，代表农历四月中的小满时节正是阳气将满之时。

那么，"满"这个字是否可以用来表示阳气鼎盛？在节气体系初创时期，人们是以"满"表征阳气的鼎盛状态吗？先秦时期的《管子》《庄子》等文献中确已有阴阳"满虚"的概念。例如：

《管子·侈靡》：其满为感，其虚为亡，满虚之合，有时而为实，时而为动……夫阴阳进退，满虚亡时，其散合可以视岁。[②]

《庄子·外篇·田子方》：至阴肃肃，至阳赫赫。肃肃出乎天，赫赫发乎地。两者交通成和而物生焉，或为之纪而莫见其形。消息满虚，一晦一明，日改月化，日有所为，而莫见其功。生有所乎萌，死有所乎归，始终相反乎无端，而莫知乎其所穷。非是也，且孰为之宗！[③]

《管子》中所说的"阴阳进退，满虚亡时"，指的是阴阳之消长，其满与虚的时点并不确切。《庄子》中所说的"消息满虚，一晦一明，日改月化"，指的是（阴阳）消退生长、盈满空虚；黑暗和光明，天天改变，月月变化。阴气和阳气是通过彼此的互动而生养万物，这是世间无形的纲纪。其消长其生息，其满其虚，在渐变中主宰着天地万物。

如果以阳光直射点的纬度表征阳气强度，那么以月尺度衡量，农历四月是阳气增长周期的终极阶段，而农历五月是阳气由增长到衰减的切换期。

① 〔汉〕郑玄笺，〔唐〕孔颖达疏，朱杰人、李慧玲整理：《毛诗注疏》（卷十二），上海古籍出版社 2013 年版，第 1014 页。

② 黎翔凤撰，梁运华整理：《管子校注》（中），中华书局 2004 年版，第 738 页。

③ 〔清〕郭庆藩辑，王孝鱼整理：《庄子集释》（第 2 册），中华书局 1961 年版，第 712 页。

如图 4：

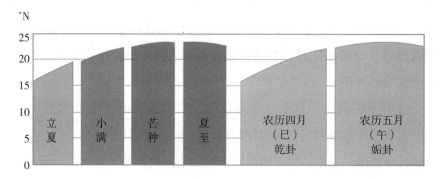

图 4　节气尺度和月尺度下的阳气消长特征

从图 4 可见，在月尺度界定阴阳流转趋势的体系中，农历五月阴气始生。而且小满之后由于雨量增大、湿意增强，使人有阴气微生之感。东汉的《四民月令》载："五月，芒种节后，阳气始亏，阴慝将萌。"[①] 这正是古人认为芒种时节的三项候应，即"螳螂生、鵙始鸣、反舌无声"是感阴而生、而鸣、而息的原因。由此可见，在节气体系初创的年代，以"满"表征阳气之鼎盛状态是先哲们的经典语汇。因此，以小满刻画阳气未满但将满，具有充分的合理性。

此外，从天文和气候的层面来看，小满时节的日照时间同样"小得盈满"，分别对应理论上的日照时间和有效的日照时间。从天文上来说，如果我们以阳光直射点纬度归一化界定阳气，一个回归年中阳气强度为 [0，1] 的函数。那么，小满时的阳气强度超过 0.90，可谓"小得盈满"，如图 5：

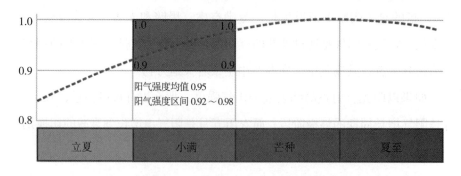

图 5　阳光直射点纬度归一化所形成的阳气强度曲线

---

① 〔汉〕崔寔撰，石声汉校注：《四民月令校注》，中华书局 2013 年版，第 35 页。

在节气体系的起源地区，由立夏到夏至时节，我们设置日出时刻、白昼时长、日落时刻这三个天文变量来考察阳气变化趋势。以陕西西安[①]为例，一年中看日出最早是在 6 月 12 日前后的芒种时节，白昼最长是在夏至日，日落最晚是在 6 月 30 日前后的夏至时节。如图 6：

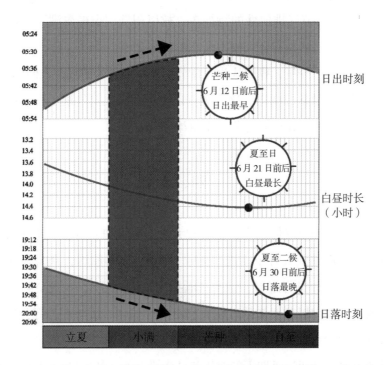

图 6　西安立夏、小满、芒种、夏至时节的日出时刻、白昼时长、日落时刻

由图 6 可知，在西安，小满是一年中日出越来越早、白昼越来越长、日落越来越晚的最后一个节气。总之，以任何一个天文变量来衡量阳气趋势，小满都是阳气趋于盈满之时。据东汉傅玄的《述夏赋》记述："四月维夏，运臻正阳。"[②] 也就是说，小满节气所在的农历四月，阳气已趋近日在中天的巅峰状态。

在气候层面，我们以节气时段的有效日照时间界定小满时节阳气的"小得盈满"。尽管理论上夏至时节的日照时数最多，但此时正是南方梅雨盛行的时候，日照反而少。而对于二十四节气体系起源地区而言，小满

---

① 西安位于黄河流域，是西汉的都城，是国家历法中最早记录二十四节气的《太初历》的编制地。

② 〔清〕严可均校辑：《全上古三代秦汉三国六朝文》（二），中华书局 1958 年版，第 1714 页。

时节有效日照时数却是最多的。小满之前的立夏、之后的芒种，均不具有小满时节的有效日照时数最多的特征。据此，有效日照时数，可以作为阳气"小得盈满"的气候佐证。因此，在气候上，小满是有效日照时数"小得盈满"的特征化时令。换而言之，有效日照时数视角下的阳气"小得盈满"，是小满节气排他性的特征态，故以阳气"小得盈满"将这个节气命名为小满，是严谨契合气候特征态的神来之笔。

基于以上分析，我们认为，在节气体系初创的年代，人们就有以"满"表征阳气之鼎盛的状态。这一观点还可以在天文、气候上得到佐证，光照强度和光照时长在小满时节"小得盈满"。

四、余论

在二十四节气体系中，小暑和大暑、小雪和大雪、小寒和大寒都是成对出现，而唯独只有小满之后无"大满"。究其原因，众说纷纭，有人从哲学文化层面进行解释，认为"满招损，谦受益"，太过"圆满"就会凋零败落。我们以节气初创时期人们对阳气强度的认知来进行分析，小满之后的芒种能否称为"大满"呢？答案是不能。从董仲舒的《雨雹对》中的对话可以窥见西汉时期人们对阳气"大满"的认知："曰：'然，纯阳纯阴，虽在四月十月，但月中之一日耳。'敞曰：'月中何日？'曰：'纯阳用事，未夏至一日。纯阴用事，未冬至一日。朔旦夏至冬至，其正气也。'"[①] 从这段对话可以看出，在当时，人们认为严格意义上的"大满"状态只是由阳气小满到阴气始生过程中短暂的一日乃至一瞬，而并非某个节气时段的阳气常态。换句话说，短暂的"大满"并不构成一个节气时段的特征，它只是蕴含于阳气接近盈满时段中的一个临界值。以节气尺度来衡量，芒种的阳气强度只是更接近"大满"而已，所以小满之后无需再有"大满"。小满之后的节气名称采用"芒种"而非"大满"，是因为光热充足的小满之后，节气体系起源地区普遍进入气候夏季，降水增多，夏收作物收获和秋收作物播种的最佳时机。芒种之名，体现了最重要的农候时令。至于人

---

① 〔清〕严可均校辑：《全上古三代秦汉三国六朝文》（一），中华书局1958年版，第256～257页。

们以"小满正好，大满无益"的文化心理解读小满之后为什么没有大满，应该只是节气文化传承过程中的一种意会和自洽。

综上，基于节气体系初创时的思想体系，根据小满节气的天文和气候的特征态，我们倾向于认为小满最初被命名时指的是阳气小满。唐代元稹《咏廿四气诗·小满四月中》中的"小满气全时，如何靡草衰"[①]，也是将小满视为阳气充盈之时。后来，随着稻麦两熟制的推广，小满和芒种有了收麦与种稻的时令指向。再后来，随着人们对于南岭附近地区气候特征更确切的认知，小满有了"江河小满"的含义。如果我们将"阳气小满"视为小满一词的本源，那么"小满"在初创和传承过程中便具有三个维度的含义：（1）阳气小满，始于汉代；（2）籽粒小满，始于唐代；（3）江河小满，始于明代。从阳气小满到籽粒饱满，再到江河饱满，小满节气的命名体现了我国节气体系创立、发展过程中，人们的思想、生产生活及社会认知的变化。如图7：

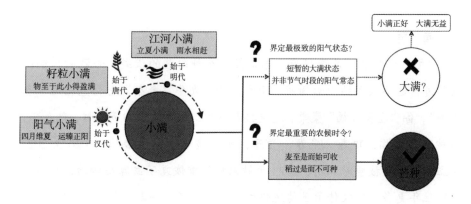

图7　小满和芒种节气名内涵的思维导图

由于阳气"大满"状态只是由阳气小满到阴气始生过程中的短暂一瞬，无法以一个完整节气时段来衡量，所以"小满之后无大满"。而以"芒种"命名小满之后的节气，体现了"麦至是而始可收，稻过是而不可种"的农候时令。总之，通过追溯小满节气的本义，分析小满之后为何以芒种命名，可以看出古代的节气命名理念及其内涵沿革。

（鸣谢：本文的部分专业图形由付靖怡、魏思静绘制。）

① 陈尚君辑校：《全唐诗补编》（中），中华书局1992年版，第1039页。

浙江省衢州市九华乡妙源村"九华立春祭"考察

徐佳玲　黄　涛[*]

摘　要

"九华立春祭"是衢州市立春日祭祀春神句芒的仪式，妙源村梧桐祖殿是进行这项仪式的中心场所。历史上的"九华立春祭"习俗包括送"春牛图"，备"迎春接福"案桌，遴选接春少年，悬挂二十四节气灯，鞭春牛，抬神迎春赐福，踏春、采春，尝春，酬神演戏等系列活动。2020 至 2022 年立春祭活动被暂时取消，2023 年妙源村隆重恢复了立春祭活动，参与人群比往年更多，不仅传承了传统仪式，还增添了"种春树""挖春泥""舀春水"等具有祈福意义的新活动。

关键词

立春　节气　祭祀　九华乡

　　浙江省衢州市柯城区九华乡妙源村传承着古老而隆重的立春习俗。在立春日，村民们聚集于梧桐祖殿迎春接福、祭拜春神、鞭春牛，并有送"春牛图"、抬神巡村、插春戴春、吃春饼、酿春酒、聚会宴饮、演戏酬神等

---

　　* 徐佳玲，温州大学人文学院民俗学与历史文化专业硕士研究生；黄涛，温州大学人文学院教授。

习俗。2011 年，该村立春习俗以"九华立春祭"之名被列入第三批国家级非物质文化遗产代表性项目名录；2016 年又作为"二十四节气——中国人通过观察太阳周年运动而形成的时间知识体系及其实践"项目的一部分，被列入联合国教科文组织"人类非物质文化遗产代表作名录"。2017 年立春日，由中国农业博物馆、中国民俗学会主办的"中国立春文化研究中心成立大会暨首届立春文化传承保护研讨会"在妙源村隆重召开，本文作者之一的黄涛参加此次会议并对该次立春祭及迎春习俗进行了考察。癸卯年立春日，即 2023 年 2 月 4 日，在立春祭活动被暂时取消的三年后，妙源村重新举行立春祭祀及系列迎春活动，本文作者之一徐佳玲来到该村，通过摄影的方式记录了活动全流程，并通过田野访谈等形式获取大量口述资料。2023 年 4 月 8 日，徐佳玲在柯城区民间文艺家协会主席余仁洪[①]协助下再次来到妙源村做补充调查。在以上田野调查资料基础上，参考《衢州市志》《衢州梧桐祖殿立春祭祀》《衢州民俗大观》《九华立春祭》[②]等文献，对"九华立春"历史上的传统习俗和癸卯年立春活动加以概要记述。

一、九华乡妙源村与梧桐祖殿

九华乡位于浙江省衢州市柯城区东北部，民国初年称"毓秀里"，民国二十八年（1939）改名为"九华乡"，2002 年划归柯城区管辖。"九华"的名称源于佛教圣地九华灵鹫山——黄山山脉千里岗山系支脉。[③]九华灵鹫山由九座高峰组成，其中一座高峰——梧桐峰便处于九华乡境内，海拔1091 米。梧桐峰坐西朝东，每天正对着太阳升起的方向。据《山海经》记载，太阳每天早晨从扶桑树上升起，而春神句芒是掌管树木发芽的神，也是管理太阳升起那片地方的神，再加之旧时的梧桐峰上种满了梧桐树，这便为句芒栖居于此的诸多神话传说提供了地理条件的支持。

---

① 余仁洪，衢州市柯城区文化和旅游体育局副研究馆员，出版《柯城民间故事》《中国立春文化与二十四节气研究文集》《九华立春祭》等作品。

② 分别参见衢州市志编纂委员会编：《衢州市志》，浙江人民出版社 1994 年版；陈才：《衢州梧桐祖殿立春祭祀》，商务印书馆 2016 年版；崔成志主编：《衢州民俗大观》，吉林文史出版社2004 年版；余仁洪、汪筱联编著：《九华立春祭》，浙江摄影出版社 2015 年版。

③ 千里岗山脉，斜贯浙西中部，系怀玉山东延南支，呈东北—西南走向，平均海拔 800 米。

妙源村距离衢州城18千米，风景秀丽，东接新宅村梓绶山，西倚七里香高峰，位于庙源溪流域上游，是庙源溪的源头。优越的地理条件使妙源村成为一个依山傍水、具有良好生态环境的村庄。该村民国时期隶属毓秀乡，1948年列为该乡第二十保。1958年改称“外陈生产大队”，隶属九华管理区。1961年改属下郑公社，1984年改属九华乡。1986年10月，外陈大队分为外陈、寺坞两个行政村，仍隶属九华乡。2013年7月，外陈村和寺坞村重新合为一村，改称妙源村。据相关家谱记载，明嘉靖年间，苏姓族人、清乾隆年间吴氏族人、清康熙年间傅姓族人、清嘉庆年间龚姓族人先后从福建上杭迁居于此。目前妙源村主要由苏姓、吴姓、傅姓、龚姓等族人组成，其他还有陈、黄、童、郑、巫、舒、徐等姓氏。现有447户、946人，分为6个村民小组。妙源村虽在郊区，却交通便利，公交513路可直达该村。妙源景区面积7.94平方公里，森林覆盖率达92%，林间有万亩毛竹，夏季平均气温低于市区5—10℃。2017年9月，妙源村荣获浙江省AAA级景区村庄并入选浙江省美丽宜居示范村；2019年6月，妙源村被国家住房和城乡建设部评为中国传统村落。目前村中居住的大部分是老人和小孩，中青年主要在外打工——这成为近年来家庭收入的最主要来源。近几年，随着当地政府对文旅产业的重视，部分村民选择回家开办农家乐或者民宿，为村民在旅游黄金季增添了部分收入。① 此外，妙源村于2012年成立了“春神毛竹专业合作社”，主要制作“毓秀春神”品牌的竹扫把、簸箕、衣架、筅帚、毛竹等传统手工艺品，以及年糕、米粿、山茶油等农产品，在线上、线下售卖。②

妙源村总行政辖区7.94平方公里，山林占地7.3平方公里，其中生态林7071亩，竹林面积6000余亩；村中有古樟树12棵，树龄均在百年以上。③ 在古代农耕社会，传统的水稻种植业是民众生产的主要方式，而耕牛是水稻种植过程中的第一生产力。立春前后人们要牵牛下田，耕田犁地，

① 访谈对象：吴海根，男，1970年生，妙源村副书记，衢州“九华立春祭”代表性传承人；访谈人：徐佳玲、余仁洪；访谈时间：2023年4月8日；访谈地点：妙源村九华立春祭非遗体验馆。

② 参见《春神故里，人类非遗——衢州九华妙源村》。此文由妙源村副书记吴海根提供，为村委会保存的介绍本村情况的文章，无作者姓名。

③ 浙江省林业局网站，http://lyj.zj.gov.cn/art/2021/9/16/art_1277846_59018243.html，2021年9月16日（2023年4月18日）。

农民和耕牛都要辛勤劳作，这是立春祭活动中特别强调春牛元素的重要原因。由于九华乡一带受地理条件限制，缺少良田又极度依赖自然气候条件，于是古时靠天吃饭的民众逐渐产生了对神灵的信仰，祈望通过祭祀的方式获取神灵的庇佑，以求新的一年风调雨顺、五谷丰登。所以在九华乡一带，传统社会的民众对春神十分敬畏，每年立春日都要举行隆重的祭祀仪式，献上丰厚的祭品，即使在不能满足温饱需求的年代，家家户户也会搜罗出家中最好的祭品献给春神。

梧桐祖殿坐落在梧桐峰山脚下，殿前方有庙源溪缓缓流过，可谓依山傍水、风景秀丽。据该殿碑文记载，现存的梧桐祖殿建于清代，于民国二十二年（1933）重修，总面积700多平方米。进入梧桐祖殿大门即是前殿，木雕以十字花纹为主，间有人物、禽兽、树石、花草等。前殿面阔三间，进深九檩硬山顶，两屋顶稍矮。前殿通过正殿为两庑包厢，主殿内斗拱、雀替、托脚等雕饰着传统花纹，精细繁缛，绽兰描彩；台口梁雕刻梅雀图、云水纹以及戏曲刀马人物故事。[①] 主殿分为上堂、中堂和下堂三部分。上堂主神位置供奉句芒神像，其左右两侧分别为风伯、雨师、雷公、电母，以及"富""贵"两天王神像。芒神上方挂牌匾，写有"芒神灵祠"四个大字，主梁上还绘有春神驾驭的两条飞龙。句芒神像后放着纸扎的春牛像，左右两边放置着受当地民众信奉的尉迟恭、蔡伦、杨炯、茅瑞四大令公神像。主殿内挂有一口老钟，用于祭祀开始前的鸣钟仪式，殿内左右墙壁上还绘有以二十四节气为主题的壁画。中堂部分有天井，旁边放着一个盛满水的水缸，意为钵满盆满。人站在中堂，仰头就能望见天空，雨水能直接流入天井。下堂部分有一个精致的戏台，约一百平方米，正对着芒神像，是祭祀之后酬神演戏的设施。由于戏台建得较低，从戏台下方的大门进入主殿时只能弯腰低头而入。

梧桐祖殿内最重要的神就是春神句芒，其次是风雨雷电四大神以及四大令公。关于为什么要在祖殿内祭祀句芒之外的神灵，村民傅洪民说："蔡令公蔡伦是造纸的，因为我们山区的人以前都造土纸，所以供奉这个神。

---

① 徐继宏、余仁洪：《民俗系乡愁——"九华立春祭"传承与保护纪实》，未刊稿。由余仁洪提供。

茅令公传说是开化的一个神，还有杨令公、尉令公都是保平安的。左右风神、雨师这些都是和春神一样掌管农事节气的，农耕肯定要和这个联系起来的，风调雨顺了才能五谷丰登。"[①] 这样的供奉设置，体现出民间信仰的包容性。

在当地，关于梧桐祖殿的由来和选址有着许多传说。古谚有云："家有梧桐树，引得凤凰来。"凤凰是鸟中之王，又是主吉之鸟，而梧桐是一种高大挺拔的树木，故人们常常把凤凰和梧桐联系起来，认为想要吸引凤凰飞入自家就得先种下梧桐树。古时的九华山梧桐峰上长满了成片的梧桐树，而句芒是鸟身人面，原型就是鸟类。在人们心目中，如此优越的生存环境必定能吸引芒神常住于此，有了神的眷顾，这一带的树木和庄稼也长得越来越好。村民为了感谢芒神，特地在梧桐峰上建起一座庙宇，并用梧桐树根打造了一尊芒神的神像，当地人称"梧桐老佛"。事实上，在衢州一带的农村，任何神灵都可称为"佛"，"神"和"佛"的界限是模糊的。

传说九华山的另一座高峰——天台山上住着一对雨师兄弟赤松子和赤顺子。赤松子在山上养了许多羊，成群的羊经常把长满百草的山坡啃得光秃秃。为此芒神十分痛心，他经常和赤松子暗暗斗法。而赤松子的哥哥赤顺子不愿二人争斗使百姓遭殃，于是出面和解，这边劝弟弟可以把羊交给百姓养，另一边劝说芒神：这个神殿太小了，可以搬到山下换个大点的地方。芒神应允了。于是雨师就下了一阵暴雨，冲垮了山上的梧桐庙，也把木头做的"梧桐老佛"冲到山脚，神像在两条溪的交界处一直打转了三天三夜。就在人们不知道该如何是好的时候，赤顺子化作一个老农对当地百姓讲："春神认为之前的庙太小了，他又不想出去，就想在这里安个家。"于是人们就在春神自己"选定"的位置重新修了庙，称为"梧桐祖殿"。[②]

那人们为何不称"梧桐殿"而要称"梧桐祖殿"呢？这里又有另外一则故事，据村民傅洪民介绍："相传，秦穆公治理天下有方，然后天帝就派春神给他赐了十九年寿命，那么（春神）就相当于他的（秦穆公）再生

---

① 访谈对象：傅洪民，男，1973年生，妙源村会计，衢州"九华立春祭"代表性传承人；访谈人：徐佳玲；访谈时间：2023年2月4日；访谈地点：妙源村梧桐祖殿内。

② 吴建芳整理：《九华梧桐祖殿的春神传说》，未刊稿。由余仁洪提供。

之祖了，所以就把它叫作'梧桐祖殿'。"还有一种说法是：梧桐树是百树之王，是百鸟之王凤凰最喜爱的树种，而九华乡还供奉着掌管人间草木的春神，因此就有资格给"梧桐殿"加上一个"祖"的称号。从当地流传的故事中，我们可以了解到梧桐祖殿的来历与渊源，还可以看出人们对春神句芒的敬畏与崇拜。

"文革"时期，梧桐祖殿损毁严重，原先的"梧桐老佛"被烧毁，梧桐祖殿也相继被改为村里的供销社、碾米厂、木材加工厂。所幸的是人们并没有拆毁庙宇、抢占地基，这也为后来梧桐祖殿的重修和立春祭的复兴保留了基本条件。2001年，衢州本地文化学者汪筱联[1]随柯城区旅游局进行乡下旅游资源普查时，意外发现了这幢气势宏伟、有三座大门的古建筑，当时他看见正门门楣上有一块被泥土封住的石牌，便好奇地用竹竿拨去牌上的泥灰，结果露出"梧桐祖殿"四个大字。凭着对地方文化的敏锐嗅觉，他觉得这座古殿一定大有来历。后来他从村民口中得知这是"梧桐老佛殿"，供奉的是"梧桐老佛"。又通过村民对神像的描述，汪筱联推测这座古殿曾经供奉的是春神句芒。2003年，在政府和汪筱联的推动下，当地村民搬走了殿里的木材加工厂和碾米厂，重新修整殿宇。2004年，又根据老人们的记忆，重新恢复了已中断四五十年的立春祭祀习俗，并根据古籍中的描述重雕了"梧桐老佛"，即春神句芒像。[2]作为立春祭祀的场所，如今的梧桐祖殿已得到妥善保护，除每年的固定修缮之外，在附近还建了一座以立春为主题的非遗文化体验馆，以通过现代化手段将立春文化传播给更多人。

二、"九华立春祭"历史习俗

我国先秦时期就有了立春祭祀的记载，《礼记·月令》中就有关于立春时节举行"迎春"活动的记述："孟春之月……是月也，以立春。先立春三日，太史谒之天子曰：'某日立春，盛德在木。'天子乃齐。立春之日，天子亲率三公、九卿、诸侯、大夫以迎春于东郊。还反，赏公、卿、大夫

---

① 汪筱联，男，1943年生，衢州地方文史学者，浙江省民间文艺家协会会员，衢州"九华立春祭"代表性传承人。曾与人合作编著《峥嵘山志》《九华立春祭》等书籍，总计200余万字。

② 余仁洪、汪筱联编著：《九华立春祭》，浙江摄影出版社2015年版，第90页。

于朝。命相布德和令，行庆施惠，下及兆民。庆赐遂行，毋有不当。"①
而"九华立春祭"各项习俗活动，也是自古传承下来的，不仅受到地方民
众的重视，也得到了历代官方的提倡与推崇。据清康熙年间《衢州府志·典
礼考》所载："每岁有司豫期塑造春牛并芒神。立春前一日，各官常服舆
迎至府县门外。土牛南向，芒神在东西向。至日清晨，陈设香烛酒果，各
官俱朝服。赞排班，班齐，赞鞠躬、四拜、兴、平身。班首诣前跪，众官
皆跪。赞奠酒，凡三。赞俯伏、兴、复位，又四拜。毕，各官执彩杖排立
于土牛两旁。赞长官击鼓三声，擂鼓。赞鞭春，各官环击土牛者三，赞礼
毕。"②

根据相关文献记述③及田野访谈④，历史上较为完整的九华立春祭活动
可分为如下环节：

（一）送"春牛图"

送春牛图是立春祭祀的第一道程序，每年开春前就要把春牛图制作完
成。旧时的"春牛图"是用木刻模板印刷的版画，在一张红纸上印出春牛
和芒神的形象，两侧印着"风调雨顺""国泰民安"等吉利字句。每年的
春牛图都有所变化，最初只有一头牛，后来牛背上出现了一位吹笛牧童，
或者牛倌在牛后边手执春鞭赶牛。现在的春牛图一般都是红纸印刷，图案
与木刻版画相似，由梧桐祖殿管委会统一制作并分发给村民，一般由报春
人挨家挨户送上门。对村民来说，每年收到春牛图就意味新春来临，新一
年的耕作也即将开始。

（二）准备"迎春接福"案桌

准备"迎春接福"案桌，也是祭祀前格外重要的一项流程。案桌由三
张特定的四方八仙桌组成，约三尺宽，九尺长，二尺六寸高。迎春祭祀前，

---

① 〔元〕陈澔注，金晓东校点：《礼记》卷三《月令》，上海古籍出版社 2016 年版，第 173
页。
② 《中国地方志集成·浙江府县志辑 55》，上海书店出版社 1993 年版，第 400 页。
③ 余仁洪、汪筱联编著：《九华立春祭》，浙江摄影出版社 2015 年版，第 36～48 页。
④ 访谈对象：吴海根；访谈人：徐佳玲、余仁洪；访谈时间：2023 年 4 月 8 日；访谈地点：
妙源村九华立春祭非遗体验馆。下文不再特别注明。

案桌放置在梧桐祖殿大门外正中，桌上披有约六尺六寸长、一尺六寸高的红纸，上写"迎春接福"四个大字。案桌中间放置饭甑，饭甑中的米饭要堆得像谷仓顶一样，象征丰收满仓。此外，人们还用红纸剪出"春""福"等吉祥字样，并用松柏枝固定在甑饭的尖头。松柏枝象征着长青和洁净，当地民众在祭神祭祖时常常会将它与祭品放置一起，表达对神灵的虔敬之心。饭甑后放置一杯绿茶，往往在临交春时用开水冲泡，这是立春祭祀时献祭给春神的特殊祭品，代表着"春"的含义。茶杯左右放置香炉和烛台，迎春神前由两位德高望重的长者点燃迎神香和蜡烛，从梧桐祖殿内春神像前的供台上拿起，送到祖殿大门前的案桌上。除此之外，案桌上还摆有青菜、杨柳枝、梅花、松柏、竹枝等，这些都是立春祭祀的特殊祭品。

（三）遴选接春少男少女

立春祭祀之前，要在当地 8 至 12 岁的孩童中选出八名少男和八名少女，组成接春时的唱诗班。立春当日，他们身穿绿白相间的传统服装，脸上画着喜庆的妆容，头戴柳条圈，手提油纸灯笼，站在梧桐祖殿正前方的台阶上，按左四男四女、右四女四男排列，寓意四时八节。从 2011 年开始，接春儿童从 8 名增加到 16 名，现在则是每年 24 名。据立春祭筹备工作负责人吴海根介绍，每年的接春儿童都要先在网上报名，再经组委会评选，挑选出年龄合适、身高匹配并且对立春文化有一定了解的儿童，因此这些接春的少男少女不一定是本村人。这样的选择方法，一方面可以宣传九华立春祭活动，另一方面也可以吸引更多外乡人参与进来，让立春文化传播得更广。此外，"鞭春牛"仪式中执鞭的小牧童也是通过这种方法挑选出的。在活动当天，这群孩童吟唱有关春天的诗词和歌曲并喊"春来了"，给现场增添了浓郁的迎春氛围。

（四）悬挂二十四节气灯

二十四节气灯是当地传统的手工制品——油纸灯笼，在当地重要的祭祀场合经常出现，是喜庆吉祥的象征。每年立春前都需定制当年的油纸灯笼，竹丝骨架，棉纸裱糊，一面写着"迎春接福"或者"梧桐祖殿"，另一面写着二十四节气的名称，写完后再刷上桐油，起到亮色和保护作用。

交春的前一天，人们将二十四节气灯笼悬挂在梧桐祖殿春神像前的两侧，入夜时点燃，整夜灯火通明，好让神明记住村庄的位置，以便来年保佑当地百姓。

（五）交春时刻迎春

"交春"是大寒与立春两个节气相交接的时间点，是进入新春的时刻。依据太阳黄经度数定节气，当太阳到达黄经315°时为立春，于每年公历2月3—5日交节，因此每年的交春时刻都不一致，有时候在白天，有时候在晚上甚至半夜。立春当日，所有参加祭祀的人都聚集在梧桐祖殿内，关好门等待交春时刻来临。当这神圣的时间一到，主祭人一声令喝："吉时到，迎春！"几位年轻人随即将梧桐祖殿的大门缓缓打开迎接春的到来，随之殿内响起悦耳的钟鼓声，殿外则礼花齐放、鞭炮齐鸣，整个梧桐祖殿都洋溢在热闹的迎春气氛中。

近年来，为了丰富立春祭民俗活动，让更多人参与到活动中来，梧桐祖殿管委会又在交春仪式过程中增添了"种春树""培春泥""舀春水""挂祈福带"和"许五谷福袋"等环节。

（六）祭祀春神仪式

迎春之后，民众就开始了祭祀春神句芒的仪式。具体仪式过程是：民众先向春神敬献花篮与各种祭品，接着主祭献词、宣读迎春接福祭词，陪祭导唱祭春喝彩谣，最后主祭、陪祭携民众向春神以及四方神明敬香祭拜并行鞠躬礼。由于场地限制，妙源村每年仅挑选24名老人作为祭祀代表到梧桐祖殿内参加祭祀仪式，具体的选择标准是：尊重立春文化，了解各项仪式流程且德高望重。

（七）鞭春牛

梧桐祖殿内的仪式结束后，活动的重心便从殿内转向殿外并迎来最热闹的时刻——鞭春牛。早在立春前几日，人们就会从家家户户的耕牛中找出最健壮、最适合春耕的耕牛（如若找不到合适的，还需要从别的村庄借调）。先给耕牛打扮一番，披上红绸，带上万年青，再把牛牵到农田，套上绳索和犁耕工具。耕牛的旁边站着一位牧童，他手拿春鞭，待主持人一发号令，就执鞭挥向耕牛。牛在鞭打之下，昂首奋力拉犁，在田地里留下一条条沟，人们便赶紧撒下五谷种子。犁耕结束后，人们会从挂在牛背上的红绸袋里掏出花生、糖果等撒向围观的群众。这是模拟古代的"抢春"仪式。

（八）抬神迎春赐福

祭祀活动后半场的重头戏是抬神巡村。一群穿着黄色绸衣的村民将纸糊的绿色春牛和四大令公从梧桐祖殿中请出，先在祖殿门口转三圈，然后按照事先安排好的路线浩浩荡荡地沿村巡游，一路上爆竹开路、锣鼓喧天，村民夹路相迎。经过一些人家门口时，虔诚的主人会拦住巡游队，让神灵接受自己的祭拜，并拿出准备好的祭品进行供奉，有的还拿红包敬神并焚香烧纸，为家人祈福。

（九）踏春、采春

旧时衢州一带民众在祭拜春神后，有到山野间踏春赏春的习俗，并采一些野菜野果、杨柳枝、万年青、松柏枝等带回家，称为"采春"。人们认为，杨柳枝既是开春的标志，又具有避祸驱邪等功能，松柏枝四季常绿，万年青意味着吉祥长寿，都是有吉祥意义的植物。将采摘来的松柏枝、万年青等插在门上，叫"插春"；将采摘来的杨柳枝、竹枝等编成环戴在头上，叫"戴春"。

（十）尝春

立春日"尝春"是自古以来的习俗。这一天早餐和午餐都要吃绿色的新鲜蔬菜，还要吃春卷、春糕、春饼等。绿色蔬菜，既有自家种的青菜，也有外边采摘回的野菜，如荠菜、马兰头等，两者都吃才是真正意义上的"尝春"。春卷是将自家种的小麦磨成面粉并摊成面皮，将猪肉、韭菜或者芹菜叶混合当作馅料包裹起来，再放进油锅里炸。[1]当地的春饼类似于"酱

---

[1] 陈才：《衢州梧桐祖殿立春祭祀》，商务印书馆 2016 年版，第 156 页。

稞"，先将糯米打成糊状，有的还加入绿色的青草汁，等成型后就变成了光滑黏糯的糯米皮，再把咸香的酱菜当作馅料包裹进去，捏成团状再印上有关"春"的符号或字样，蒸熟后就可食用。春糕则是村民在立春前几日做的年糕，原料由糯米和普通大米混合兑成，先用机器碾成米浆，再放入袋子压干水分，接着刨成颗粒状放在饭甑上蒸熟，最后用杵反复敲打成糯状，装入模具中。当地用于制作春糕的模具各式各样，有的是长条状，有的是饺子状，有的是寿桃状，都印着春天的图案。立春当晚，村民都聚集到祠堂做春饼，设宴席，欢聚一堂。

（十一）酬神演戏

在梧桐祖殿内，正对着春神句芒的祖殿门口旁，有个小戏台。每年立春，村民都要请戏班子（一般是婺剧班子）唱三天三夜的戏。戏台上演奏着各类地方乐器，当地歌舞戏曲等也都一展风采。演唱的主要剧目有《槐荫记》《九世同居》《米兰敲窗》《孟姜女》等，主要曲目则有《节节高》《数南枝》《雁儿落》《朝天子》《将军令》等。[①]酬神演戏，既是娱神也是娱人。除了立春日，逢年过节或者重大节日，如春节、元宵节、二月二、清明节、端午节、中秋节、重阳节、冬至、元旦等，也会在这里演戏，人们会高兴地邀上亲友邻居一起来看戏。2023 年 2 月 4 日至 2 月 6 日（正月十四至十六日），每天的下午、晚上各演一场，三天的戏分别称为开台戏、闹台戏与酬神戏。[②]

三、2023 年"九华立春祭"实录

2023 年的立春为公历 2 月 4 日（农历癸卯年正月十四）10 时 42 分 21 秒，这个时间一过就意味着人们进入了"阳和起蛰，品物皆春"的春天。早在立春前几日，当地区级、市级及省级的各新媒体平台就已在宣传立春祭活动，邀请大家一起去九华乡迎春。2020 至 2022 年，线下的立春祭活

---

① 《衢州市志》编纂委员会编：《衢州市志》，浙江人民出版社 1994 年版，第 1062 页。
② 《2023 癸卯年九华妙源梧桐祖殿立春祭活动方案》，内部资料。由余仁洪提供。

动被暂时取消，当地政府便开发出小程序"九华立春"以方便民众线上迎春，人们可以点击"迎春神""许愿树""接春食"等链接参与到立春祭祀活动中。2023年立春，在各方媒体大力宣传下，参加祭春活动的游客比往年更多，场面也更热闹。下面对2023年"九华立春祭"活动做简要记述。

（一）迎春前的准备

2023年2月4日7点10分，笔者到达妙源村。此时距离活动正式开始还有一个多小时。为防止道路拥挤，私家车在八点钟以后就不能进入村庄，所以许多人选择早早到达等待活动的开始。妙源村村口有舞狮队和舞龙队在敲锣打鼓地闹春。10人的舞狮队由邻村的村民组成，14人的舞龙队则由本村村民组成。走进村庄后，随处可见与立春有关的信息：路边白墙上绘有与立春相关的绘画，沿途路上也都挂着大红灯笼，家家户户大门前都放着一张案桌，上面供奉着神像——一张8寸左右的红纸板，中间绘有春神句芒的画像，左右两边各写"风调雨顺""国泰民安"，正上方写"新春大吉"，最底下印有梧桐祖殿图像。除此之外，案桌上还放置两个烛台、几杯绿茶和若干祭品，如苹果、橘子、香蕉、鸡蛋糕、红糕、江米条（当地人称"糖蜡烛"）、糖果、花生、瓜子等。家里有什么好吃的，或者是有美好寓意的食物，村民都要挑选一些供奉给春神，以至于有的人家案桌上祭品摆得满满当当。案桌前披着红纸或红布，上写着"迎春接福"。这几种摆设是每家案桌上都有的。有些人家的案桌上还会放一捧带泥的新鲜青菜或者松柏枝。在距离梧桐祖殿五六百米的道路两旁有一片非遗集市，有直播卖当地农产品的，有卖春糕、春饼的，有卖衢州邵永丰麻饼的，还有做二十四节气公益宣传的，等等。据了解，这是当地政府为宣传和促销非遗产品在立春祭当天设立的"新型集市"。

7点30分左右，梧桐祖殿门口响起喜气洋洋的音乐声和儿童稚嫩的吟诵声。只见24名少男少女分两排站立在祖殿门前的台阶上，头戴翠绿的柳条圈帽，身着鲜艳秀丽的古装，白衫、绿裤或绿裙、绿色腰带，手提写着"春"字的油纸灯笼。他们用稚嫩的嗓音吟诵着有关春的诗句："碧玉妆成一树高，万条垂下绿丝绦。不知细叶谁裁出，二月春风似剪刀"，"两个黄鹂鸣翠柳，一行白鹭上青天"，等等。祖殿大门口摆放着一张用红布披着的案桌，桌前挂着一张红纸，上面写着"迎春接福"四个大字，案桌中间放着一棵白菜，左右各一杯清茶和一对烛台，案桌的左右腿上还绑着两根紫皮甘蔗，甘蔗上用红纸和红绳绑着蜡梅和松柏枝，蜡梅上还挂有小小的红灯笼用作装饰。在衢州当地，家家户户在春节和正月期间都要买紫皮甘蔗吃，这是一种象征吉祥的水果，寓意"节节高升"。而蜡梅是一种报春的花卉，人们在立春当天插蜡梅，意味"春来了"。此外，门口两侧还站着六位身穿黄色绸服、裹着黄色头巾的村民，他们是准备在吉时敲锣打鼓的报春人。活动还没开始，祖殿左右两侧的烛台架上就已经插满了红蜡烛和长香。而殿内早已亮起二十四节气灯，放着悦耳的背景音乐，仪式需要用到的物品也都摆放妥当。8 点后，参加仪式的村民代表、当地干部和学者陆续聚集到殿内，等待着即将开始的仪式活动。

（二）迎春祭祀

8 点 30 分，梧桐广场上响起激昂的鼓声，标志着九华立春祭活动正式开始。此时，广场上人头攒动，立春鼓社正表演着名为《祭·立春》的二十四节令鼓。这是一支由衢州市不同职业的人自发组成的队伍，有快递小哥，有银行职员，有货车司机，也有全职妈妈。[1] "二十四节令鼓"是由马来西亚华人艺术家陈徽崇、诗人陈再藩联合创作的一种鼓乐表演。大鼓的腰身上，一边写着"九华立春祭"，另一边写着二十四节气的名称，击鼓的动作时而模拟插秧，时而模拟犁地，曲调中融入劳动号子，整场表演气势磅礴、震撼人心。鼓队的后边还有一个由椪柑摆放成的"春"字。椪柑是当地山坡上种植的主要水果，一般在秋季成熟，年后出售。

2023 年癸卯年祭祀的时间为 9 时 28 分。时辰一到，司祭吴炜杰[2]庄重地宣布："吉——时——到，祭——春——"随后殿内开始吹起号角，村民郑志树[3]身穿红色绸衣站在殿前，庄严地敲击殿内的古钟。古钟总共鸣响二十四声，正好对应二十四节气。

---

[1] 王红岭、郑晨：《隆隆鼓声振奋人心 立春鼓社敲出心中热爱》，《衢州晚报》2023 年 1 月 5 日。

[2] 吴炜杰，妙源村村民，负责主持整场祭祀活动。

[3] 郑志树，妙源村村民，负责敲钟仪式。

祭祀大典首先是向春神敬献花篮。随着司祭的一声"奏乐"，殿内外开始敲锣打鼓，殿外的二十四名接春儿童则提着油纸灯笼陆续进入殿内，排列在神像两侧，再往下便是主祭老人、政府代表以及各界贤达。各方来宾敬献花篮的顺序是：文化和旅游部非遗司、浙江省文化和旅游厅、中共衢州市委宣传部、柯城区委区政府、柯城区九华乡党委、妙源村党支部及村委会。12 名青年礼仪人员抬着花篮从大殿正门戏台，经天井抬到春神像前，妙源村花篮摆放在春神莲花座左右两边，其余嘉宾分别跟在各自代表的花篮后面，依次排位摆放案桌两边，礼仪人员、贵宾向春神鞠躬，贵宾整理花篮彩带，站立厢房两边。

接下来的环节是向春神敬献祭品。十个身穿黄色绸衣、头戴黄巾的村民，每人手捧一份祭品从大殿正门走到春神像前，两两一组将祭品放置在神像前的案桌上，献祭品的顺序为：

一元复始：猪头；二级乾坤：牛头；三阳开泰：羊头；四季如春：年糕、粽子、米粿、白菜；五谷丰登：稻谷、玉米、小麦、高粱、小米；六六大顺：红糕、鸡蛋糕等六样糕点；七星拱月：西瓜子、葵花籽、南瓜子、花生、核桃、薯干、糖子、月饼；八仙过海：橘子、苹果、香蕉、桂圆、荔枝、大枣、桃子、香枹；九九归一：饭甑一个；十全十美：馒头一盘。

其中由牛头、羊头、猪头组成的"三牲头"是最高规格的祭品，要头朝春神、摆放中间，其余祭品按次序摆放两边，每样祭品上都有红色剪纸做装饰，并用松柏枝将其固定住，其中饭甑和馒头要垒成仓谷堆一样尖尖的形状，饭甑表面用一圈红枣作装饰，寓意红红火火，并在左右两侧插上六双筷子以便神灵享用祭品。

敬献完主要的祭品后，便由 24 位女性村民代表向春神敬献自家准备的祭品。她们穿着黑色、蓝色或是灰色布衣①，提着祭篮，也是两两一组上前将祭品放置在春神像前。各家的祭品大同小异，有青菜、桂圆、各类传统糕点、清茶、一碗米饭（也像饭甑一样压成尖状）、年糕和水果等，祭篮内还放有一把香，各人在献完祭品后再将香带走，祭篮和祭品则一直

---

① 服饰由管委会统一提供。

放在神像前，直到整个仪式结束后再各自取回。由于妙源村由外陈村和寺坞村合并而成，因此祭祀时要充分考虑两村的人员配比，所挑选的 24 位村民代表中两村各 12 位。

花篮和祭品的敬献仪式之后是祭拜春神仪式。主祭龚元龙[①]、陪祭傅洪民和舒红飞[②]先在天井处行净手礼：在装有洁净温水的盆里搓洗双手，洗目净脸，再用毛巾擦干。接着三位来到春神像前，主祭接过三根点燃的香，向春神鞠躬敬拜三次，随后站起，然后三人再接过三杯清茶一同向春神敬茶。接着主祭宣读祭文，祭文如下：

> 寅归卯至，玉兔报春。春夏气正，秋冬阳和。
>
> 迎春接福，气象万千。三星高照，呈祥惠泽。
>
> 自然融合，寿臻福臻。物阜风淳，风雨和谐。
>
> 天道循环，终而复始。天宫巡回，问天揽月。
>
> 梧桐春色，福祉惠民。绿水青山，金山银山。
>
> 三衢有幸，衢州有礼。国泰民安，华夏复兴。[③]

主祭宣读完祭文后取下祭文纸，走到天井中间，再向四方神明鞠躬祭拜，最后用祭台上的蜡烛将祭文焚烧，接着便由陪祭傅洪民祷唱《祭春喝彩谣》，陪祭每唱一句，民众应和一声"好啊"。祭文如下：

> 黄道节令引——（众）好啊！
>
> 玉兔喜讯报——（众）好啊！
>
> 三衢春来早——（众）好啊！
>
> 四季八节传——（众）好啊！
>
> 梧桐惠凤冠——（众）好啊！
>
> 芒神播春色——（众）好啊！
>
> 绿野千里好——（众）好啊！
>
> 福惠万民欢——（众）好啊！
>
> 国强民富安——（众）好啊！好啊！好啊！

---

① 龚元龙，妙源村老书记（2008—2019 年在任），九华立春祭传承人。

② 舒红飞，妙源村现任书记（2020 年至今），九华立春祭传承人。

③ 据吴海根介绍，近年来的祭词一般都由他撰写，内容主要是表达对春神的感恩之情，此外也会融入当年发生的国家大事或重要决策等，如"问天揽月""绿水青山，金山银山"等。

然后，主祭和陪祭领着殿内所有人一同向春神敬香，先由司仪递上三支用红纸包裹柏枝的高香，接着主祭叩首，陪祭、嘉宾和村民同时一起行三鞠躬礼："一祭风调雨顺，二祭大地回春，三祭国泰民安！"

接下来是司农和牧童向春神敬献。左边的司农苏海根[①]一手提着装满祭品的祭篮，一手牵着小牧童郑景硕[②]，牧童手上拿着一根系着红带子的春鞭，身旁的另一位司农傅明海[③]提着竹畚斗，里面装着香烛、纸等用于焚烧祭祀的物品。三人先一同向春神叩首跪拜，接着傅明海走到春神神像右侧，用本地话对着神像说："春神，春到了，许些五谷种子给家家户户，四方年，保佑今年风调雨顺，五谷丰登！"说完便从春神手中取下五谷福袋[④]，并从案桌上取一捧带泥青菜放入畚斗内，意为"取青苗"。

最后便是热闹的迎春牛环节，殿内锣鼓喧天，东厢房内牧童手持竹鞭，老农牵着由 6 人抬着的纸糊春牛出场，从天井走出大殿正门，走下台阶，一直走到广场边，把纸糊春牛放下。而在广场下边的田地边，事先已备好了一头壮硕的耕牛。牧童和老农牵上耕牛，走到溪边的祀农田[⑤]里，观礼的人群也随之聚拢过来。

（三）鞭春牛

鞭春牛仪式大约在上午 10 点钟进行，这是大典中的重要环节。扮演人们印象中老农形象的是一名 62 岁的农民童文家，九华乡上彭村人。童文家夫妇俩共养了 78 头牛，仪式中要鞭打的春牛就是他家养的一头健壮水牛。这头水牛身披红绸，头戴大红花，红绸袋的两侧各装着一株万年青，身后拖着耕犁。童文家则穿着蓑衣，头戴斗笠，轻松熟练地驾驭着春牛。耕地四周站着 24 名接春儿童，他们有秩序地排列着，刚好将耕地围成一个圈。鞭春开始，先由司农领着牧童在耕地东北侧进行祭拜，二人点上蜡烛，焚香祭拜土地神，祭拜顺序依次为东南西北四个方向，祝愿庄稼长势

---

① 苏海根，妙源村村民，扮演"鞭春牛"仪式中的司农。
② 牧童的选择要先在网上报名，再由海选选出。选择的标准是要眉清目秀、声音洪亮并且聪明伶俐，同时还要热爱立春文化。
③ 傅明海，妙源村村民，扮演"鞭春牛"仪式中的司农。
④ 村民事先在福袋里装好五谷种子，并放在春神右手上。
⑤ 梧桐祖殿对面、梧桐广场的前方，专门用作春耕的农田。

茂盛，农民一年有个好收成。此项活动虽然是以春牛为主，但是人们对土
地的敬畏更胜于耕牛，土地里长出庄稼粮食，粮食养活百姓，也富裕了百
姓，所以人们举行"鞭春牛"的仪式，以劝导人们按时农耕，莫要辜负春
光，当然也有鞭策耕牛努力耕作、使农作物收成更好的祈农之意。祭拜之
后，牧童举着春鞭来到春牛的右侧，先用春鞭轻点春牛的牛头、牛身、牛
尾三部分，然后开始唱当地传统的《鞭春喝彩谣》：

> 立春到，春天来，癸卯年，鞭春牛——（众）好啊！
>
> 一鞭春牛，春回大地。——（众）好啊！
>
> 二鞭春牛，风调雨顺。——（众）好啊！
>
> 三鞭春牛，三阳开泰。——（众）好啊！
>
> 四鞭春牛，事事如意。——（众）好啊！
>
> 五鞭春牛，五谷丰登。——（众）好啊！
>
> 六鞭春牛，六六大顺。——（众）好啊！
>
> 七鞭春牛，七星报喜。——（众）好啊！
>
> 八鞭春牛，八仙过海。——（众）好啊！
>
> 九鞭春牛，国泰民安。——（众）好啊！好啊！好啊！

牧童一边祷唱一边象征性地鞭打春牛的右侧。祷唱结束后，童文家一
边扶犁驾驭着春牛翻耕土地，一边念诵："金漆开花早做计，芙蓉开花空
叹气；春种一粒粟，秋收万颗籽，四海无闲田……"随后司农把五谷种子
洒在田间，另一位老农把白菜青苗移种到田里，表示春播开始。然后司农
向 24 个穿着鲜艳古装的孩童讲解古代农业发明的故事，并教育他们珍惜
劳动成果。孩子们有的帮着递青苗，有的用竹勺子浇水。田地另外一角，
两老农各自领着几个儿童种植油菜苗。播种结束后，牧童、老农牵着耕牛，
接春使者、牧童一拥而上，争抢春牛身上的竹柏树枝和装满食物的喜袋，
司农和牧童则向观礼众人分发春牛身上的礼物，现场热闹气氛达到顶点。
人们认为抢到春牛身上的礼物，会获得吉祥好运。

（四）迎春接福

2023 癸卯年的交春时刻为 2 月 4 日上午 10 时 42 分 48 秒。即便有些
年份的立春日在晚上甚至半夜，人们也要恭敬虔诚地按时迎春。在当地

人看来，这是一个无比神圣的时刻，接早了春还未到，接晚了又误了春时，是否按时迎春接福关系到自己今年能否有个好收成。因此迎春接福也就成了整个活动中最重要、最关键的一环。2023年的交春时刻赶在上午，又逢周末，活动时间便利，村里男女老少都踊跃参与到立春祭活动中来。

梧桐祖殿管委会很早就在大殿门口贴出告示，告知人们当年交春时间及相关安排。告示全文如下：

告　示

二〇二三年二月四日癸卯年九华立春祭

交春：二〇二三年二月四日癸卯年正月十四日10时42分21秒为交春时刻，鸣放鞭炮，梵香行祭礼迎春。

祭祀：2023年2月4日农历癸卯年正月十四9时28分。

春牛：腹黑色，角、耳、尾黑，膝胫红色，蹄黑色，笈头拘索用麻，牛尾右缴，身高四尺，长八尺，尾长一尺二寸，春牛口含，头黑色，身青色。

芒神服式：芒神少壮像，身高三尺六寸五分，鞭子用柳枝，长二尺四寸，鞭结用麻，五色彩蘸染，芒神着黑衣黄腰带，平梳两髻，左在耳前，右髻在耳后，芒神罨耳，右手提左边行缠鞋考俱全，芒神农闲，与牛后右边。

癸卯年腊月 [①]

鞭春牛仪式结束时已近10时30分，距10时42分48秒的交春时刻很近了。参加祭祀仪式的主要人员，包括24名接春儿童又重新回到殿内，关上大门，一同等待交春时刻的来临，之前被抬出的纸扎春牛也被抬回大殿，放到春神像后面。此时殿内一片肃静，除接春儿童外，每人各执一支燃香，等待着即将到来的神圣时刻。此时殿外却十分热闹，大家都拥挤在梧桐祖殿门口的两侧，以便在大门打开时能第一时间观看到迎春的场景。

10时41分，殿内主持人开始倒计时："十、九、八……三、二、一，

---

① 此处的"癸卯年"是该村写告示者写错了，实际张贴时间应为"壬寅年腊月"。

吉时到！开宗门！接春！"口令一下，梧桐祖殿的大门缓缓打开，鞭炮声[1]、锣鼓声[2]和民众的欢呼声一同响起，现场人声鼎沸。村民龚雪龙[3]双手端着一对烛台先走出大门，24名接春儿童分作两排紧跟着走出，并欢快地喊着"春来啦！春来啦！……"走在两排儿童中间的是6个村民：苏俊新和苏俊超[4]两人担着一个红漆水桶，准备去殿前的庙源溪舀春水；巫云峰和傅雪康[5]担着一个竹筐，准备去挖春泥；林永成和龚利生[6]架着担子准备去接春树。之后，主祭龚元龙和陪祭傅洪民、舒红飞领着村民代表来到梧桐祖殿大门口，他们三人手中各拿着三支燃香和一摞黄纸站在正前方，身后的村民各拿一支燃香。如果此时香客或游客还未点香的话，就有专门发燃香的人递给他们，因此整个殿门口所有人都手执燃香，在主祭的带领下依次对着东方鞠躬祭拜并感谢春神赐福。

10点55分左右，4名交春礼童引领着接春树的两位村民回到殿内，二人抬着一株一米多高的罗汉松进入。作为春树[7]，罗汉松的根被红绸布包着，树枝也被修剪成有层次的形状。紧跟着进入正殿的两位村民抬着一筐刚挖的新鲜春泥，用红绸布包着被分成好几袋，另两位村民抬着一桶春水。他们先将春树、春泥、春水放在芒神像前，再由主祭携众人一起朝东、南、西、北四个方向祭拜，恭谢春神赐福，而后把香插到炉内。牧童带领众人依次入殿。然后解开春树，将它移植在陶缸内，并邀请嘉宾倒入春泥，舀入春水，这就意味着他们参与到"种春树"的环节中了。人们通过这一仪式，祈求新的一年能得到春神的庇佑，不仅五谷丰登、风调雨顺，还保佑自己和家人身体健康、好运多福，更祝愿山河无恙、国泰民安。之后，人们还可在殿内求取红色的祈福带子，在春神像前许下心愿再将它挂到春树上，或者求取五谷福袋，抓一把五谷放入，戴在身上祈福辟邪。分发五

---

① 为电子鞭炮声，由于2022年年底衢州市政府下达了禁止燃放烟花爆竹的规定，因此用电子鞭炮代替传统的鞭炮。

② 殿内敲锣12响、击鼓12响。

③ 龚雪龙，妙源村村民，负责端烛台。

④ 苏俊新和苏俊超，妙源村村民，负责舀春水并抬送回殿内。

⑤ 巫云峰和傅雪康，妙源村村民，负责挖春泥并抬送回殿内。

⑥ 林永成和龚利生，妙源村村民，负责接春树并抬送回殿内。

⑦ 春树一般选择万年青、松柏等常青又有好寓意的树种，且要经过修剪以便挂上祈福带。

谷福袋的是村民傅耀奎①，每分发一个，他都双手捧着福袋，在神像前深深一鞠躬，再交到祈福者手中，并祝福一句："春神保佑你！"

（五）抬神巡村

11时左右，抬神巡村仪式开始，巡游队伍先来到殿外广场上。队伍最前方是开路人，他手上端着一块木板，木板上放置一对蜡烛，中间的竹筒上插着三支燃香。他身后，两个村民抬着一个铜锣敲打鸣示。随后是16个穿着黄色绸衣的村民抬着神像：春牛（春牛此时就是春神的化身）、关公像和四大令公。抬神组都是当地村民，两人一组，每组抬一个神灵。他们先将神像停放在广场中间，从东往西依次是春牛像（纸糊的）、关公像（红脸，身披红绸衣，手执大刀）、茅灵公（红面红身）、杨灵公（白面绿身）、尉灵公（黄脸黑身）、蔡灵公（黑脸蓝身）。神像后面跟着的是舞龙队。民乐队演奏《将军令》《朝天子》等曲。一行人先在广场上逆时针转三圈，然后就浩浩荡荡地开始巡村之行，百姓手拈干香随行。抬神巡村队伍先沿着万坞线，从梧桐广场走到村口停车场，再沿着迎春大道、村道挨家挨户送祝福。

四、结语

立春时节，九华乡妙源村的人们举行祭祀春神、迎春祈福等系列活动，具有顺应四季节律、适时动员农耕的作用，也表现出天、地、人之间的和谐自然生态关系。立春祭当天，几乎全村的人都到梧桐祖殿现场帮忙，踊跃参与到活动中。德高望重的老年人负责主持、组织和协调，身强体壮的中青年负责抬神打鼓等费力气的活动，妇女负责献花献祭品，幼儿负责接春，他们团结合作、非常默契地让一年一度的立春祭活动办得热闹又圆满。

第一次进入妙源村调查的时候虽然已是立春，但正是当地一年中最冷的时候，好像不管穿多厚的衣服都抵不住外边的寒气。但在这种寒冷的天

---

① 傅耀奎，妙源村村民，在村中德高望重且热爱立春文化。

气，妙源村的人们依旧虔诚尽心地忙碌着立春活动。他们喘着粗气，脸上红扑扑的，一边忙着安排各项仪式，一边接受我们的采访。自古以来，居住在这片土地上的人们依凭田少树多的地理条件，主要以造纸为生，勤于劳作，同时虔诚地供奉春神，感激春神，希望春神保佑他们有好收成。即使过了数百年，这份敬畏之心仍然在一定程度上存留着。从最开始的挑选主祭、陪祭和村民代表，精心准备祭品，再到祭祀时的庄重严肃，每一项流程无不透露出民众对立春祭的重视。

据吴海根介绍，立春一过，村里很快又只剩下老人和小孩了，青壮年都出去打工，很少会留在村里务农，故当前负责立春祭活动的主要是那些熟悉立春文化的中老年人。[1] 说起这些，他充满遗憾与担忧。在现代化、城镇化急速发展的现在和未来，如何将九华立春祭这项古老而优秀的人类非物质文化遗产继续传承，成为摆在妙源村民众和当地政府部门面前的一项具有挑战性的文化使命。

---

[1] 被访谈人：吴海根；访谈人：徐佳玲、余仁洪；访谈时间：2023 年 4 月 8 日；访谈地点：妙源村九华立春祭非遗体验馆。